应用型高等院校会计系列教材

税务会计与筹划

王　旸　主编

盖　地　主审

南开大学出版社

天　津

图书在版编目(CIP)数据

税务会计与筹划/王旸主编. 一天津：南开大学出版社,2014.9(2016.1重印)

应用型高等院校会计系列教材

ISBN 978-7-310-04608-9

Ⅰ.①税… Ⅱ.①王… Ⅲ.①税收会计—高等学校—教材②税收筹划—高等学校—教材 Ⅳ.①F810.42

中国版本图书馆 CIP 数据核字(2014)第195508号

南开大学出版社出版发行

出版人:孙克强

地址：天津市南开区卫津路94号 邮政编码：300071

营销部电话：(022)23508339 23500755

营销部传真：(022)23508542 邮购部电话：(022)23502200

*

天津市蓟县宏图印务有限公司印刷

全国各地新华书店经销

*

2014 年 9 月第 1 版 2016 年 1 月第 2 次印刷

230×170毫米 16开本 21.75印张 2 插页 385千字

定价：38.00 元

如遇图书印装质量问题,请与本社营销部联系调换,电话:(022)23507125

内容提要

　　本书将税法、会计、财务管理等相关知识进行有机结合，以理论够用，实用为主作为原则，旨在适应高等院校会计、财务管理、税务等相关财经类专业应用型本科教学的需要，同时本书也可以作为企业税务会计人员自学的参考书。本书共八章，除第一章总论外，将全部税种分为五大类，即流转税、所得税、资源税、财产税和行为税，其中以流转税和所得税为重点，对每一个税种按照税制要素、税额计算、会计处理、税务筹划的思路进行了讲述，同时各章均配有课堂测试、章后习题以及篇前、篇中和篇后案例，从而提高学生的实务能力。

前　言

　　税务会计作为一个融税收学、会计学于一体的边缘学科，人们在大量的实践中总结摸索，逐渐形成了一定的理论体系支撑。同时作为税务会计一个重要内容的税务筹划，也成为企业理财的一个重要方面。本书将税法、会计、财务管理等相关知识进行有机结合，以理论够用，实用为主为原则，旨在适应高等院校会计、财务管理、税务等相关财经类专业应用型本科教学的需要，同时本书也可以作为企业税务会计人员学习的参考书。

　　本书共八章，除第一章总论外，将全部税种分为五大类，即流转税、所得税、资源税、财产税和行为税，其中以流转税和所得税为重点，对每一个税种按照税制要素、税额计算、会计处理、税务筹划的思路进行了讲述。

　　本书在编写过程中主要体现以下特点：

　　一、时效性　本书结合税法和会计准则改革过程中的最新成果进行编写，在增值税、营业税、企业所得税、个人所得税等各税种中都体现了最新税法规定。特别是国家对于小微企业进行扶植的各项税收政策规定，以及目前营改增的税收改革背景，本书都力求体现截止到2014年4月的各项最新政策规定，同时，对未来的改革趋势做了一定的展望。

　　二、应用性　本书结合应用型的教学需要，特别注重将理论与实务相结合，加大实务操作的内容讲解，同时在各税种的章节中都配有篇前、篇中和篇后案例、课堂测试、章后习题，使学生在每一阶段的学习中能够通过案例和练习，及时巩固所学，学以致用。

　　本书由王旸任主编，负责本书的体系设计、大纲编写，蒋泽娟、郝加加参编。具体内容分配如下：王旸负责第一章、第二章、第六章的编写；蒋泽娟负责第三章、第四章、第五章、第七章的编写；郝加加负责第八章的编写。最后由王旸对全书进行总纂、定稿。同时，特别感谢本书的主审盖地教授，本书从大纲编写到内容安排，一直得到了盖地老师严谨细致的指导。此外，南开大学的编辑也对本书的编写给予了诸多的帮助和支持，在此一并感谢！

　　由于作者水平有限，书中不足或错漏之处在所难免，如果您在讲授或学习中发现问题，请通过邮箱 baodexueyuankuaiji@163.com 与我们联系，相信通过您和我们的共同努力，本书将进一步完善，更加符合我们的共同需要。

编　者

2014 年 4 月

目　录

第一章　总　论

　　税务会计作为一个融税收学、会计学于一体的边缘学科，人们在大量的实践中总结摸索，逐渐形成了一定的理论体系支撑。同时作为税务会计一个重要内容的税务筹划，也成为企业理财的一个重要方面。本章主要介绍税收制度的基本内容；企业纳税的基本程序；税务会计的概念、对象及基本原则；税务筹划的基本原理与方法。通过学习本章，理解和掌握税收制度的基本内容，了解企业纳税的基本程序，明确税务会计的概念、对象及基本原则，掌握税务筹划的基本原理与方法。

> **篇前案例**
> 　　　　　税务会计：如何面对税法与会计的冲突？
>
> 　　小李大学毕业在招聘会上看到一个税务会计的岗位在招聘，薪金待遇都还不错，就上前递了一份简历。招聘人员现场看了看她的简历，问了她两个问题：你认为税务会计这个岗位的工作内容是什么？你觉得税务会计和财务会计的工作内容有什么区别呢？小李现场作答，招聘人员听后比较满意，决定让小李一周后去公司作进一步面试。同学们，如果是你，你会怎样回答呢？

第一节　税收概述

一、税收的概念及特征

（一）税收的概念

　　税收是国家为了实现其职能，凭借其政治权力，按法律规定的标准，参与社会产品和国民收入的再分配，强制、无偿地取得财政收入的一种分配关系。

税收体现了国家与纳税人之间的特殊利益分配关系，双方所体现的是权利义务的不对等。

在各种形式的财政收入中，税收是财政收入的主要形式，也是各国财政收入的主要来源。

（二）税收的特征

与其他财政收入相比，税收有其固有的形式特征：

1．强制性。税收是凭借国家的政治权力强制征收的，而并非自愿缴纳。国家凭借政治权力依法征税，纳税人（包括法人）必须依法纳税，否则将受到法律制裁。

2．无偿性。国家取得的税收收入，既不需要返还给纳税人，也不需要对纳税人直接支付任何报酬。税收的无偿性，体现了财政分配的本质，它是税收三个基本特征的核心。

3．固定性。国家在征税之前就通过法律形式，预先规定了征税对象、征税范围以及征税的比例或数额，不经批准不能随意改变，具有相对稳定性。税收的固定性既是对国家的约束，也是对纳税人的约束。

二、税收的分类

（一）按征税对象分类

按照征税对象的性质，可以把税收分为流转税、所得税、资源税、财产税、行为税。

其中，流转税是指以纳税人商品或劳务的交易额或者交易量为征税对象的税类，也称为商品劳务税，主要包括增值税、消费税、营业税、关税等；所得税是指以所得额为征税对象的税类，主要包括企业所得税和个人所得税；资源税是指以纳税人拥有或开发利用的自然资源为征税对象的税类，主要包括资源税、城镇土地使用税、耕地占用税、土地增值税；财产税是指以纳税人拥有或属其支配的财产为课税对象的税类，主要包括房产税、车船税、契税；行为税是指以特定行为为征税对象的税类，主要包括印花税、城建税等。

（二）按计税标准分类

按照计税标准的依据不同，可以把税收分为从价税、从量税和复合税。

其中，从价税是指以征税对象的价格为标准，按一定比例计征的税，亦称"从价计征"。我国的税收主要以从价税为主，如增值税、消费税、企业所得税、个人所得税、房产税等等都属于从价税。

从量税是以课税对象的重量、件数、容积、面积等为标准，按预先确定的税额计征的税，亦称"从量计征"，如资源税、土地使用税、车船税等。

复合税就是对征税对象采用从价和从量双重征收，即既对征税对象按照价格的一定比例征税的同时，又按征税对象的数量按定额征税。目前我国的税收当中，最典型的是对卷烟和白酒的消费税实行复合计税。

（三）按税收与价格的关系分类

按照税收与价格的关系不同，可以把税收分为价内税和价外税。

其中，价内税是指税金包含在商品价值或价格之内的税，比如消费税、营业税等。价外税是指税金作为商品价格之外的附加，比如增值税。

（四）按税负是否易于转嫁分类

按照税负是否能够转嫁，可以把税收分为直接税和间接税。

其中，直接税是指纳税人不能或不便于把税负转嫁给他人的税种，比如所得税类的企业所得税、个人所得税。由于税负的不可转嫁性，使得直接税的纳税人即是负税人。

间接税是指纳税人能够用提高价格或提高收费标准等方法把税负转嫁给他人的税种，比如增值税，消费税等流转税。间接税的税负可转嫁性使得间接税的纳税人不是实际负税人，纳税人通过税负转嫁，让购买者成为税收的实际负担人即负税人。

一般发达国家以所得税，特别是个人所得税为税收收入主体；而一些较落后的发展中国家常以流转税为税收收入主体。我国目前税制基本上是以间接税和直接税为双主体的税制结构。间接税（增值税、消费税、营业税）占全部税收收入的比例为 60% 左右，直接税（企业所得税、个人所得税）占全部税收收入的比例为 25% 左右，其他辅助税种数量较多，但收入比重不大，属于一种过渡性的税制结构。

（五）按税收征收管理权限分类

按照税收收入归属与税收征收管理权限分类，可以把税收分为中央税、地方税以及中央与地方共享税。

其中，中央税是指中央政府负责征收管理，收入归中央政府支配使用的税种。地方税是指由地方政府负责征收管理，收入归地方政府支配使用的税种。中央地方共享税是指收入由中央政府和地方政府分享的税种。

三、税法的概念及分类

（一）税法的概念

税法是国家制定的用以调整国家与纳税人之间在征纳税方面的权利及义

务关系的法律规范的总称。税法体现为法律这一规范形式，是税收制度的核心内容。一国税收制度是在税收分配活动中，税收征纳双方所应遵守的行为规范的总和。其内容主要包括各税种的法律法规、部门规章等以及为了保证这些税法得以实施的税收征管制度和税收管理体制。

（二）税法的分类

税法体系中各税法按立法目的、职能作用、权限划分的不同，可分为不同类型。

1．按照税法的基本内容和效力的不同，可分为税收基本法和税收普通法。

税收基本法也称税收通则，是税法体系的主体和核心，在税法体系中起着税收母法的作用。我国目前还没有制定统一的税收基本法。

税收普通法是根据税收基本法的原则，对税收基本法规定的事项分别立法实施的法律，如《中华人民共和国个人所得税法》、《中华人民共和国税收征收管理法》等。

2．按照税法的职能作用的不同，可分为税收实体法和税收程序法。

税收实体法主要是指确定税种立法，具体规定各税种的征收对象、征收范围、税目、税率、纳税地点等。如《中华人民共和国企业所得税法》、《中华人民共和国个人所得税法》就属于税收实体法。

税收程序法是指税务管理方面的法律，主要包括税收管理法、纳税程序法、发票管理法、税务机关组织法、税务争议处理法等。如《中华人民共和国税收征收管理法》就属于税收程序法。

3．按照主权国家行使税收管辖权的不同，可分为国内税法、国际税法、外国税法等。

国内税法一般是按照属人或属地原则，规定一个国家的内部税收制度。国际税法是指国家间形成的税收制度，主要包括双边或多边国家间的税收协定、条约和国际惯例等，一般而言，其效力高于国内税法。外国税法是指外国各个国家制定的税收制度。

四、税法的构成要素

税法的构成要素是指各种单行税法具有的共同的基本要素的总称。税法的构成要素，特别是税收实体法的构成要素一般包括纳税义务人、课税对象、税目、税率、纳税环节、纳税期限、纳税地点、减税免税、罚则等。

（一）纳税义务人

纳税义务人简称纳税人，也称纳税主体，是税法规定的直接负有纳税义务的单位和个人。

纳税人有两种基本形式：自然人和法人。自然人是基于自然规律而出生的，有民事权利和义务的主体，包括本国公民，也包括外国人和无国籍人。法人是自然人的对称，是基于法律规定享有权利能力和行为能力，具有独立的财产和经费，依法独立承担民事责任的社会组织。

与纳税人紧密联系的几个概念是负税人、代扣代缴义务人和代收代缴义务人。

负税人是最终负担税款的单位和个人。一般对于不可转嫁的直接税，纳税人就是负税人；而对于间接税，由于税收的可转嫁性，使得纳税人不是负税人。比如在货物销售缴纳增值税这个问题上，货物销售的单位或个人是增值税的纳税人，但是税负会通过转嫁，使得货物的最终消费者才是负税人。

代扣代缴义务人是指虽不承担纳税义务，但依照有关规定，在向纳税人支付收入、结算货款时有义务代扣代缴其应纳税款的单位和个人。如出版社代扣作者稿酬所得的个人所得税等。

代收代缴义务人是指虽不承担纳税义务，但依照有关规定，在向纳税人收取商品或劳务收入时，有义务代收代缴其应纳税款的单位和个人。如消费税条例规定，委托加工的应税消费品，受托方在向委托方交货时，除收取加工费以外，还代收代缴委托方应该缴纳的消费税。

（二）课税对象

课税对象又称征税对象、纳税客体，是税法规定的征税的标的物，即对什么征税。课税对象是区别一种税与另一种税的主要标志，是税法最基本的要素，体现了征税的广度。如房产税的课税对象是房屋，个人所得税的课税对象是个人的各种所得等。再如消费税的课税对象只是消费税条例所列举的应税消费品，而非所有消费品。

与课税对象相关的一个概念：税基。税基，又称计税依据、课税依据，是据以计算课税对象应纳税款的直接数量依据，它解决对征税对象课税的计算问题，是对课税对象的量的规定。如企业所得税的税额计算中，应纳税所得额为所得税的税基等。计税依据有两种基本形态：价值形态和物理形态。价值形态包括应纳税所得额、销售收入、营业收入等，以价值形态作为税基征税，又称为从价计征；物理形态包括面积、体积、容积、重量等，以物理形态作为税基征税，又称为从量计征。

（三）税目

税目是课税对象的具体项目，反映具体的征税范围，是对课税对象的具体化。并非所有税种都规定了税目，有些税种不分课税对象的具体项目，一律按照课税对象的应税数额采用同一税率计征税款，因此一般无须设置税目，如企业所得税。有些税种具体课税对象比较复杂，需要规定税目，如消费税、营业税等。

（四）税率

税率是应纳税额与计税依据之间的比例。税率是计算税额的尺度，体现了课税的深度，是衡量税负轻重与否的重要标志。

我国现行的税率主要有比例税率、定额税率和累进税率三种。

1．比例税率。比例税率是指对同一课税对象，不分数额大小，都按同一比例征税。采用比例税率，税额随计税依据的增加等比例增加，同一课税对象的不同纳税人税负相同。

[例1-1] 某企业2013年全年应纳税所得额为100万元，企业所得税率为25%，则该企业2013年的企业所得税额为100×25%=25（万元）。

同时，比例税率在具体适用中又可分为三种具体形式：

（1）单一比例税率，是指对同一征税对象的所有纳税人都适用同一比例税率。

（2）差别比例税率，是指对同一征税对象的不同纳税人适用不同的比例征税。具体包括产品差别比例税率、行业差别比例税率和地区差别比例税率。

（3）幅度比例税率，是指对同一征税对象，税法只规定最低税率和最高税率，各地区在该幅度内确定具体的适用税率。

2．定额税率。定额税率是指按课税对象确定的计算单位，直接规定一个标准计量单位的固定税额。采用定额税率，税额只与课税对象的数量有关，而与价格无关。同时，定额税率在具体运用中又分为地区差别定额税率、分类分级定额税率和幅度定额税率。

[例1-2] 某铜矿山2月份销售铜矿石原矿6万吨，该地区适用税额为10元/吨，因此该矿山当月应缴纳的资源税额为6×10=60（万元）。

3．累进税率。累进税率是指随着征税对象数量增大而随之提高的税率，即按征税对象数额的大小划分为若干等级，不同等级的课税数额分别适用不同的税率，课税数额越大，适用税率越高。累进税率按照计算方法和依据的不同，分为：

（1）全额累进税率，指把征税对象的数额划分为若干等级，对每个等级分别规定相应税率，当税基超过某个级距时，课税对象的全部数额都按提高后级距的相应税率征税。

[例1-3] 我国建国初期征收的工商所得税，曾实行21级全额累进税率，

最低一级为所得额未满 300 元的税率为 5.75%；最高一级为所得额在万元以上的税率为 34.5%。如果纳税人的所得额为 20 000 元，则其应纳所得税为 20 000×34.5%=6 900（元）

（2）超额累进税率，是指按照课税对象数额的大小分成若干等级，每一等级规定一个税率，税率依次提高，纳税人的征税对象依属等级同时适用几个税率分别计算，将计算结果相加后得出应纳税款。目前采用这种税率的是个人所得税中的工资薪金所得。

[例1-4] 某公司员工张某，5 月份工资为 6 000 元，国家规定的工资薪金的个人所得税免征额为 3500 元。

表1-1　工资、薪金所得适用税率表

级　　数	全月应纳税所得额（元）	税率（%）	速算扣除数
1	1 500 以下	3	0
2	1 500 至 4 500	10	105
…	…	…	…

因此，张某 5 月份的个人所得税计算为

应纳税所得额=6 000-3 500=2 500（元）

个人所得税额=1 500×3%+1 000×10%=145（元）

在级数较多的情况下，分级计算然后相加的方法比较繁琐。为了简化计算，也可采用速算法。在速算法下：

应纳税额=按全额累进方法计算的税额-速算扣除数。

其中速算扣除数是指对于同样的课税对象数量，按全额累进方法计算出的税额比按超额累进方法计算出的税额多的部分。

[例1-5] 沿用 [例1-4] 的数据，用速算法计算个税数额

张某的个人所得税额=2 500×10%-105=145（元）

（3）超率累进税率，指以征税对象数额的相对率划分若干级距，分别规定相应的差别税率，相对率每超过一个级距的，对超过的部分就按高一级的税率计算征税。目前采用这种税率的是土地增值税。

（五）纳税环节

纳税环节是指税法规定的征税对象在从生产到消费的流转过程中应当缴纳税款的环节。如流转税在生产和流通环节纳税、所得税在分配环节纳税等。

按照某一税种征税环节的多少，可以将税种划分为一次课征制或多次课征制。比如增值税的征收是从生产到消费的各环节，每流转一次就征收一次，属

于多次课征制；而酒类的消费税只在生产环节征收，批发和零售环节不再征收，属于一次课征制。

（六）纳税期限

纳税期限是指税法规定的关于税款缴纳时间方面的限定。广义的纳税期限包括三个方面：一是纳税义务发生时间，即应税行为发生的时间。二是纳税期限，即纳税人发生纳税义务后，汇总纳税义务的时间。纳税期限分为按期纳税和按次纳税。三是缴库期限，即税法规定的纳税期满后，纳税人将应纳税款缴入国库的期限。

（七）纳税地点

纳税地点主要是指税法规定的纳税人（包括代扣代缴义务人）的具体纳税地点，包括企业注册地、企业实际管理机构所在地、经营行为所在地、总机构所在地，进口口岸所在地等。

（八）减免税

减免税主要是对某些纳税人和征税对象采取减少征税或者免予征税的特殊规定。减税是减征部分应纳税款；免税是免征全部应纳税款。

减免税按批准成立的程序不同，可分为：法定减免、特定减免、临时减免。其中，法定减免是指各税种的基本立法中列举的减税、免税；特定减免是指根据社会经济情况发展变化和发挥税收调节作用的需要而专案规定的减税、免税；临时减免是指除法定减免和特定减免以外的其他临时性的，旨在为了照顾纳税人的某些特殊暂时的困难而实施的减税、免税。

减免税按照减免具体形式不同，可分为：税基式减免、税率式减免和税额式减免。其中税基式减免是指通过缩小计税依据方式来实现税收减免，具体应用形式有设起征点、免征额、允许跨期结转等。税率式减免是指通过降低税率的方式来实现税收的减免。税额式减免是指通过直接减免税收的方式来实现税收减免，具体包括全额免征、减半征收、核定减征率、核定减征额等。

篇中案例 1-1

起征点和免征额的困惑

小李是一个会计专业的本科毕业生，刚参加工作，就让老会计的一个问题难住了。税法上在不同的税种上分别有起征点或免征额的规定，比如个人工资薪金所得的免征额为 3500 元，再比如某地个人销售货物增值税的起征点是月销售额 15000 元，由此可见，起征点和免征额都是规定一个金额，不超过金额不征税，超过规定金额才征税，那么在计税上有什么区别呢？

（九）罚则。主要是指对纳税人违反税法的行为采取的处罚措施，包括加征滞纳金，加收罚款以及追究刑事责任等。

【课堂测试 1-1】

1. 负有代扣代缴义务的单位和个人是（　　）。
　　A. 实际负税人　　　　　　　　B. 扣缴义务人
　　C. 纳税义务人　　　　　　　　D. 税务机关
2. 一个征税对象同时适用几个等级的税率的形式为（　　）。
　　A. 定额税率　　　　　　　　　B. 比例税率
　　C. 超额累进税率　　　　　　　D. 全额累进税率
3. 下列税种属于流转税类的有（　　）。
　　A. 增值税　　　B. 消费税　　　C. 营业税　　D. 房产税
4. 下列关于起征点、免征额的说法正确的有（　　）。
　　A. 起征点只能照顾一部分纳税人
　　B. 起征点和免征额是一回事
　　C. 免征额可以照顾适用范围内的所有纳税人
　　D. 达到起征点就对其进行全额征税

第二节　企业纳税的基本程序

企业在整个经营过程中，一方面要遵从税收实体法的规定，正确计算税额；另一方面，也要遵从税收程序法，特别是《中华人民共和国税收征管法》的规定，按法定程序和要求，合理合法并及时地办理各种税务相关事宜。

一、税务登记的办理

（一）税务登记的概念

企业在成立时或者在经营过程中发生变动时，都要进行税务登记。税务登记是指纳税人为依法履行纳税义务，就有关纳税事宜，依法向税务机关办理登记的一种法定手续，它是企业纳税程序中的首要环节。

（二）税务登记的内容

1. 设立税务登记

从事生产、经营的纳税人以及非从事生产经营但依法负有纳税义务的单位和个人，均需办理税务登记。

从事生产经营的纳税人自领取营业执照之日起 30 日内，持有关证件，向税务机关申报办理税务登记，由税务机关审核后发给税务登记证件。非从事生产、经营的纳税人，除临时取得应税收入或发生应税行为以及只缴纳个人所得税、车船使用税的外，都应当自有关部门批准之日起 30 日内或自依照法律、行政法规的规定成为法定纳税义务人之日起 30 日内，向税务机关申报办理税务登记，税务机关审核后发给税务登记证件。

从事生产、经营的纳税人应当按照国家有关规定，持税务登记证件，在银行或者其他金融机构开立基本存款账户和其他存款账户，自开立账户之日起，15 日内向主管税务机关书面报告其全部账号；发生变化的应自变化之日起 15 日内向主管税务机关书面报告。银行和其他金融机构应当在从事生产、经营的纳税人的账户中登录税务登记证件号码，并在税务登记证件中登录从事生产、经营的纳税人的账户号。

2．变更税务登记

当企业有如下情况发生时，应该办理变更税务登记：①改变纳税人名称、法定代表人的；②改变住所、经营地点的（不含改变主管税务机关的）；③改变经济性质或企业类型的；④改变经营范围、经营方式的；⑤改变产权关系的；⑥改变注册资金的。

税务登记内容发生变化，按规定纳税人须在工商行政管理机关办理注册登记的，应自工商行政管理部门办理变更登记之日起 30 日内，向原税务登记机关申报办理变更税务登记。

税务登记内容发生变化，按规定纳税人不需在工商行政管理机关注册登记的，应当自有关机关批准或者宣布变更之日起 30 日内，持有关证件向原税务登记机关申报办理变更税务登记。

3．注销税务登记

当企业有如下情况发生时，应该办理注销税务登记：①纳税人发生解散、破产、撤销的；②纳税人被工商行政管理机关吊销营业执照的；③纳税人因住所、经营地点或产权关系变更而涉及改变主管税务机关的；④纳税人发生的其他应办理注销税务登记情况的。

纳税人应在向工商行政管理机关办理注销登记前，持有关证件向主管税务机关申报办理注销税务登记。纳税人按规定不需要在工商行政管理机关办理注销登记的，应当自有关机关批准或者宣告终止之日起 15 日内，持有关证件向主管税务机关申报办理注销税务登记。纳税人被工商行政管理机关吊销营业执照的，应自营业执照被吊销之日起 15 日内，向主管税务机关申报办理注销税务登记。

纳税人在办理注销登记前，应当向税务机关结清应纳税款、滞纳金、罚款、缴销发票、税务登记证件和其他税务证件。

二、企业账簿、凭证的使用

纳税人、扣缴义务人在领取了营业执照之后，应按照相关法律规定设置账簿，并根据合法、有效凭证进行记账核算。

（一）账簿的设置

1. 从事生产、经营的纳税人应自其领取工商营业执照之日起 15 日内按照国务院财政、税务部门的规定设置总账、明细账、日记账以及其他辅助性账簿。

2. 扣缴义务人应当自税收法律、行政法规规定的扣缴义务发生之日起 10 日内，按照所代扣、代收的税种，分别设置代扣代缴、代收代缴税款账簿。

纳税人、扣缴义务人会计制度健全，能够通过计算机正确、完整计算其收入和所得或者代扣代缴、代收代缴税款情况的，其计算机输出的完整的书面会计记录，可视同会计账簿。纳税人、扣缴义务人会计制度不健全，不能通过计算机正确、完整计算其收入和所得或者代扣代缴、代收代缴税款情况的，应当建立总账及与纳税或者代扣代缴、代收代缴税款有关的其他账簿。

3. 生产经营规模小又确无建账能力的纳税人，可以聘请经批准从事会计代理记账业务的专业机构或者经税务机关认可的财会人员代为建账和办理账务，聘请上述机构或者人员有实际困难的，经县以上税务机关批准，可以按照税务机关的规定，建立收支凭证粘贴簿、进货销货登记簿或税控装置。

（二）财务会计制度、办法的管理

1. 备案制度：从事生产、经营的纳税人应当自领取税务登记证件之日起 15 日内，将其财务、会计制度或者财务、会计处理办法和会计核算软件报送税务机关备案。纳税人使用计算机记账的，应当在使用前将会计电算化系统的会计核算软件、使用说明书及有关资料报送主管税务机关备案。纳税人建立的会计电算化系统应当符合国家有关规定，并能正确、完整核算其收入或者所得。

2. 税法优先原则：从事生产、经营的纳税人、扣缴义务人的财务、会计制度或者财务、会计处理办法与国务院或者国务院财政、税务主管部门有关税收的规定抵触的，依照国务院或者国务院财政、税务主管部门有关税收的规定计算应纳税款、代扣代缴和代收代缴税款。

（三）账簿、凭证的保管

从事生产、经营的纳税人、扣缴义务人必须按照国务院财政、税务主管部门规定的保管期限保管账簿、记账凭证、完税凭证及其他有关资料。除法律、行政法规另有规定外，账簿、会计凭证、报表、完税凭证及其他有关资料应当保存 10 年。

账簿、记账凭证、报表、完税凭证、发票、出口凭证及其他有关涉税资料应当合法、真实、完整，不得伪造、变造或者擅自损毁。

三、纳税申报

（一）纳税申报的概念

纳税申报是指纳税人按照税法规定定期就计算缴纳税款的有关事项向税务机关提出的书面报告，是税收征收管理的一项重要制度。

纳税人必须依照法律、行政法规规定或者税务机关依照法律、行政法规的规定确定的申报期限、申报内容如实办理纳税申报，报送纳税申报表、财务会计报表以及税务机关根据实际需要要求纳税人报送的其他纳税资料。

（二）纳税申报的方式

经税务机关批准，纳税人、扣缴义务人可以直接到税务机关办理纳税申报，也可以按照规定采取邮寄申报、数据电文申报或者委托注册税务师代理申报等方式。

（三）纳税申报的具体要求

1．纳税人、扣缴义务人，不论当期是否发生纳税义务，除经税务机关批准外，均应按规定办理纳税申报或者报送代扣代缴、代收代缴税款报告表。纳税人享受减税、免税待遇的，在减税、免税期间也应当按照规定办理纳税申报。实行定期定额方式缴纳税款的纳税人，可以实行简易申报、简并征期等申报纳税方式。

2．纳税人、扣缴义务人按照规定的期限办理纳税申报或者报送代扣代缴、代收代缴税款报告表确有困难，需要延期的，应当在规定的期限内向税务机关提出书面延期申请，经税务机关核准，在核准的期限内办理。

经核准延期申报的，应当在纳税期内按照上期实际缴纳的税额或者税务机关核定的税额预缴税款，并在核准的延期内办理税款结算。

四、税款缴纳

（一）税款缴纳方式

纳税人的税款缴纳与税务机关的税款征收是同一过程，具体方式如下：

1．查账征收

查账征收是指税务机关对账务健全的纳税人，依据其报送的纳税申报表、财务会计报表和其他有关纳税资料，计算应纳税款，填写缴款书或完税证，由纳税人到银行划解税款的征收方式。

2．查定征收

查定征收是指对账务不全，但能控制其材料、产量或进销货物的纳税单位或个人，由税务机关依据正常条件下的生产能力对其生产的应税产品查定产量、销售额并据以征收税款的征收方式。

3．查验征收

查验征收是指税务机关对纳税人的应税商品、产品，通过查验数量，按市场一般销售单价计算其销售收入，并据以计算应纳税款的一种征收方式。

4．定期定额征收

定期定额征收是指对小型个体工商户采取定期确定营业额、利润额并据以核定应纳税额的一种征收方式。

5．代扣代缴

代扣代缴是指按照税法规定，负有扣缴税款义务的单位和个人，负责对纳税人应纳的税款进行代扣代缴的一种方式。即由支付人在向纳税人支付款项时，从所支付的款项中依法直接扣收税款并代为缴纳。

6．代收代缴

代收代缴是指按照税法规定，负有收缴税款义务的单位和个人，负责对纳税人应纳的税款进行代收代缴的一种方式。即由与纳税人有经济业务往来的单位和个人在向纳税人收取款项时依法收取税款。

7．委托代征

委托代征是指受委托的有关单位按照税务机关核发的代征证书的要求，以税务机关的名义向纳税人征收零散税款的一种征收方式。

纳税人因有特殊困难，不能按期缴纳税款的，经省、自治区、直辖市国家税务局、地方税务局批准，可以延期缴纳税款，但最长不得超过 3 个月。

纳税人未按照规定期限缴纳税款的，扣缴义务人未按照规定期限解缴税款的，税务机关除责令限期缴纳外，从滞纳税款之日起，按日加收滞纳税款万分之五的滞纳金。

（二）保障税款征收的措施

1．纳税担保

税务机关有根据认为从事生产、经营的纳税人有逃避纳税义务行为的，可以在规定的纳税期前责令纳税人限期缴纳应纳税额，在限期内发现纳税人有明显的转移、隐匿其应纳税的商品、货物以及其他财产或者应纳税的收入的迹象的，税务机关可责成纳税人提供纳税担保。

2．税收保全措施

税务机关责令纳税人提供纳税担保而纳税人拒绝提供纳税担保或无力提供纳税担保的，经县以上税务局（分局）局长批准，税务机关可以采取下列税收保全措施：（1）书面通知纳税人开户银行或者其他金融机构冻结纳税人的金额相当于应纳税款的存款；（2）扣押、查封纳税人的价值相当于应纳税款的商品、货物或者其他财产。个人及其所扶养家属维持生活必需的住房和用品，不在税收保全措施范围之内。

3．税收强制执行措施

从事生产、经营的纳税人、扣缴义务人未按照规定的期限缴纳或者解缴税款，纳税担保人未按照规定的期限缴纳所担保的税款，由税务机关责令限期缴纳，逾期仍未缴纳的，经县以上税务局（分局）局长批准，税务机关可以采取下列强制执行措施：（1）书面通知其开户银行或者金融机构从其存款中扣缴税款；（2）扣押、查封、依法拍卖或者变卖其价值相当于应纳税款的商品、货物或者其他财产，以拍卖或者变卖所得抵缴税款。

税务机关采取强制执行措施时，对纳税人、扣缴义务人、纳税担保人未缴纳的滞纳金同时强制执行。个人及其所扶养家属维持生活必需的住房和用品，不在强制执行措施的范围之内。

4．阻止出境

欠缴税款的纳税人或者其法定代表人在出境前未按照规定结清应纳税款、滞纳金或者提供纳税担保的，税务机关可以通知出入境管理机关阻止其出境。

5．税收优先的规定

税务机关征收税款，税收优先于无担保债权，法律另有规定的除外；纳税人欠缴的税款发生在纳税人以其财产设定抵押、质押或者纳税人的财产被留置之前的，税收应当先于抵押权、质权、留置权执行。

纳税人欠缴税款，同时又被行政机关决定处以罚款、没收违法所得的，税收优先于罚款、没收违法所得。

五、申请税务行政复议或诉讼

如果在涉税事宜方面，纳税人和其他税务当事人认为税务机关的具体行政行为侵犯了其合法权益，可向税务行政复议机关申请复议或向人民法院提起税务行政诉讼。

【课堂测试1-2】

1. 企业变更纳税登记的适用范围包括（　　　）。

   A. 改变纳税人名称、法定代表人的

   B. 改变经济性质或企业类型的

   C. 改变注册资金的

   D. 因住所、经营地点或产权关系变更而改变主管税务机关的

2. 税款征收（缴纳）的方式有（　　　）。

   A. 查账征收　　　　　　　　　B. 查定征收

   C. 查验征收　　　　　　　　　D. 定期定额征收

3. 税收强制执行措施包括（　　　）。

   A. 书面通知纳税人开户银行或者其他金融机构冻结纳税人的金额相当于应纳税款的存款

   B. 书面通知其开户银行或者金融机构从其存款中扣缴税款

   C. 扣押、查封纳税人的价值相当于应纳税款的商品、货物或者其他财产

   D. 扣押、查封、依法拍卖或者变卖其价值相当于应纳税款的商品、货物或者其他财产，以拍卖或者变卖所得抵缴税款

第三节　税务会计概述

一、税务会计概念

（一）税务会计的定义

税务会计是以国家现行税收法律法规为依据，以货币为计量单位，运用会计学的基本理论和核算方法，连续、系统、全面地对纳税人应纳税款的形成、计算和缴纳，即税务活动所引起的资金运动进行核算、监督和筹划，以保障国家利益和纳税人合法权益的一种专业会计。

税务会计是社会经济发展到一定阶段的产物，它是为适应纳税人经营管理的需要，从传统的财务会计中分离出来的，融税收学与会计学于一体的边缘学科。

（二）税务会计的特点

税务会计作为会计学科的一个相对独立的分支，除具有其他专业会计的共性特征外，也有其特殊性，主要体现在：

1. 法定性

税务会计要严格依据国家税收法律法规进行核算，这是它区别于其他专业会计最典型的特点。在其他专业会计的核算中，企业可以根据自身生产、经营的实际情况和需要，运用职业判断，来自主选择适合的会计政策，而税务会计则必须严格遵循国家现行税收法律法规。当会计准则、财务会计制度的规定与现行税法的计税方法、计税范围等不一致时，税务会计必须以现行税收法规为准，以满足纳税的要求。税务会计的这一特点，使其相对于其他专业会计在核算方法和核算内容上具有相对的独立性。

2. 广泛性

税务会计的原则和方法，广泛适用于各种企事业单位。因为不论什么性质的企事业单位，不管其隶属于哪个部门或行业，只要被确认为纳税人，在处理税务事宜时都必须依照税法规定，运用税务会计的核算方法对其生产、经营活动进行核算和监督。因此，由于税法的广泛适用性，决定了税务会计的广泛性。

3. 目标双重性

税务会计的目标是维护国家利益和纳税人的合法权益。一方面，税务会计要以税法为准绳，服务于税务机关的征税要求，保证税款足额及时缴库，税金核算过程接受税务机关的监督与检查；另一方面，企业在处理税务事宜时，为维护自身的合法权益，通过对日常活动的经营与安排，在符合税法要求的基础上，运用筹划的方式，使自身的税负最小。

二、税务会计的对象

从总体上讲，税务会计核算的对象是纳税人因纳税而引起的税款的形成、计算、缴纳、退补、减免、罚款等税金运动。

具体地讲，税务会计核算的对象包括如下方面：

（一）营业收入

营业收入是指纳税人在生产经营活动中，销售商品、提供劳务等所取得的收入。营业收入不仅是增值税、消费税、营业税等流转税的计税依据，也是计算所得税的前提。营业收入核算准确与否，直接关系到应纳税款的准确性。

（二）成本费用

成本费用是纳税人在生产经营中为取得收入而发生的耗费和支出，包括生产经营过程中的生产费用和期间费用。成本费用计算的准确性，直接关系到应纳税所得额的大小，从而影响到所得税额的大小。

（三）经营成果

经营成果是指企业在一定会计期间实现的利润总额。利润计算的准确与否直接影响到应纳税所得额和所得税额的大小。当然，由于会计准则与税法规定存在的差异，企业在利润总额基础之上要进行一定的纳税调整才能得出应纳税所得额，这个调整过程是税务会计核算的重要内容。

（四）税款的申报、缴纳、退补、减免与罚款

由于各税种的计税依据、征税方法等各不相同，所以各种税款缴纳方法也不完全一致。税务会计要按照各税种的要求，编制好纳税申报表，进行纳税申报，经税务机关审核无误后及时缴纳税款；对符合国家出口退税政策以及其他税收优惠中即征即退、先征后退等政策的事项申请退税；对于符合国家鼓励或照顾的特殊项目或事项，申请税收减免；对于违反税收制度规定而形成的滞纳金、罚款，准确计算数额，并及时上缴等。

三、税务会计的职能

（一）核算职能

对企业涉税活动的核算和反映，是税务会计的基本职能。税务会计根据国家的税收法规、会计准则和制度，核算企业税款的形成、计算、缴纳、退补等内容，从而全面、连续、系统地反映企业的纳税活动。

（二）监督职能

税务会计的监督职能是贯穿于其核算过程的，在核算企业税金的过程当中，对于会计准则与税法之间的差异适时地进行修正，以便在维护国家税收制度严肃性的同时，实现企业涉税风险的降低。

（三）筹划职能

通过企业税务会计核算所提供的数据资料，企业可以规划和安排未来的税务活动，使其在不违反税法的情况下，实现税收负担的最小化，增加企业价值或者防范和化解涉税风险，充分保障企业的合法权益。

四、税务会计的基本原则

（一）税法优先原则

税务会计核算、监督和筹划企业的税金运动时，要遵循会计准则和税法的双重规定。但是当对于同一事项，会计准则的规定与税法相冲突时，税务会计应首先遵从税法的规定，并对二者之间的差异，进行相应的纳税调整和账务处理。

（二）权责发生制与收付实现制相结合原则

税务会计是以权责发生制为基础，同时适度采用收付实现制。

财务会计核算是以权责发生制为基础的，强调的是以权利、义务的发生来确认收入和费用。税务会计遵从税法的规定，大部分情况下也以权责发生制为基础。比如，在增值税会计处理中，要以取得索取销售款凭据的当天作为纳税义务发生的时间，形成应交税费负债。

另一方面，考虑到税款缴纳的及时性以及纳税人的实际税款支付能力，税务会计关于纳税义务发生时间的确认有时候是以收付实现制为基础的。比如关于转让不动产的营业税会计处理中，如果纳税人转让土地使用权或销售不动产采用预收款方式的，其纳税义务发生时间为收到预收款的当天。尽管纳税人收取的预收款在财务会计上不作为收入，但是，税务会计仍然要求企业确认应交税费负债。相反的，对于费用的扣除问题，财务会计上体现谨慎性原则列入的某些估计费用，如存货、固定资产等的资产减值准备，在税务会计计算应纳税所得额时是不允许被扣除的。税务会计的处理以保障国家税收为目的，强调经济业务已经发生这一限制条件。

五、税务会计与财务会计的关系

税务会计是社会经济发展的产物，它是从财务会计中分离出来的，与财务会计同属于会计学科范畴，二者既有联系，又有区别。

（一）税务会计与财务会计的联系

税务会计是从财务会计中分离出来的，它植根于财务会计；财务会计是税务会计形成的前提和基础。

税务会计是以财务会计为基础的。税务会计并不要求纳税人在财务会计的凭证、账簿、报表之外再设一套会计账表，而是应用财务会计提供的数据，只对财务会计处理中与现行税法不符的会计事项，或出于税务筹划目的需要调整的事项，按税务会计方法计算、调整，并做调整分录，再将调整后数据融于财务会计账簿或报告之中。基于此，两者在基本假设、核算方法和程序上是一致的。

（二）税务会计与财务会计的区别

1. **核算目的不同**

财务会计的核算目的在于真实、完整地反映企业的财务状况、经营成果、现金流量以及所有者权益变动等情况，并通过会计报告向投资者、债权人、企业经营者等内外部信息使用人提供对他们决策有用的信息。财务会计的核算目的体现多元化特征。税务会计的核算目的在于按照现行税收法律、法规的规定，对企业税款的形成、计算、缴纳进行核算和监督，从而一方面保证国家及时足额地取得税金，另一方面，引导纳税人在不违反国家税法的前提下，正确计算应纳税款，经济、合理地安排税金支出，履行纳税义务。税务会计核算目的相对比较单一。

2. 核算范围不同

财务会计的核算范围具有广泛性，是企业能够用货币表现的全部经济活动。税务会计核算的范围具有特定性，仅限于企业生产经营活动中的涉及税金运动的业务，以全面反映企业各项税款的应缴、已缴、欠缴等情况，而对纳税人与税金无关的业务不予核算。

3. 核算依据不同

财务会计必须依据会计准则和财务会计制度来规范企业的会计行为，当对某些业务的处理出现税法的规定与会计准则的规定不一致时，可以不必考虑税法的规定，而只依据会计准则进行核算，其核算依据具有单一性。而税务会计在规范企业的会计行为时既要依据国家税收法律、法规，又要依据会计准则和财务会计制度，而当会计准则、会计制度与国家税法对某些业务处理的规定不一致时，必须按税法的规定进行调整，以保证应纳税款的准确性，其核算依据具有双重性。

4. 核算基础不同

财务会计的核算基础是权责发生制，即收入、费用的确认是以权利、义务是否发生为标准，以求经营成果的真实、合理。而税务会计对于收入、费用的确认是权责发生制与收付实现制相结合的，这是考虑到纳税人的货币支付能力以及管理上的方便性等原因而确立的。这种核算基础上的差异，导致两者在收入、费用和利润的确认、计量上产生了诸多差异。

5. 会计计量属性不同

目前的会计准则中，对于财务会计计量属性的规定，虽仍以历史成本为主，但是同时引入了重置成本、可变现净值、现值、公允价值的计量模式，考虑了货币时间价值和物价变动等因素的影响，使资产、负债等的计量更加真实、合理。税务会计坚持历史成本原则，坚持按纳税人实际取得或购建时发生的实际成本进行核算，不考虑货币时间价值以及币值的变动情况。

六、税务会计岗位及具体工作内容

税务会计作为一般企业财务部门涉税事务处理的专门或兼职的人员，其主

要工作内容可以说基本固定,特别是作为已经相对稳定发展的企业的税务会计,其工作内容可从不同时间阶段来划分如下:

（一）月初应处理的工作内容

总体上讲,月初应处理的工作内容就是交纳税款。具体地讲,首先,进行网上申报。按不同税种分别填写纳税申报表,进行国税和地税的网上申报,并打印出报表。其次,根据"应交税费"科目的贷方余额划转税款,进入纳税账户。再次,到税务机构进行税款缴纳,取回完税凭证,报送相关报表。最后,根据完税凭证编制税款缴纳的记账凭证,完成上月的税务处理工作。

（二）月中应处理的工作内容

1. 每天根据所发生的涉税业务的原始凭证编制记账凭证,并在"应交税费"明细账上登记。

2. 做好发票的购买、领用、开具、检收、保管工作。及时去税务机构购买发票,并报送发票使用明细表。做好每张发票的领用、开具的登记工作,并将作废发票登记在备查簿中。对购入发票做好验收工作,确保发票的真实、正确,防止假发票的流入。切实做好发票的管理工作,防止发票流失。

3. 做好退税和减免税办理工作。认真及时地办理好各种手续,顺利取得退税和减免税。

4. 积极配合税务机关征管员做好对本企业的税收征管工作。主动做好情况介绍、资料提供、纳税情况汇报等工作。

5. 做好相关新税收政策的学习。及时解答企业内的各种涉税事务的疑难问题。

6. 做好纳税筹划工作。结合本企业情况,及时根据学习的税法,提供税务筹划方案,并检查原有的筹划方案的实施情况,及时调整和处理不当之处。

7. 做好其他特殊工作。如税务变更登记、税务大检查等等。

（三）月末应处理的工作内容

1. 做好"应交税费"账户的总分类账登记工作,并与明细账进行核对,进行月度结转,将各相关账户结出余额。

2. 将开出的各种发票进行汇总,编制发票使用汇总表。

3. 将收到的各种发票重新进行检查,编制发票取得汇总表,并到税务机关进行认证确认。

4. 编制发票领用存月报表,检查空白发票的库存数。

5. 按照税务机关的规定,办理预交税款的业务。

6. 对检查出来需要调整的账项,按会计制度、会计准则和税法的要求进行调整。

（四）年末应处理的工作内容

1. 汇算清缴。对全年的涉税业务进行汇算清缴。需要调整的账项按税法进行调整。该补交的税款补交。

2. 编制并上报各种税务年报，并进行网上申报。

3. 协助税务机关做好税务年检工作。

【课堂测试1-3】

1. 税务会计以（　　　）为准绳。

　　A. 会计制度　　　B. 会计准则　　　C. 税法　　　D. 财务制度

2. 以下说法正确的是（　　　）。

　　A. 税务会计与财务会计的计量依据是相同的

　　B. 税务会计核算和监督的是企业的全部经济业务

　　C. 税务会计坚持历史成本原则

　　D. 税务会计遵循权责发生制

第四节　税务筹划概述

一、税务筹划的概念及特点

（一）税务筹划的概念

税务筹划又称纳税筹划，是指企业在遵循税收法律、法规的情况下，为实现企业价值最大化，自行或委托代理人，通过充分利用税法规定，对企业的经营、投资、理财等事项进行安排和策划，在多种纳税方案中进行优化选择的一种财务管理活动。

随着我国税收法制的规范，以及纳税人维权意识的不断增加，税务筹划在我国已经得到越来越多的重视和应用，这也使得国家的税收政策引导和企业的经营行为之间进入到了越来越明显的良性互动之中。

（二）税务筹划的特点

1. 合法性

合法性表示税务筹划只能在法律许可的范畴内进行，违反法律规定逃避税收负担的筹划是偷税行为，必须加以反对和制止。企业在进行税务筹划时必须以法律为界限，周密考虑每项计划及其实施过程，不能超越法律的规定。

2. 筹划性

企业经营行为的发生是企业纳税义务发生的前提，纳税义务通常具有滞后性。如果在纳税义务发生时再想办法减轻税负，就很容易形成偷税、漏税行为。所以，税务筹划应该是事前的筹划，在应税行为发生之前进行。

3. 目的性

首先，企业进行税务筹划的直接目的是减轻税负。企业通过规划和安排经营活动，利用国家的税收制度规定，减少税额支出。其次，企业进行税务筹划的目标应该是服从于企业财务管理的整体目标的。所以，在进行税务筹划时，除了减轻税负外，还要关注纳税方案的选择对于企业整体价值的影响，不能因为减轻税负而引起其他方面更大的成本支出，这样就得不偿失了。最后，保证企业的税务活动不引起税收争议和税务处罚，实现涉税零风险，也是进行税务筹划的目的之一。

二、税务筹划的原则

（一）合法原则

税务筹划的最基本原则是要符合税法的规定。由于税务筹划不是偷税、漏税、骗税，纳税人只有在熟知税法，并具有对税收政策深层次的加工能力时，税务筹划才有可能成功。

（二）整体原则

企业进行税务筹划要从企业整体价值来考虑。一方面要注意各税种的综合效应，不能为了降低某一税种税负而引起其他税种税负更大额度的增加；另一方面，要综合考虑节税与增收的综合效应，不能一味强调降低企业税收负担，而导致企业其他成本的更大幅度的增加，或者一味降低税收负担而制约了企业的长远发展。

（三）成本效益原则

成本效益原则是指在企业进行税务筹划方案选择时，要确保税务筹划带来的收益大于为了筹划而增加的成本。一个税务筹划方案的实施在给企业带来节税等收益的同时，也会带来相应的成本。比如，委托中介机构代理进行税务筹划的成本，税务筹划所引起的企业经营风险的增加等。因此，税务筹划像企业其他财务管理决策一样，要以收益大于成本为原则。

（四）风险收益均衡原则

由于税务筹划是按照税法规定对企业经营行为进行的筹划，所以对于税法的理解和把握，在税务筹划中显得至关重要。一方面，对于税法理解的偏差，可能使得企业存在被认定为偷税漏税的可能性。另一方面，税法规定的变动，也会使得企业税务筹划方案在实施的过程当中，无法产生预定的效果。如果无视这些风险，盲目地进行筹划，其结果可能事与愿违，因此企业进行税务筹划要注意风险和收益的平衡。

三、税务筹划的内容

（一）按筹划手段进行分类

1. 避税筹划

避税筹划是指纳税人采用非违法手段，利用税法中的漏洞、空白获取税收利益的筹划。这种筹划表面上符合税法条文但实质上不符合立法精神，即既不违法也不合法，国家只能通过采取不断地完善税法，填补空白，堵塞漏洞等反避税措施加以控制。避税筹划虽不符合立法精神，但与纳税人不尊重法律的偷逃税有着本质区别。

2. 节税筹划

节税筹划是指纳税人在不违背立法精神的前提下，充分利用税法中关于起征点、减免税等一系列的优惠政策，通过对筹资、投资和经营等活动的规划和安排，达到少缴税甚至不缴税目的的行为。节税筹划与避税筹划不同的是，它是符合立法精神的筹划，是国家和企业双赢的行为，从而使得税务筹划的风险相对降低。

3. 转嫁筹划

转嫁筹划是指纳税人为了达到减轻税负的目的，通过价格调整将税负转嫁给他人承担的经济行为。这种筹划主要适用于流转税的筹划。

4. 避险筹划

避险筹划是指纳税人账目清楚，纳税申报正确，税款缴纳及时、足额，不会出现任何关于税收方面的处罚，即在税收方面没有任何风险，或风险极小可以忽略不计的一种状态。这种状态的实现，虽然不能使纳税人直接获取税收上的好处，但却能间接地获取一定的经济利益，而且这种状态的实现，更有利于企业的长远发展与规模扩大。

（二）按财务活动进行分类

企业在进行财务决策时，财务成本是重要的考虑因素。税务成本作为财务成本的一部分，随着纳税人税务筹划意识的增强，已经在企业财务决策中得到越来越广泛的应用。

1. 投资

投资是企业实现保值增值的必要手段。由于各行业、各地区及其投资方式等的税收政策存在很大差别，企业在进行投资决策时，对于投资地区、投资行业、投资方式、投资企业组织形式等都应进行必要的规划，以达到降低税负的目的。

2. 融资

融资是企业进行生产经营活动的先决条件。负债融资的抵税作用和权益性融资可能引起的重复征税，都是企业在进行财务决策中应当予以重视的问题。企业应该通过在融资方式、融资数额等方面的合理规划，使企业在降低税负的同时达到资本结构的优化。

3. 营运

企业的日常经营中，税务筹划也是必不可少的。比如，原材料的采购所带来的增值税抵扣问题；机器设备的折旧方法选择所带来的企业所得税抵税问题；销售结算方式、产品定价方式、营销方式等的选择引起的流转税纳税义务发生时间确认问题等等，都需要纳税人合理安排，合理选择，从而在保证企业正常经营秩序的前提下，尽量降低税负。

4. 分配

股利分配是企业财务活动的重要环节，在股利分配决策中进行税务筹划也是必不可少的。企业利润分配环节涉及的税务筹划问题主要包括分配还是不分配，什么时间分配，分配的额度是多少，是否有替代方案等。

（三）按税种进行分类

由于各税种体现了国家不同的立法目的，所以各税种税制要素的规定也不尽相同。纳税人可以结合各税种的不同规定以及自身的经营内容和特点，从纳税范围、计税依据、税率、纳税期限、税收优惠等多方面进行筹划，以达到降低税负的目的。本书将以此分类为标准，在后续章节详细讲解各税种的税务筹划方法。

四、税务筹划的基本技术

（一）免税技术

免税技术是指在法律允许的范围内，使纳税人成为免税人，或使征税对象成为免征对象，而使纳税人免于纳税的技术。每一种税都规定有明确的纳税人和征税范围，只有纳入范围的纳税人、经营行为、所得或财产才予以征税，对于没有纳入征税范围的则不予征税，纳税人可以在对照税收政策、权衡各方面利益的前提下，对经营、投资、理财活动作出事前安排，在多种备选方案中选择不予征税的方案。同时注意，在免于一个税种税额的同时是否会引起其他税种的税额增加。

（二）减税技术

减税技术是指在法律允许的范围内，使纳税人减少应纳税额而直接节税的技术。国家对于许多税种在规定征税的具体政策时，对于特殊的经营活动或纳税人，通过减免税优惠政策作出照顾或鼓励的政策规定，纳税人可以对照国家减免税的优惠政策条件，事前对其经营、投资、理财等活动进行安排，以求符合条件，办理相应的报批或备案手续，享受减税优惠。

（三）税率差异技术

税率差异技术是指在法律允许的范围内，利用税率的差异而直接节税的技术。与按高税率缴税相比，按低税率少缴税就是节税。在我国，有的税种国家根据地区、行业、经济成分、所得项目、企业类型的不同，规定有差异的税率，也有的税种国家规定的是幅度税率，由各地根据情况作出具体税率的规定，这就使不同的经营、投资、理财情况在税率运用上会出现差异，纳税人可以对照政策规定，在多种方案中进行选择，以适用较低的税率。

（四）扣除技术

扣除技术是指在法律允许的范围内，使扣除额增加而直接节税，或调整各个计税期的扣除额而相对节税的技术。所得税都是以纳税人收入或所得额作必要扣除后作为计税依据的，即使是以收入为计税依据的流转税，也规定有不少项目可以在计税依据中扣除。纳税人应在发生费用或支出时，对费用的项目、性质、支付方式及票据使用等方面，事前作出安排，以求符合政策规定，从而使计税时能有更多符合要求的扣除额或提早扣除时间。

（五）抵免技术

抵免技术是指在法律允许的范围内，使税收抵免额增加而绝对节税的技术。已纳税额或支出的抵免可以直接减少纳税人应纳税额。为了避免重复征税或引导纳税人经营、投资、理财等活动，我国税法特别是所得税当中有许多抵免税的规定，如境外所得已纳所得税额的抵免、境内投资股息性所得已纳税的抵免等。纳税人可以根据自身的经营情况，对照政策规定，事前作出安排，以抵免技术减轻税收负担。

（六）退税技术

退税技术是指依据国家税收法律、法规或政策规定，使经营、投资、理财等活动的相关税额得以全部或部分退还的技术。退税是将自己或相关人已纳税额从国库中直接退出，一般地，都会对其条件、资料、程序、时间和管理方面作严格的规定。纳税人应在充分掌握政策规定的基础上，对自己经营活动事前作出安排，以顺利享受到退税政策。

（七）分割技术

分割技术是指在法律允许的范围内，使得计税依据在两个或多个纳税人之间进行分割而直接节税的技术。这种技术对于适用超额累进税率的税种尤为重要，因为对于超额累进税率，税基越大，适用的税率层次越高，税率越大，其税收负担就越重。因此，适时进行对象分割，有利于减少绝对税额。

（八）延期纳税技术

延期纳税技术是指在法律允许的范围内，使纳税人延期缴纳税款而相对节税的技术。延期纳税虽然不能减少纳税人的绝对应纳税额，但对纳税人而言，纳税期的推后，相当于获得一笔政府的无息贷款，获取货币时间价值，有利于其资金周转。

【课堂测试 1-4】

1. 纳税人采用非违法手段，利用税法中的漏洞、空白获取税收利益的筹划是（　　　）。

　　A. 避税筹划　　　B. 节税筹划　　　C. 转嫁筹划　　　D. 避险筹划

2. 在法律允许的范围内，使纳税人成为免税人，或使征税对象成为免征对象，而使纳税人免于纳税的技术是（　　　）。

　　A. 免税技术　　　B. 减税技术　　　C. 扣除技术　　　D. 抵免技术

本章小结

税收是国家为了实现其职能，凭借其政治权力，按法律规定的标准，参与社会产品和国民收入的再分配，强制、无偿地取得财政收入的一种分配关系。与其他财政收入相比，税收体现了强制、无偿、固定的特征。按照征税对象的性质，可以把税收分为流转税、所得税、资源税、财产税、行为税。

税法是国家制定的用以调整国家与纳税人之间在征纳税方面的权利及义务关系的法律规范的总称。税法的构成要素是指各种单行税法具有的共同的基本要素的总称。税法的构成要素，特别是税收实体法的构成要素一般包括纳税义务人、课税对象、税目、税率、纳税环节、纳税期限、纳税地点、减税免税、罚则等。

企业纳税工作包括办理税务登记、设置企业账簿、凭证、进行纳税申报、进行税款缴纳以及申请税务行政复议或诉讼等。

税务会计是以国家现行税收法律法规为依据，以货币为计量单位，运用会计学的基本理论和核算方法，连续、系统、全面地对纳税人应纳税款的形成、计算和缴纳，即税务活动所引起的资金运动进行核算、监督和筹划，以保障国家利益和纳税人合法权益的一种专业会计。税务会计作为会计学科的一个相对独立的分支，除具有其他专业会计的共性特征外，也有其特殊性，主要体现在：法定性、广泛性、目标双重性。税务会计核算的对象是纳税人因纳税而引起的税款的形成、计算、缴纳、退补、减免、罚款等税金运动。税务会计是社会经济发展的产物，它是从财务会计中分离出来的，与财务会计同属于会计学科范畴，二者既有联系，又有区别。

税务筹划又称纳税筹划，是指企业在遵循税收法律、法规的情况下，为实现企业价值最大化，自行或委托代理人，通过充分利用税法规定，对企业的经营、投资、理财等事项进行安排和策划，在多种纳税方案中进行优化选择的一种财务管理活动。实现税务筹划可以通过免税技术、减税技术、税率差异技术、扣除技术、抵免技术、退税技术、分割技术、延期纳税技术八种技术来实现。

篇后案例

人大收回税收立法权的改革意义

十二届全国人大二次会议发言人傅莹在 2014 年 3 月 4 日举行的新闻发布会上回答记者提问时说，进入新时期，全国人大将更好地贯彻落实"税收法定"原则，重点加强对新税种的立法。这是党的十八届三中全会提出要"落实税收法定原则"之后，全国人大首度对外公开回应有关税收法定的问题。而在昨天李克强总理所作的政府工作报告中同样提到，要推动消费税、资源税改革，做好房地产税、环境保护税立法相关工作。

在很多人眼中，"税收法定"是个很专业的术语。傅莹指出，税收立法是全国人大的法定权力。现在中国有 18 个税种，其中有 3 个是全国人大立法征收的，分别是个人所得税、企业所得税和车船税，其他 15 个税种目前是全国人大授权国务院通过制定税收的暂行条例来征收的。在去年的全国"两会"上，全国人大代表、编剧赵冬苓曾联合 31 位代表提交《关于终止授权国务院制定税收暂行规定或者条例的议案》，要求税收立法权收归全国人大。换句话说，税收立法宜由行政主导体制转向人大主导的立法体制。这件议案反响很大，成为去年全国"两会"的焦点议题之一。时隔一年，这个曾经"既没有路线图也没有时间表"的议题，以崭新的面目出现。税收法定原则已经不是要不要落实的问题，而是如何全力推进的问题。

税收征收权是国家基本权力，税收征收行为涉及公民财产的减损，通常情况下属于法律保留事项。即是说，只有全国人大才是税收立法的合法机关。但我国税收立法却是一种政府主导的"税收立法行政化"模式。这种模式曾经起到了积极的作用，因为税收可以快速调整以随时适应社会的变化，但随之便出现了政府既当运动员，又当裁判员的情况。在当下立法主体多样的局面之下，税收征收随意性有所凸显。2007年5月29日深夜，一项新政将股票交易印花税税率由原来的千分之一上调至千分之三，次日沪深两地股市开盘后，股指瞬间出现大暴跌，引起市场强烈不满；另一税收征收随意性的实例是南京实施的婚前房产证"加名征税"。人大收回税收立法权，目的只有一个，便是让税收更加公平、正义，让纳税人的声音可以更充分表达。税收正义是税收和税法的最高价值理念，与整个社会实质意义上的公平和正义密切相关，也与税收立法的主导体制联系在一起。

全国人大制定税法，实际上就是纳税人在行使发言权。比较突出的便是《个人所得税法》，这是一部在民意充分博弈的基础上获得通过的法律，也是人大充分践行"开门立法"原则的范例。如今要推动消费税、资源税改革，推行房地产税、环境保护税立法相关工作，要做的正是完善税收立法的程序，使纳税人的代表和社会公众都能充分参与，比如召开座谈会、听证会。同时，还要增强立法程序的公开度，广泛征求意见，征求意见后对意见作出梳理，让公众知道提了哪些意见，意见所占比例，并及时回应修改意见，这样民众的表达权才能彻底落实。简而言之，便是将"开门立法"一以贯之，构建一个以税收法律为主、税收行政法规为辅的新型税收法律体系。

毫无疑问，税收由人大立法过程会比较缓慢，以房产税为例，依据国务院条例推进可能进度会很快，但立法始终是不能绕过的程序。在过去的发展中，我们最大的问题是始终慢不下来，一路狂奔。然而，改革已经没有捷径可走，人大收回税收立法权的改革意义便在于此——让博弈更加充分，让制度更加稳健。

资料来源：南方日报　2014-03-06

核心概念

税收制度（tax system）

流转税（turnover tax）

所得税（income tax）

纳税人（taxpayer）

税目（taxable items）

税率（tax rates）

比例税率（proportional tax rate）

累进税率（progressive tax rate）

定额税率（quota tax rate）

税务会计（tax accounting）

税务筹划（tax planning）

思考题

1. 税收制度的构成要素包括哪些？如何理解税率的各种形式？
2. 我国现行的税制结构是怎样的？
3. 企业纳税的基本程序包括哪些？
4. 什么是税务会计？税务会计与财务会计的联系和区别在哪里？
5. 什么是税务筹划？如何界定税务筹划和偷税、漏税的区别？
6. 税务筹划有哪些技术方法？

练习题

（一）单项选择题

1. 一种税区别于另一种税的最主要标志是（　　）。

　　A. 税率　　　　B. 课税对象　　　C. 计税依据　　　D. 税目

2. （　　）反映具体的征税范围，是对课税对象的具体化。

　　A. 税率　　　　B. 课税对象　　　C. 计税依据　　　D. 税目

3. （　　）是计算税额的尺度，体现了课税的深度，是衡量税负轻重与否的重要标志。

　　A. 征税对象　　　　　　　　　B. 税率

　　C. 税收减免　　　　　　　　　D. 纳税环节

4. 从事生产经营的纳税人领取工商营业执照的，应当自领取工商营业执照之日起（　　）日内申报办理税务登记。

　　A. 15　　　　　B. 30　　　　　C. 45　　　　　D. 60

5. 纳税人被工商行政管理机关吊销营业执照的，应自营业执照被吊销之日起（　　）日内，向主管税务机关申报办理注销税务登记。

　　A. 15　　　　　B. 30　　　　　C. 45　　　　　D. 60

6. 从事生产、经营的纳税人应自其领取工商营业执照之日起（　　）日内按照国务院财政、税务部门的规定设置总账、明细账、日记账以及其他辅助性账簿。

　　A. 15　　　　　B. 30　　　　　C. 45　　　　　D. 60

7. 纳税人、扣缴义务人的会计凭证、账簿、完税凭证、发票、出口凭证和其他有关涉税资料，除法律法规另有规定外，应当保存（   ）年。

    A. 5   B. 10   C. 15   D. 20

8. 纳税人确有困难不能按期缴纳税款时，要经省级税务局批准，方可延期缴纳税款，期限最长不超过（   ）。

    A. 1 个月   B. 2 个月   C. 3 个月   D. 6 个月

9. 纳税人未按规定缴纳税款的，自税款滞纳之日起（应缴税款期限届满之次日）起，按日加收滞纳税款的（   ）滞纳金。

    A. 1‰   B. 3‰   C. 5‰   D. 0.5‰

10. 税务会计的对象是（   ）。

    A. 企业资金运动   B. 企业全部经济业务

    C. 企业税务资金运动   D. 企业税务活动

（二）多项选择题

1. 税收的基本特征是（   ）。

    A. 强制性   B. 无偿性   C. 有偿性   D. 固定性

2. 税收按征税对象的性质不同，包括（   ）。

    A. 流转税   B. 资源税   C. 所得税   D. 财产税

3. 税收按照计税标准的依据不同，可以分为（   ）。

    A. 从价税   B. 从量税   C. 复合税   D. 标准税

4. 税率的基本形式有（   ）。

    A. 浮动税率   B. 比例税率

    C. 累进税率   D. 定额税率

5. 我国现行税制的纳税期限形式有（   ）。

    A. 按期纳税   B. 按次纳税

    C. 按月纳税   D. 按年计征，分期预缴

6. 累进税率包括（   ）。

    A. 全额累进税率   B. 全率累进税率

    C. 超额累进税率   D. 超率累进税率

7. 减免税按批准成立的程序不同，可分为（   ）。

    A. 法定减免   B. 特定减免   C. 临时减免   D. 税额减免

8. 适用于税收强制执行措施的范围包括（   ）。

    A. 纳税人   B. 扣缴义务人

    C. 纳税担保人   D. 委托代征人

9. 税务会计的职能有（　　　）。

    A. 核算职能　　　B. 监督职能　　　C. 纳税职能　　　D. 筹划职能

10. 税务筹划按筹划手段分为（　　　）。

    A. 避税筹划　　　B. 节税筹划　　　C. 转嫁筹划　　　D. 避险筹划

（三）判断题

1. 税收的固定性是指税法一成不变。（　　　）

2. 直接税是由纳税人直接负担、不易转嫁的税种，如所得税、财产税、消费税等。（　　　）

3. 我国的《税收征管法》在税法体系中起着税收母法的作用。（　　　）

4. 扣缴义务人与纳税人在实质上是等同的。（　　　）

5. 免征额就是征税对象达到一定数额就开始全额征税。（　　　）

6. 超额累进税率是一个征税对象同时适用几个等级的税率形式。（　　　）

7. 税务会计是以会计准则为准绳。（　　　）

8. 税务会计中的纳税主体与财务会计中的会计主体相同。（　　　）

9. 税务会计遵从的是收付实现制。（　　　）

10. 偷税、漏税与避税是有本质区别的。（　　　）

第二章　增值税会计与筹划

增值税自 1954 年在法国实施以来，因其税不重征等优点，被世界上许多国家广泛采用。目前，增值税也是我国税收收入中最主要的流转税种。本章主要介绍增值税的税收基本制度、增值税的税额计算、增值税的会计处理以及增值税的税务筹划。通过学习本章，理解和掌握增值税税收制度的基本内容，掌握一般纳税人和小规模纳税人增值税的税额计算，掌握一般纳税人和小规模纳税人增值税会计账户设置和一般会计处理。

篇前案例

为什么交的税不一样？

小张和小李是大学同学，毕业后，两人都没有找工作而是选择了自己创业。小张开了一个汽车修理厂，而小李开了一家快餐店。后来两人在闲聊时发现，小张日常缴纳的是增值税，而小李缴纳的是营业税。两人不解，同样是提供劳务，为什么交的税不一样呢？小张的汽修厂平常应该如何缴纳增值税呢？

增值税是以增值额为课税对象而征收的一种税。所谓增值额就是指商品生产、流通、劳务服务等各环节的新增价值或商品的附加值。由于实际当中增值额很难准确计算，因此，国际上普遍采用的计算增值额的方法是税款抵扣法，即根据销售商品或劳务的销售额，按规定的税率计算出销项税额，然后扣除取得商品或劳务时所支付的增值税款，也就是进项税额，其差额就是增值部分应交的税额。

其中，对于外购固定资产所含税金的扣除方式，各国的税法规定并不相同，因此形成了不同增值税类型：（1）生产型增值税。生产型增值税指在征收增值税时，只能扣除属于非固定资产项目的那部分生产资料的税款，不允许扣除固定资产价值中所含有的税款。该类型增值税的征税对象大体上相当于国民生产总值，因此称为生产型增值税。（2）收入型增值税。收入型增值税指在征收增值税时，只允许扣除固定资产折旧部分所含的税款，未提折旧部分不得计入扣除项目金额。该类型增值税的征税对象大体上相当于国民收入，因此称为收入型增值税。（3）消费型增值税。消费型增值税指在征收增值税时，允许将固定资产价值中所含的税款全部一次性扣除。这样，就整个社会而言，生产资料都排除在征税范围之外。该类型增值税的征税对象仅相当于社会消费资料的价值，因此称为消费型增值税。我国从 2009 年 1 月 1 日起，在全国范围内实施消费型增值税。

第一节　增值税税制要素

一、纳税人

增值税的纳税人是在中华人民共和国境内销售或者进口货物、提供应税劳务的单位和个人。

增值税纳税人按会计核算健全程度和经营规模不同，分为一般纳税人和小规模纳税人两类。两类纳税人在增值税的计税方法、发票管理和会计处理方法等方面均不相同。

（一）小规模纳税人

小规模纳税人是指年销售额在规定标准以下，并且会计核算不健全，不能按规定报送有关税务资料的增值税纳税人。

其中，小规模纳税人的认定标准是：（1）从事货物生产或者提供应税劳务的纳税人，以及以从事货物生产或者提供应税劳务为主，并兼营货物批发或者零售的纳税人，年应税销售额在 50 万元以下（含 50 万元）的。（2）对（1）以外的纳税人，年应税销售额在 80 万元以下的。（3）年应税销售额超过小规模纳税人标准的其他个人按小规模纳税人纳税。（4）非企业性单位、不经常发生应税行为的企业可选择按小规模纳税人纳税。

（二）一般纳税人

一般纳税人是指年应税销售额，超过财政部、国家税务总局规定的小规模纳税人标准的企业和企业性单位。

二、征税对象

（一）征税范围的一般规定

1. 销售或者进口的货物

货物是指有形动产，也包括电力、热力、气体。销售货物，是指有偿转让货物的所有权。

2. 提供应税劳务

（1）加工、修理修配劳务

加工是指受托加工货物，即委托方提供原料及主要材料，受托方按照委托方的要求制造货物并收取加工费的业务；修理修配是指受托对损伤和丧失功能的货物进行修复，使其恢复原状和功能的业务。提供加工、修理修配劳务（以下称应税劳务），是指有偿提供加工、修理修配劳务，单位或者个体工商户聘用的员工为本单位或者雇主提供加工、修理修配劳务不包括在内。

（2）其他应税劳务

除加工、修理修配这些传统的增值税应税劳务外，随着 2012 年 1 月自上海开始的"营改增"试点的逐渐扩大，原营业税中若干应税劳务目前也改为了增值税应税劳务。根据财税〔2013〕106 号文件规定，应税服务，是指陆路运输服务、水路运输服务、航空运输服务、管道运输服务、邮政普遍服务、邮政特殊服务、其他邮政服务、研发和技术服务、信息技术服务、文化创意服务、物流辅助服务、有形动产租赁服务、鉴证咨询服务、广播影视服务。

篇中案例 2-1

"营改增"改革动态

2014 年 3 月，财政部部长楼继伟就"财税体制改革和财政工作"答记者问时表示，今年财税部门在推进通信业"营改增"的同时，还将研究把生活服务业、不动产业、金融服务业纳入增值税范围。

（二）征税范围的具体规定

1. 属于征税范围的特殊项目：货物期货；银行销售金银的业务；典当业的死当物品销售业务；寄售业代委托人销售寄售物品的业务；集邮商品生产以及邮政部门以外的其他单位和个人的销售业务；邮政部门以外的单位和个人发行报刊；电力公司向发电企业收取的过网费；纳税人销售软件产品并随同销售

一并收取的软件安装费、维护费、培训费收入等。

2．属于征税范围的特殊行为

（1）视同销售行为

单位或者个体工商户的下列行为，视同销售货物：①将货物交付其他单位或者个人代销；②销售代销货物；③设有两个以上机构并实行统一核算的纳税人，将货物从一个机构移送至其他机构用于销售，但相关机构设在同一县（市）的除外；④将自产或者委托加工的货物用于非增值税应税项目；⑤将自产、委托加工的货物用于集体福利或者个人消费；⑥将自产、委托加工或者购进的货物作为投资，提供给其他单位或者个体工商户；⑦将自产、委托加工或者购进的货物分配给股东或者投资者；⑧将自产、委托加工或者购进的货物无偿赠送其他单位或者个人。

（2）混合销售行为

一项销售行为如果既涉及货物又涉及非增值税应税劳务，为混合销售行为。其中，"非增值税应税劳务"是指属于应缴营业税的劳务。从事货物的生产、批发或者零售的企业、企业性单位和个体工商户的混合销售行为，视为销售货物，应当缴纳增值税；其他单位和个人的混合销售行为，视为销售非增值税应税劳务，不缴纳增值税。

纳税人的下列混合销售行为，应当分别核算货物的销售额和非增值税应税劳务的营业额，并根据其销售货物的销售额计算缴纳增值税，非增值税应税劳务的营业额不缴纳增值税；未分别核算的，由主管税务机关核定其货物的销售额：销售自产货物并同时提供建筑业劳务的行为；财政部、国家税务总局规定的其他情形。

（3）兼营非增值税应税劳务行为

纳税人兼营非增值税应税项目的，应分别核算货物或者应税劳务的销售额和非增值税应税项目的营业额；未分别核算的，由主管税务机关核定货物或者应税劳务的销售额。

篇中案例 2-2

到底该交什么税？

小赵开了一家装饰装修公司，主营家庭装修业务，生意不错。在装修过程中，常常会应顾客的需求为顾客代买装修材料，并且在装修过程中还常会自己自制一些装修材料，受到顾客好评，以至于后来会单独销售一些自己制作的装修材料、装修用品。请你结合小赵目前的经营情况，在增值税和营业税的税种选择上给出建议。

三、税率

我国的增值税采用比例税率形式，规定了基本税率、低税率和零税率三档适用税率以及按简易办法计税的征收率。

（一）适用税率

1. 基本税率：一般纳税人销售或者进口货物，提供加工、修理修配劳务，除低税率适用范围和销售个别旧货适用低税率外，税率一律为17%。

2. 低税率：增值税一般纳税人销售或者进口粮食、食用植物油、鲜奶、自来水、暖气、冷气、热水、煤气、石油液化气、天然气、沼气、居民用煤炭制品、图书、报纸、杂志、饲料、化肥、农药、农机、农膜以及国务院及其有关部门规定的其他货物，按低税率13%计征增值税。

3. 零税率：除国务院另有规定外，纳税人出口货物，税率为零。这里需要注意的是，零税率不仅指对出口货物在出口环节不征增值税，还要对该产品在出口前已经缴纳的增值税进行退税，使该出口产品在出口时完全不含增值税税款。同时，我国目前并非对全部出口产品都完全实行零税率。

另外，"营改增"实施后，在现行增值税17%标准税率和13%低税率基础上，新增11%和6%两档低税率。租赁有形动产等适用17%税率；交通运输业、邮政服务业等适用11%税率；其他部分现代服务业适用6%税率；财政部和国家税务总局规定的特定应税服务，税率为零。

（二）征收率

1. 小规模纳税人适用的征收率

增值税对小规模纳税人采用简易办法征收，对小规模纳税人适用的税率称为征收率。自2009年1月1日起，小规模纳税人增值税征收率为3%。

2. 一般纳税人适用的征收率

按简易办法征收增值税的优惠政策继续执行，不得抵扣进项税额：

（1）一般纳税人销售自己使用过的不得抵且未抵扣进项税额的固定资产，按简易办法依4%征收率减半征收增值税；小规模纳税人（除其他个人外）销售自己使用过的固定资产，减按2%的征收率征收增值税。

（2）纳税人销售旧货，按照简易办法依照4%征收率减半征收增值税。

（3）一般纳税人销售自产的县级及县级以下小型水力发电单位生产的电力；建筑用和生产建筑材料所用的砂、土、石料；以自己采掘的砂、土、石料或其他矿物连续生产的砖、瓦、石灰（不含黏土实心砖、瓦）；用微生物、微生物代谢产物、动物毒素、人或动物的血液或组织制成的生物制品；自来水；商品混凝土（仅限于以水泥为原料生产的水泥混凝土）等，可选择按照简易办法依照 6%征收率计算缴纳增值税。

一般纳税人选择简易办法计算缴纳增值税后，36 个月内不得变更。

（4）一般纳税人销售寄售商店代销寄售物品；典当业销售死当物品；经国务院或国务院授权机关批准的免税商店零售的免税品，暂按简易办法依照 4%征收率计算缴纳增值税。

（5）对属于一般纳税人的自来水公司销售自来水按简易办法依照 6%征收率征收增值税，不得抵扣其购进自来水取得增值税扣税凭证上注明的增值税税款。

四、税收优惠

（一）法定免税项目

《增值税暂行条例》里规定的免税项目如下：（1）农业生产者销售的自产农产品。（2）避孕药品和用具。（3）古旧图书。（4）直接用于科学研究、科学试验和教学的进口仪器、设备。（5）外国政府、国际组织无偿援助的进口物资和设备。（6）由残疾人的组织直接进口供残疾人专用的物品。（7）销售的自己使用过的物品。

（二）其他减免

为了体现税收的引导作用，保障居民基本生活，鼓励基础产业和节能环保产业等的发展，增值税在农业生产资料、粮食和食用植物油、资源综合利用产品、电力、医疗卫生、修理修配、软件产品、蔬菜、鲜活肉蛋产品等的生产销售以及劳务提供方面都有相关免征减征、即征即退、先征后退等的规定。

需要注意的是，纳税人在免税期内购进用于免税项目的货物或者应税劳务所取得的增值税扣税凭证，一律不得抵扣。所以，纳税人兼营免税、减税项目的，应当分别核算免税、减税项目的销售额；未分别核算销售额的，不得免税、减税。纳税人销售货物或者应税劳务适用免税规定的，可以放弃免税，依照《增值税暂行条例》的规定缴纳增值税，放弃免税后，36 个月内不得再申请免税。纳税人一经放弃免税权，其生产销售的全部增值税应税货物或劳务均应按照适用税率征税，不得选择某一免税项目放弃免税权，也不得根据不同的销售对象选择部分货物或劳务放弃免税权。

同时，为进一步扶持小微企业发展，经国务院批准，自 2013 年 8 月 1 日起，对增值税小规模纳税人中月销售额不超过 2 万元的企业或非企业性单位，暂免征收增值税。

（三）起征点的规定

增值税起征点的适用范围限于个人。

增值税起征点的幅度规定如下：（1）销售货物的，为月销售额5 000—20 000元；（2）提供应税劳务的为月销售额5 000—20 000元；（3）按次纳税的，为每次（日）销售额300—500元。

五、申报与缴纳

（一）纳税义务发生时间

1．一般规定

纳税人销售货物或者应税劳务，其纳税义务发生时间为收讫销售款项或者取得索取销售款项凭据的当天；先开具发票的，为开具发票的当天。

纳税人进口货物，其纳税义务发生时间为报关进口的当天。

增值税扣缴义务发生时间为纳税人增值税纳税义务发生的当天。

2．具体规定

纳税人收讫销售款项或者取得索取销售款项凭据的当天，按销售结算方式的不同，具体分为：

（1）采取直接收款方式销售货物，不论货物是否发出，均为收到销售款或者取得索取销售款凭据的当天。

（2）采取托收承付和委托银行收款方式销售货物，为发出货物并办妥托收手续的当天。

（3）采取赊销和分期收款方式销售货物，为书面合同约定的收款日期的当天，无书面合同的或者书面合同没有约定收款日期的，为货物发出的当天。

（4）采取预收货款方式销售货物，为货物发出的当天，但生产销售生产工期超过12个月的大型机械设备、船舶、飞机等货物，为收到预收款或者书面合同约定的收款日期的当天。

（5）委托其他纳税人代销货物，为收到代销单位的代销清单或者收到全部或者部分货款的当天。未收到代销清单及货款的，为发出代销货物满180天的当天。

（6）销售应税劳务，为提供劳务同时收讫销售款或者取得索取销售款凭据的当天。

（7）纳税人发生视同销售货物行为，为货物移送的当天。

（二）纳税期限

增值税的纳税期限分别为1日、3日、5日、10日、15日、1个月或者1

个季度。纳税人的具体纳税期限，由主管税务机关根据纳税人应纳税额的大小分别核定；不能按照固定期限纳税的，可以按次纳税。以 1 个季度为纳税期限的规定仅适用于小规模纳税人。

纳税人以 1 个月或者 1 个季度为 1 个纳税期的，自期满之日起 15 日内申报纳税；以 1 日、3 日、5 日、10 日或者 15 日为 1 个纳税期的，自期满之日起 5 日内预缴税款，于次月 1 日起 15 日内申报纳税并结清上月应纳税款。

扣缴义务人解缴税款的期限同纳税人。

纳税人进口货物，应当自海关填发进口增值税专用缴款书之日起 15 日内缴纳税款。

纳税人出口货物适用退（免）税规定的，应当向海关办理出口手续，凭出口报关单等有关凭证，在规定的出口退（免）税申报期内按月向主管税务机关申报办理该项出口货物的退（免）税。出口货物办理退税后发生退货或者退关的，纳税人应当依法补缴已退的税款。

（三）纳税地点

1．固定业户应当向其机构所在地的主管税务机关申报纳税。总机构和分支机构不在同一县（市）的，应当分别向各自所在地的主管税务机关申报纳税；经国务院财政、税务主管部门或者其授权的财政、税务机关批准，可以由总机构汇总向总机构所在地的主管税务机关申报纳税。

固定业户到外县（市）销售货物或者应税劳务，应当向其机构所在地的主管税务机关申请开具外出经营活动税收管理证明，并向其机构所在地的主管税务机关申报纳税；未开具证明的，应当向销售地或者劳务发生地的主管税务机关申报纳税；未向销售或者劳务发生地主管机关申报纳税的，由其机构所在地的主管税务机关补征税款。

2．非固定业户销售货物或者应税劳务，应当向销售地或者劳务发生地的主管税务机关申报纳税；未向销售地或者劳务发生地的主管税务机关申报纳税的，由其机构所在地或者居住地的主管税务机关补征税款。

3．进口货物，应当向报关地海关申报纳税。

4．扣缴义务人应当向其机构所在地或者居住地的主管税务机关申报缴纳其扣缴的税款。

（四）纳税申报

增值税纳税申报分为"一般纳税人"和"小规模纳税人"两种，其中包括出口货物退免税的申报。

1．一般纳税人纳税申报

一般纳税人按照主管税务机关核定的纳税期限，如实填写并报送《增值税纳税申报表（适用于增值税一般纳税人）》及其增值税纳税申报表附列资料、记录当期纳税信息的 IC 卡、资产负债表和损益表等资料进行申报。

2．小规模纳税人纳税申报

小规模纳税人按照主管税务机关核定的纳税期限，如实填写并及时报送《增值税纳税申报表（适用于小规模纳税人）》进行申报。

3．生产企业"免、抵、退"税申报

生产企业在货物出口并按会计制度的规定在财务上作销售后，先向主管征税机关征税部门办理增值税纳税和免、抵税申报，并向主管征税机关的退税部门办理退税申报。退税申报期为每月 1—15 日（逢节假日顺延）。

【课堂测试 2-1】

1．下列销售应当征收增值税的是（　　　）。

　　A．暖气　　　　　　B．电力　　　　　　C．房地产　　　　　　D．煤气

2．下列行为属于混合销售行为，应当征收增值税的是（　　　）。

　　A．部门自己销售移动电话并为客户提供有偿电信服务

　　B．零售商店销售家具并实行有偿送货上门

　　C．装潢公司为客户包工包料装修房屋

　　D．饭店提供餐饮服务并销售酒水

3．下列结算方式中，以发货当天作为增值税纳税义务发生时间的有（　　　）。

　　A．托收承付　　　B．直接收款　　　C．预收货款　　　D．分期付款

4．计算增值税时，可能采用的征收率有（　　　）。

　　A．2%　　　　　　B．3%　　　　　　C．4%　　　　　　D．6%

第二节　一般纳税人增值税税额计算

一、销项税额计算

销项税额是指纳税人销售货物或者提供应税劳务，按照销售额或提供应税劳务收入和规定的税率计算并向购买方收取的增值税税额。

销项税额的计算公式为：销项税额=销售额×适用税率

销项税额同时也是购买方在购买货物或者应税劳务支付价款时，一并向销

售方支付的税额。因此，在票据齐全的情况下，销售方的销项税额也就是购买方的进项税额。销项税额的计算取决于销售额和适用税率两个因素。在适用税率既定的前提下，销项税额的大小主要取决于销售额的大小。

（一）一般销售方式下的销售额

销售额是指纳税人销售货物或者提供应税劳务向购买方（承受应税劳务也视为购买方）收取的全部价款和价外费用。特别需要强调的是尽管销项税额也是销售方向购买方收取的，但是增值税采用价外计税方式，用不含税价作为计税依据，因而销售额中不包括向购买方收取的销项税额。

价外费用，包括价外向购买方收取的手续费、补贴、基金、集资费、返还利润、奖励费、违约金、滞纳金、延期付款利息、赔偿金、代收款项、代垫款项、包装费、包装物租金、储备费、优质费、运输装卸费以及其他各种性质的价外收费。但下列项目不包括在内：

1．受托加工应征消费税的消费品所代收代缴的消费税。

2．同时符合以下条件的代垫运输费用：

（1）承运部门的运输费用发票开具给购买方的；

（2）纳税人将该项发票转交给购买方的。

3．同时符合以下条件代为收取的政府性基金或者行政事业性收费：

（1）由国务院或者财政部批准设立的政府性基金，由国务院或者省级人民政府及其财政、价格主管部门批准设立的行政事业性收费；

（2）收取时开具省级以上财政部门印制的财政票据；

（3）所收款项全额上缴财政。

4．销售货物的同时代办保险等而向购买方收取的保险费，以及向购买方收取的代购买方缴纳的车辆购置税、车辆牌照费。

凡随同销售货物或提供应税劳务向购买方收取的价外费用，无论其会计制度如何核算，均应并入销售额计算应纳税额。应当注意，根据国家税务总局规定：对增值税一般纳税人（包括纳税人自己或代其他部门）向购买方收取的价外费用和逾期包装物押金，应视为含税收入，在征税时换算成不含税收入再并入销售额。

（二）特殊销售方式下的销售额

在销售活动中，企业为了达到促销的目的，有多种销售方式。不同销售方式下，销售者取得的销售额会有所不同。

1．采取折扣方式销售

折扣销售是指销货方在销售货物或应税劳务时，因购货方购货数量较大等原因而给予购货方的价格优惠。纳税人采取折扣方式销售货物，销售额和折扣额在同一张发票上"金额"栏分别注明的，可按折扣后的销售额征收增值税；未在同一张发票"金额"栏注明折扣额，而仅存发票的"备注"栏注明折扣额的，折扣额不得从销售额中减除。

2. 采取以旧换新方式销售

以旧换新是指纳税人在销售自己的货物时，有偿收回旧货物的行为。根据税法规定，采取以旧换新方式销售货物的，应按新货物的同期销售价格确定销售额，不得扣减旧货物的收购价格。同时，考虑到金银首饰以旧换新业务的特殊情况，对金银首饰以旧换新业务，可以按销售方实际收取的不含增值税的全部价款征收增值税。

3. 采取还本销售方式销售

还本销售是指纳税人在销售货物后，到一定期限由销售方一次或分次退还给购货方全部或部分价款。税法规定，采取还本销售方式销售货物，其销售额就是货物的销售价格，不得从销售额中减除还本支出。

4. 采取以物易物方式销售

以物易物是一种较为特殊的购销活动，是指购销双方不是以货币结算，而是以同等价款的货物相互结算，实现货物购销的一种方式。以物易物双方都应作购销处理，以各自发出的货物核算销售额并计算销项税额，以各自收到的货物按规定核算购货额并计算进项税额。应注意，在以物易物活动中，应分别开具合法的票据，如收到的货物不能取得相应的增值税专用发票或其他合法票据的，不能抵扣进项税额。

5. 包装物押金

包装物是指纳税人包装本单位货物的各种物品。根据税法规定，纳税人为销售货物而出租出借包装物收取的押金，单独记账核算的，时间在1年以内，又未过期的，不并入销售额征税，但对因逾期未收回包装物的，无论押金是否退还，均应按所包装货物的适用税率计算销项税额。

需要注意的是在将包装物押金并入销售额征税时，需要先将该押金换算为不含税价，再并入销售额征税。另外，对销售除啤酒、黄酒外的其他酒类产品而收取的包装物押金，无论是否返还以及会计上如何核算，均应并入当期销售额征税。

6. 对视同销售货物行为的销售额的确定

纳税人销售货物或应税劳务的价格明显偏低，又无正当理由，以及视同销售行为而无销售额的，由主管税务机关核定其销售额。其核定顺序如下：

（1）按纳税人最近时期同类货物的平均销售价格确定；

（2）按其他纳税人最近时期同类货物的平均销售价格确定；

（3）按组成计税价格确定。组成计税价格的公式为：

组成计税价格=成本×（1＋成本利润率）

征收增值税的货物，同时又征收消费税的，其组成计税价格中应加上消费税税额。其组成计税价格公式为：

组成计税价格=成本×（1＋成本利润率）＋消费税税额

或：

组成计税价格=成本×（1＋成本利润率）÷（1－消费税税率）

公式中的成本是指：销售自产货物的为实际生产成本，销售外购货物的为实际采购成本。公式中的成本利润率由国家税务总局确定，一般为10%。但属于应从价定率征收消费税的货物，其成本利润率为《消费税若干具体问题的规定》中确定的成本利润率。

（三）含税销售额的换算

实际工作中，如果一般纳税人将销售货物或者应税劳务采用销售额和销项税额合并定价收取的方法，就会形成含税销售额。我国增值税是价外税，计税依据中不含增值税本身的数额。因此，一般纳税人销售货物或者应税劳务取得的含税销售额在计算销项税额时，必须将其换算为不含税的销售额。对于一般纳税人销售货物或者应税劳务，采用销售额和销项税额合并定价方法的，按下列公式计算销售额：

销售额=含税销售额÷（1＋增值税税率）

二、进项税额计算

纳税人购进货物或者接受应税劳务支付或者负担的增值税额，为进项税额。进项税额是与销项税额相对应的另一个概念。在开具增值税专用发票的情况下，它们之间的对应关系是，销售方收取的销项税额，就是购买方支付的进项税额。需要注意的是，并不是纳税人支付的所有进项税额都可以从销项税额中抵扣。

（一）准予从销项税额中抵扣的进项税额

根据《增值税暂行条例》的规定，准予从销项税额中抵扣的进项税额，限于下列增值税扣税凭证上注明的增值税税额和按规定的扣除率计算的进项税额。

1. 从销售方取得的增值税专用发票上注明的增值税税额。

2．从海关取得的海关进口增值税专用缴款书上注明的增值税额。

3．购进农产品，除取得增值税专用发票或者海关进口增值税专用缴款书外，按照农产品收购发票或者销售发票上注明的农产品买价和13%的扣除率计算的进项税额。进项税额计算公式：

$$进项税额=买价×扣除率$$

（二）不得从销项税额中抵扣的进项税额

按《增值税暂行条例》规定，下列项目的进项税额不得从销项税额中抵扣：

1．用于非增值税应税项目、免征增值税项目、集体福利或者个人消费的购进货物或者应税劳务。

2．非正常损失的购进货物及相关的应税劳务。

3．非正常损失的在产品、产成品所耗用的购进货物或者应税劳务。

4．国务院财政、税务主管部门规定的纳税人自用消费品。

5．上述第1项至第4项规定的货物的运输费用和销售免税货物的运输费用。

6．一般纳税人兼营免税项目或者非增值税应税劳务而无法划分不得抵扣的进项税额的，按下列公式计算不得抵扣的进项税额：

不得抵扣的进项税额=当月无法划分的全部进项税额×当月免税项目销售额、非增值税应税劳务营业额合计÷当月全部销售额、营业额合计

需要注意的是：

1．如果当期购进的货物或应税劳务事先并未确定将用于非生产经营项目，其进项税额已在当期销项税额中予以抵扣。但已抵扣进项税额的购进货物或应税劳务事后改变用途，发生用于非增值税应税项目、用于免征增值税项目、用于集体福利或者个人消费等情况，应当将该项购进货物或者应税劳务的进项税额从发生改变用途当期的进项税额中扣减；无法确定该项进项税额的，按当期实际成本计算应扣减的进项税额。其中，"按当期实际成本计算应扣减的进项税额"是指其扣减进项税额的计算依据不是按该货物或应税劳务的原进价，而是按发生上述情况的当期该货物或应税劳务的"实际成本"按征税时该货物或应税劳务适用的税率计算应扣减的进项税额。

2．一般纳税人销售货物或者应税劳务，开具增值税专用发票后，发生销售货物退回或者折让、开票有误等情形，应按国家税务总局的规定开具红字增值税专用发票。未按规定开具红字增值税专用发票的，增值税额不得从销项税额中扣减。

纳税人在货物购销活动中，因货物质量、规格等原因常会发生销货退回或

销售折让的情况。由于销货退回或折让不仅涉及销货价款或折让价款的退回，还涉及增值税的退回，这样，销货方和购货方应相应对当期的销项税额或进项税额进行调整。增值税一般纳税人因销售货物退回或者折让而退还给购买方的增值税额，应从发生销售货物退回或者折让当期的销项税额中扣减；因购进货物退出或者折让而收回的增值税额，应从发生购进货物退出或者折让当期的进项税额中扣减。

（三）进项税额抵扣的时间限定

增值税一般纳税人取得 2010 年 1 月 1 日以后开具的增值税专用发票、公路内河货物运输业统一发票和机动车销售统一发票，应在开具之日起 180 日内到税务机关办理认证，并在认证通过的次月申报期内，向主管税务机关申报抵扣进项税额。

实行海关进口增值税专用缴款书“先比对后抵扣”管理办法的增值税一般纳税人取得 2010 年 1 月 1 日以后开具的海关缴款书，应在开具之日起 180 日内向主管税务机关报送《海关完税凭证抵扣清单》申请稽核比对。未实行海关缴款书“先比对后抵扣”管理办法的增值税一般纳税人取得 2010 年 1 月 1 日以后开具的海关缴款书，应在开具之日起 180 日后的第一个纳税申报期结束以前，向主管税务机关申报抵扣进项税额。

三、应纳税额计算

增值税一般纳税人销售货物或者提供应税劳务的应纳税额，应该等于当期销项税额抵扣当期进项税额后的余额。其计算公式如下：

$$当期应纳税额=当期销项税额－当期进项税额$$
$$=当期销售额×适用税率－当期进项税额$$

纳税人因当期销项税额小于进项税额而不足抵扣的部分，可结转下期继续抵扣。

[例 2-1] 某生产企业为增值税一般纳税人，适用增值税税率 17%，2014年 5 月份的有关生产经营业务如下：

（1）销售甲产品给某企业，开具增值税专用发票，取得不含税销售额 80万元。

（2）销售乙产品，开具普通发票，取得含税销售额 29.25 万元。

（3）将试制的一批应税新产品用于本企业基建工程，成本价为 20 万元，成本利润率为 10%，该新产品无同类产品市场销售价格。

（4）购进货物取得增值税专用发票，注明支付的货款 60 万元、进项税额

10.2 万元。

（5）向农业生产者购进免税农产品一批，支付收购价 30 万元，支付给运输单位的运费取得相关的增值税专用发票，注明价款 5 万元，税额 0.55 万元。本月下旬将购进的农产品的 20%用于本企业职工福利。

以上相关票据均符合税法的规定。请按下列顺序计算该企业 5 月份应缴纳的增值税税额。

（1）计算销售甲产品的销项税额；

（2）计算销售乙产品的销项税额；

（3）计算自用新产品的销项税额；

（4）计算外购货物应抵扣的进项税额；

（5）计算外购免税农产品应抵扣的进项税额；

（6）计算该企业 5 月份合计应缴纳的增值税额。

分析：

（1）销售甲产品的销项税额=80×17%=13.6（万元）

（2）销售乙产品的销项税额=29.25÷（1+17%）×17%=4.25（万元）

（3）自用新产品的销项税额=20×（1+10%）×17%=3.74（万元）

（4）外购货物应抵扣的进项税额=10.2（万元）

（5）外购免税农产品应抵扣的进项税额=（30×13%+0.55）×（1－20%）=3.56（万元）

（6）该企业 5 月份应缴纳的增值税税额=13.6+4.25+3.74－10.2－3.56=7.83（万元）

篇中案例 2-3

"营改增"的计税方式改革思路

交通运输业、建筑业、邮电通信业、现代服务业、文化体育业、销售不动产和转让无形资产，原则上适用增值税一般计税方法。金融保险业和生活性服务业，原则上适用增值税简易计税方法。

纳税人计税依据原则上为发生应税交易取得的全部收入。对一些存在大量代收转付或代垫资金的行业，其代收代垫金额可予以合理扣除。

【课堂测试 2-2】

1. 某服装厂为增值税一般纳税人，2012 年 3 月销售服装 360 万元（含税）；

采购原材料100万元（不含税），均取得增值税专用发票，计算该服装厂本月增值税的销项税额、进项税额和应纳税额。

2. 某企业为一般纳税人，2012年3月购进一批材料，取得专用发票上注明价款54 000元，货款已支付。月末将其中5%作为福利发放给职工。计算该企业当月可抵扣的进项税额。

第三节　一般纳税人增值税会计处理

一、会计账户的设置

一般纳税人为了正确核算增值税的计提缴纳情况，通常在应交税费账户下专门设置"应交增值税"、"未交增值税"和"增值税检查调整"三个二级明细分类账户。

（一）"应交增值税"明细科目

"应交税费——应交增值税"账户在账户设置上采用了多栏式账户的方式，即借方和贷方各设了若干个专栏加以反映。

1. "进项税额"专栏，记录企业购入货物或接受应税劳务而支付的、准予从销项税额中抵扣的增值税额。企业购入货物或接受应税劳务支付的进项税额，用蓝字登记；退回所购货物应冲销的进项税额，用红字登记。

2. "已交税金"专栏，核算企业当月缴纳本月增值税额。

3. "减免税款"专栏，反映企业按规定减免的增值税款。企业按规定直接减免的增值税额借记本科目，贷记"营业外收入"科目。

4. "出口抵减内销产品应纳税额"专栏，反映出口企业销售出口货物后，向税务机关办理免抵退税申报，按规定计算的应免抵税额，借记本科目，贷记"应交税费——应交增值税（出口退税）"科目。

5. "转出未交增值税"专栏，核算企业月终转出应缴未缴的增值税。月末企业"应交税费——应交增值税"明细账出现贷方余额时，根据余额借记本科目，贷记"应交税费——未交增值税"科目。

6. "销项税额"专栏，记录企业销售货物或提供应税劳务应收取的增值税额。企业销售货物或提供应税劳务应收取的销项税额，用蓝字登记；退回销售货物应冲销的销项税额，用红字登记。

7. "出口退税"专栏。记录企业出口适用零税率的货物，向海关办理报关出口手续后，凭出口报关单等有关凭证，向税务机关申报办理出口退税而收到退回的税款。出口货物退回的增值税额，用蓝字登记；出口货物办理退税后发生退货或者退关而补缴已退的税款，用红字登记。

8. "进项税额转出"专栏，记录企业的购进货物、在产品、产成品等发生非正常损失以及其他原因而不应从销项税额中抵扣，按规定转出的进项税额。

9. "转出多交增值税"专栏，核算一般纳税人月终转出多缴的增值税。月末企业"应交税费——应交增值税"明细账出现借方余额时，根据余额借记"应交税费——未交增值税"科目，贷记本科目。

以上专栏设置情况，可通过如下丁字账户表示：

借方	贷方
进项税额	销项税额
已交税金	出口退税
减免税款	进项税额转出
出口抵减内销产品应纳税额	转出多交增值税
转出未交增值税	

图 2-1　"应交税费——应交增值税"明细账户结构和内容

（二）"未交增值税"明细科目

"应交税费——未交增值税"账户期末借方余额反映的是企业期末留抵税额和专用税票预缴等多缴的增值税额，贷方余额反映的是期末结转下期应缴的增值税额。

1. 月份终了，企业应将当月发生的应缴增值税额自"应交税费——应交增值税"科目借方，转入"未交增值税"明细科目贷方。

借：应交税费——应交增值税（转出未交增值税）
　　贷：应交税费——未交增值税

2. 月份终了，企业将本月多缴的增值税自"应交税费——应交增值税"科目贷方转入"未交增值税"明细科目借方。

借：应交税费——未交增值税
　　贷：应交税费——应交增值税（转出多交增值税）

3. 企业当月上缴上月应缴未缴的增值税时：

借：应交税费——未交增值税
　　贷：银行存款

（三）"增值税检查调整"专门账户

根据国家税务总局《增值税日常稽查办法》的规定：增值税一般纳税人在

税务机关对其增值税纳税情况进行检查后，凡涉及增值税涉税账务调整的，应设立"应交税费——增值税检查调整"专门账户。凡检查后应调减账面进项税额或调增销项税额和进项税额转出的数额，借记有关科目，贷记本科目；凡检查后应调增账面进项税额或调减销项税额和进项税额转出的数额，借记本科目，贷记有关科目；全部调账事项入账后，应结出本账户的余额，并对该余额进行处理。处理之后，本账户无余额。

二、销项税额的会计处理

（一）一般销售方式下的会计处理

1. 直接收款方式下的会计处理

采用支票、汇兑、银行本票、银行汇票等结算方式销售产品，按税法的规定，属于直接收款方式销售货物，不论货物是否发出，均以收到货款或取得索取销售货款凭据的当天，确认销售成立并发生纳税义务。企业应根据销售结算凭证和银行存款进账单，借记"银行存款"、"应收账款"、"应收票据"，按增值税专用发票上所列税额，贷记"应交税费——应交增值税（销项税额）"，按实际收入额，贷记"主营业务收入"、"其他业务收入"等科目。发生的销售退回，作相反的会计分录。

[例 2-2] 甲企业本月对外销售产品一批，应收取款项 117 000 元，其中：价款 100 000 元，税金 17000 元。则正确的会计处理为：

借：应收账款　　　　　　　　　　　　　　　　117 000
　　贷：主营业务收入　　　　　　　　　　　　　100 000
　　　　应交税费——应交增值税（销项税额）　　　17 000

[例 2-3] 甲公司为一般纳税人，销售给小规模纳税人乙公司甲产品 110 件，开具普通发票，含税金额 77 220 元，用转账支票结清。

销售额＝含税销售额÷（1＋税率）＝77 220÷（1＋17%）＝66 000（元）

销项税额＝66 000×17%＝11 220（元）

会计处理为：

借：银行存款　　　　　　　　　　　　　　　　77 220
　　贷：主营业务收入　　　　　　　　　　　　　66 000
　　　　应交税费——应交增值税（销项税额）　　11 220

2. 采用委托收款、托收承付结算方式下的会计处理

企业采用委托收款或托收承付结算方式销售产品，尽管结算程序不同，但按增值税法的规定，均应于发出商品并向银行办妥托收手续的当天，确认

销售实现并发生纳税义务。企业应根据委托收款或托收承付结算凭证和发票，借记"应收账款"，贷记"应交税费——应交增值税（销项税额）"、"主营业务收入"。

[例2-4] 甲公司向外地乙厂发出 A 产品 200 件，460 元/件，价款 92 000 元，税额 15 640 元（200×460×17%），代垫运费 2 000 元。根据发货票和铁路运单等，已向银行办妥委托收款手续。作会计分录如下：

借：应收账款——乙厂　　　　　　　　　　109 640
　　贷：主营业务收入　　　　　　　　　　　　92 000
　　　　应交税费——应交增值税（销项税额）　　15 640
　　　　银行存款　　　　　　　　　　　　　　　2 000

3. 采用赊销和分期收款方式下的会计处理

采用赊销和分期收款方式销售产品，按增值税法的规定，销售实现并发生纳税义务和开具增值税专用发票的时间为合同约定收款日期的当天。发出商品时，借记"分期收款发出商品"，贷记"库存商品"，按合同约定收款日期开具增值税专用发票，并按增值税专用发票上的金额，借记"银行存款"、"应收账款"，贷记"应交税费——应交增值税（销项税额）"、"主营业务收入"。

[例2-5] 甲公司向乙厂销售 B 产品 200 件，540 元/件，产品成本为 80 000 元，税率 17%。按合同规定，货款分 3 个月支付，本月为第一期产品销售实现月，增值税专用发票上列明：价款 36 000 元，税额 6 120 元（36 000×17%），已收到款项。

甲公司会计处理为：

（1）发出商品时：

借：分期收款发出商品　　　　　　　　　80 000
　　贷：库存商品　　　　　　　　　　　　　80 000

（2）收到第一期款时：

借：银行存款　　　　　　　　　　　　　42 120
　　贷：主营业务收入　　　　　　　　　　　36 000
　　　　应交税费——应交增值税（销项税额）　6 120

借：主营业务成本　　　　　　　　　　　26667
　　贷：分期收款发出商品　　　　　　　　　26667

以后各期与第一期同。

4. 预收方式下的会计处理

纳税人采取预收货款方式销售货物，纳税义务发生时间为货物发出的当天。因此，纳税人在收到预收款时，借记"银行存款"账户，贷记"预收账款"账户；在发出产品时，确认收入和补收货款，借记"预收账款"、"银行存款"等账户，贷记"主营业务收入"、"应交税费——应交增值税（销项税额）"账户，同时结转成本。

[例 2-6] 甲公司以预收账款方式销售 C 产品一批，8 月份收到预收货款 90 000 元；12 月 5 日发出 C 产品，实际成本 85 000 元，不含税售价 100 000 元，增值税额 17 000 元，当日收到对方补付的货款。则会计处理为：

（1）8 月收到预收货款时：

借：银行存款　　　　　　　　　　　　　　　90 000
　　贷：预收账款　　　　　　　　　　　　　　　　90 000

（2）12 月 5 日发出产品、补收货款时：

借：预收账款　　　　　　　　　　　　　　　90 000
　　银行存款　　　　　　　　　　　　　　　27 000
　　　贷：主营业务收入　　　　　　　　　　　　　　100 000
　　　　　应交税费——应交增值税（销项税额）　　　17 000

结转成本时：

借：主营业务成本　　　　　　　　　　　　　85 000
　　贷：库存商品——C 产品　　　　　　　　　　　　85 000

（二）特殊销售方式下的会计处理

1. 混合销售行为的会计处理

按照增值税法的规定，从事货物生产、批发或零售的企业，在一项销售行为中，发生既涉及货物又涉及非应交增值税劳务（如建筑安装、文化娱乐等），称为混合销售行为，应开具增值税专用发票，缴纳增值税。其他单位的混合销售行为，视为销售非应税劳务，不缴增值税。

[例 2-7] 某钢窗厂销售钢制防盗门，售价为 300 元（含税），另收取安装手续费 50 元（含税）。

防盗门价＝300÷（1＋17%）＝256.41（元）

防盗门增值税销项税额＝256.41×17%＝43.59（元）

非应税劳务价＝50÷（1＋17%）＝42.74（元）

非应税劳务增值税销项税额＝42.74×17%＝7.26（元）

混合销售行为增值税销项税额＝43.59＋7.26＝50.85（元）

借：银行存款　　　　　　　　　350
　　贷：主营业务收入　　　　　　　　256.41

其他业务收入   42.74

应交税费——应交增值税（销项税额）50.85

2. 以物易物方式下的会计处理

按增值税法的规定，以物易物，双方都要作购销处理，以各自发出的货物核定销售额并计算销项税额，以各自收到的货物核算购货额，并依据双方开具的增值税专用发票抵扣进项税额。

[例2-8] A厂以A产品100件，成本8 000元，售价10 000元，兑换B厂甲材料500公斤，价款10 000元，双方都为对方开具增值税专用发票。

A厂收到材料时：

借：原材料——甲材料   10 000

    应交税费——应交增值税（进项税额）   1 700

      贷：主营业务收入   10 000

        应交税费——应交增值税（销项税额）   1 700

A厂结转销售成本时：

借：主营业务成本   8 000

      贷：库存商品——A产品   8 000

3. 以旧换新的会计处理

按我国现行增值税法的规定，采取以旧换新方式销售货物的，应按新货物的同期销售价格确定销售额，不得冲减旧货物的收购价格。销售货物与有偿收购旧的货物是两项不同的业务活动，销售额与收购额不能相互抵减。

[例2-9] 百货大楼销售A牌电冰箱，零售价3 510元/台，若顾客交还同品牌旧冰箱作价1 000元，交差价2 510元就可换回全新冰箱。当月采用此种方式销售A牌电冰箱100台。

百货大楼会计处理如下：

借：银行存款   251 000

    材料采购——旧冰箱   100 000

      贷：主营业务收入——A牌冰箱   300 000

        应交税费——应交增值税（销项税额）   51 000

（三）视同销售行为的会计处理

视同销售的会计处理，主要是区分会计与税法对销售实现的确认是否一致。如果会计和税法都确认销售的实现，那么，就要以商事凭证为依据，确认收入，将其记入"主营业务收入"、"其他业务收入"等收入类账户，并将其收取的增值税税额记入"销项税额"。对于税法确认销售或视同销售而会计不确认销售的行为，不记入收入类账户，不作主营业务收入处理，而按成本转账，并根据税法的规定，按货物的成本或双方确认的价值、同类产品的销售价格、组成计税价格等乘以适用税率计算增值税，计入"销项税额"。

1. 将货物交给他人代销的会计处理

委托方应于收到代销清单时，借记"应收账款"、"银行存款"等科目，贷记"应交税费——应交增值税（销项税额）"、"主营业务收入"。委托单位支付的代销手续费，应在接到委托单位转来的普通发票后，借记"销售费用"，贷记"银行存款"、"应收账款"。

[例 2-10] A 厂委托 B 公司代销甲产品 200 件，不含税代销价 550 元 / 件，税率 17%，单位成本 400 元。月末收到 B 公司转来的代销清单，上列已售甲产品 120 件的价款 66 000 元，收取增值税 11 220 元，开出增值税专用发票。代销手续费按不含税代销价的 5% 支付，已通过银行收到扣除代销手续费的全部款项。作会计分录如下：

发出代销商品时：

借：委托代销商品　　　　　　　　　　　　80 000

　　贷：库存商品　　　　　　　　　　　　　　80 000

收到 B 公司转来的代销清单并结转代销手续费时：

借：银行存款　　　　　　　　　　　　　　73 920

　　销售费用（ 66 000×5% ）　　　　　　　3 300

　　贷：主营业务收入　　　　　　　　　　　　66 000

　　　　应交税费——应交增值税（销项税额）　11 220

结转代销商品成本时：

借：主营业务成本　　　　　　　　　　　　48 000

　　贷：委托代销商品　　　　　　　　　　　　48 000

2. 受托代销商品的销项税额的会计处理

（1）以收取手续费方式的受托代销

受托方一般不核算销售收入，只将代销手续费收入及其应缴纳的营业税，通过"代购代销收入"账户核算，但税法规定代销商品应作为应税销售，计算销项税额，如购货方为一般纳税人，就要为其开具增值税专用发票。

[例 2-11] 某商品零售企业接受代销 B 商品 600 件，委托方规定代销价为 60 元 / 件（含税），代销手续费为不含税代销额的 5%，增值税税率为 17%，代销手续费收入的营业税税率为 5%。

该企业会计处理如下：

①收到代销商品时（按含税代销价）：

借：受托代销商品——B 商品　　　　　36 000

　　贷：代销商品款　　　　　　　　　　　　　　36 000

②代销商品全部售出时，向委托单位报送代销清单，并向委托单位索要增值税专用发票。

代销商品销项税额＝600×60÷（1＋17%）×17%＝5 231（元）

借：银行存款　　　　　　　　　　　36 000

　　贷：应交税费——应交增值税（销项税额）　　5 231

　　　　应付账款　　　　　　　　　　　　　　30 769

借：代销商品款　　　　　　　　　　36 000

　　贷：受托代销商品　　　　　　　　　　　　36 000

③收到委托单位的增值税专用发票时：

借：应交税费——应交增值税（进项税额）　5 231

　　贷：应付账款　　　　　　　　　　　　　　5 231

④开具代销手续费收入普通发票时：

代销手续费收入＝30 769×5%＝1 538（元）

借：应付账款　　　　　　　　　　　1 538

　　贷：代购代销收入　　　　　　　　　　　　1 538

⑤划转扣除代销手续费后的代销价款时：

借：应付账款　　　　　　　　　　　34 462

　　贷：银行存款　　　　　　　　　　　　　　34 462

⑥计算并结转代销手续费收入应纳的营业税时：

借：营业税金及附加　　　　　　　　76.9

　　贷：应交税费——应交营业税　　　　　　　76.9

（2）作为自购自销的受托代销

这种方式实属赊购商品销售，不收取手续费，委托方和受托方规定一个交接价（含税），受托方则按高于接收价的价格对外销售（批发或零售）。受托代销商品的收益不表现为代销手续费收入，而是表现为售价（批发价或零售价）与接收价之间的差额毛利。

[例 2-12] 某批发企业受托代销甲商品 350 件，作自购自销核算，合同规定接收价为 35.10 元/件（含税），对外批发价为 36 元/件（不含税）。

①接收代销商品时（应按不含税接收价入账）：

不含税接收价＝350×35.10/（1＋17%）＝10 500（元）

借：受托代销商品——甲商品　　　　　　　　　　10 500

　　贷：代销商品款　　　　　　　　　　　　　　　　10 500

②代销商品销售时（本月销售 350 件，开出增值税专用发票，列明：价款 12 600 元、增值税税款 2 142 元）：

借：银行存款　　　　　　　　　　　　　　　　14 742

　　贷：主营业务收入　　　　　　　　　　　　　　12 600

　　　　应交税费——应交增值税（销项税额）　　　2 142

③月终或代销商品全部售完时（应向委托方开具代销清单，并索取增值税专用发票。根据代销清单上销售甲商品 350 件，汇总转销代销商品成本）：

转销代销商品成本＝350×35.1/（1＋17%）＝10 500（元）

借：主营业务成本　　　　　　　　　　　　　　10 500

　　贷：受托代销商品——甲商品　　　　　　　　　10 500

④取得增值税专用发票时（列明代销商品价款 10 500 元、增值税额 1 785 元。根据增值税专用发票，注销代销商品款）：

借：代销商品款　　　　　　　　　　　　　　　10 500

　　应交税费——应交增值税（进项税额）　　　　1 785

　　贷：应付账款　　　　　　　　　　　　　　　　12 285

⑤支付代销商品价款及增值税时：

借：应付账款　　　　　　　　　　　　　　　　12 285

　　贷：银行存款　　　　　　　　　　　　　　　　12 285

3. 设有两个以上机构并实行统一核算的纳税人，将货物从一个机构移送至其他机构（不在同一县、市）用于销售的会计处理

货物移送要开增值税专用发票，调出方计销项税额，调入方计进项税额。

[例 2-13] 某工业联合总公司核心厂生产的货物，拨给各股东企业为原料，4 月份发生如下经济业务：

（1）总公司核心厂将生产的产品给甲分厂作为原料，开出增值税专用发票，货物销售额 100 000 元，增值税税额 17 000 元，账务通过应收、应付科目核算。

（2）核心厂将生产货物分销给丙分厂作为原料，开出增值税专用发票，货物销售额 160 000 元，增值税税额 27 200 元，货款已在"其他应付款"账户划转。

对以上业务作会计处理如下：

借：应收账款　　　　　　　　　　　　　　　　117 000

　　贷：主营业务收入　　　　　　　　　　　　　　100 000

　　　　　　应交税费——应交增值税（销项税额）　　　17 000
借：其他应付款　　　　　　　　　　　　　187 200
　　贷：主营业务收入　　　　　　　　　　　　　　160 000
　　　　应交税费——应交增值税（销项税额）　　　27 200

　　4. 将自产或委托加工的货物用于非应税项目的销项税额的会计处理

　　企业将自产或委托加工的货物用于非应税项目，应视同销售货物计算应交增值税，借记"在建工程"等科目，贷记"应交税费——应交增值税（销项税额）"科目。

　　[例 2-14] A 厂将自产的商品乙产品 40 件用于本企业第二车间的改建工程，该产品售价为 200 元／件。按规定将应纳的增值税税额和产品成本（单位生产成本 160 元）之和计入工程成本，销项税额 1 360 元（40×200×17%）。

　　A 厂会计处理如下：
借：在建工程　　　　　　　　　　　　　7 760
　　贷：库存商品　　　　　　　　　　　　　　　6 400
　　　　应交税费——应交增值税（销项税额）　　　1 360

　　5. 企业将自产、委托加工或购买的货物作为投资的销项税额的会计处理

　　企业将自产、委托加工或购买的货物作为投资，提供给其他单位或个体经营者，应视同销售货物计算应交增值税，借记"长期股权投资"科目，贷记"应交税费——应交增值税（销项税额）"科目。

　　[例 2-15] 某工业企业 6 月份将企业生产的 A 产品用于对外投资，投出的 A 产品成本 180 000 元，市场售价 200 000 元。

　　该企业对外投资时：
借：长期股权投资　　　　　　　　　　　234 000
　　贷：主营业务收入——A 产品　　　　　　　　200 000
　　　　应交税费——应交增值税（销项税额）　　　34 000

　　结转投出 A 产品成本时：
借：主营业务成本　　　　　　　　　　　180 000
　　贷：库存商品——A 产品　　　　　　　　　　180 000

　　6. 企业将自产的、委托加工或购买的货物分配给股东或投资者的销项税额的会计处理

　　企业将自产的、委托加工或购买的货物分配给股东或投资者，应视同销售货物计算应交增值税，借记"应付股利"等科目，贷记"应交税费——应交增值税（销项税额）"科目。

【例 2-16】A 厂将自产的甲产品作为股利分配给投资者。甲产品售价为 60 000 元，成本 40 000 元。

甲产品应计销项税额＝60 000×17%＝10 200（元）

借：应付股利 70 200
　　贷：主营业务收入 60 000
　　　　应交税费——应交增值税（销项税额） 10 200

结转甲产品成本时：

借：主营业务成本 40 000
　　贷：库存商品——甲产品 40 000

7. 企业将自产、委托加工的货物用于集体福利、个人消费的销项税额的会计处理

企业将自产、委托加工的货物用于集体福利、个人消费等，应视同销售货物计算应交增值税，借记"应付职工薪酬"等科目，贷记"应交税费——应交增值税（销项税额）"科目。

【例 2-17】A 企业将本企业生产的抽油烟机作为职工福利，发给职工，共 400 台，生产成本 200 元/台，售价 250 元/台。

抽油烟机应纳增值税额＝400×250×17%＝17 000（元）

借：应付职工薪酬 117 000
　　贷：主营业务收入 100 000
　　　　应交税费——应交增值税（销项税额） 17 000

结转成本时：

借：主营业务成本 80 000
　　贷：库存商品——甲产品 80 000

8. 企业将自产、委托加工或购买的货物无偿赠送他人的销项税额的会计处理

企业将自产、委托加工或购买的货物无偿赠送他人，应视同销售货物计算应缴增值税，借记"营业外支出"等科目，贷记"应交税费——应交增值税（销项税额）"科目。

【例 2-18】A 厂将自产的乙产品无偿赠送他人，生产成本 9 000 元，售价 11 000 元。

乙产品应计销项税额＝11 000×17%＝1 870（元）

借：营业外支出 12 870
　　贷：主营业务收入 11 000

　　　　　应交税费——应交增值税（销项税额）　　　　　1 870
结转成本时：
　　借：主营业务成本　　　　　　　　　　　　9 000
　　　　贷：库存商品——乙产品　　　　　　　　　　9 000

三、进项税额的会计处理

　　增值税进项税额会计处理的基本原则是，准予抵扣的进项税额计入"应交税费——应交增值税（进项税额）的借方；不予抵扣的进项税额计入资产或损失。

　　（一）准予抵扣进项税额的会计处理

　　1. 日常购进货物进项税额的会计处理

　　企业采购货物，按增值税专用发票上注明的增值税额和按规定计算的运费可扣除税额，借记"应交税费——应交增值税（进项税额）"科目，按照发票上注明价款及发生的外地运杂费（扣除相关运费可扣税额后）等的金额，借记"材料采购"、"原材料"、"周转材料"、"管理费用"等科目，贷记"银行存款"、"应付票据"、"应付账款"等科目。购入货物发生退货作相反的会计分录。

　　[例 2-19] 甲企业于 2014 年 4 月外购材料一批，已收到增值税专用发票一张，发票上注明价款 200 000 元，增值税 34 000 元，款项已付，材料已验收入库。会计处理如下：
　　　　借：原材料　　　　　　　　　　　　　　　200 000
　　　　　　应交税费——应交增值税（进项税额）　　34 000
　　　　　　　贷：银行存款　　　　　　　　　　　　　234 000

　　2. 接受应税劳务进项税额的会计处理

　　企业接受应税劳务，按照增值税专用发票上注明的增值税额，借记"应交税费——应交增值税（进项税额）"科目，按照增值税专用发票上记载的应计入加工、修理修配等货物成本的金额，借记"委托加工物资"等科目。按应付或实付的金额，贷记"应付账款"、"银行存款"等科目。

　　[例 2-20] 甲企业委托外单位加工一批 B 材料，发出 A 材料实际成本 4 000 元，支付加工费 2 000 元，加工费专用发票上注明进项税额 340 元，加工完后收回入库。

　　会计处理为：

　　（1）发出 A 原料时：
　　　　借：委托加工物资　　　　　　　　　　　　　4 000

　　　　贷：原材料——A 材料　　　　　　　　　　　　　　　　　 4 000

（2）支付加工费、税金时

　　借：委托加工物资　　　　　　　　　　　　　　　　2 000

　　　　应交税费——应交增值税（进项税额）　　　　340

　　　　贷：银行存款　　　　　　　　　　　　　　　　　　　　　2 340

（3）B 材料收回入库时

　　借：原材料——B 材料　　　　　　　　　　　　　6 000

　　　　贷：委托加工物资　　　　　　　　　　　　　　　　　　　6 000

3. 进口货物进项税额的账务处理

　　企业进口货物，按照海关提供的完税凭证上注明的增值税额，借记"应交税费——应交增值税（进项税额）"科目，按照进口货物应计入采购成本的金额，借记"材料采购"、"原材料"等科目，按照应付或实付的价款，贷记"应付账款"或"银行存款"等科目。

　　[例 2-21] 甲公司 2014 年 1 月 20 日进口服装一批，到岸价格为 100 000 美元，当日汇率为 1:6.5，海关完税凭证上注明关税税额为 65 000 元，增值税税额为 121 550 元[（100 000×6.5+65 000）×17%]，款项均以银行存款支付。

　　会计处理为：

（1）支付货款：

　　借：库存商品　　　　　　　　　　　650 000

　　　　贷：银行存款——美元户（US$100 000×6.5）　　　650 000

（2）支付关税和增值税税款

　　借：库存商品　　　　　　　　　　　　65 000

　　　　应交税费——应交增值税（进项税额）　　121 550

　　　　贷：银行存款　　　　　　　　　　　　　　　186 550

4. 购进免税农产品进项税额的会计处理

　　企业购进免税农产品，按照购进农产品的买价和规定的扣除率计算的进项税额，借记"应交税费——应交增值税（进项税额）"科目，按扣除进项税额后的买价借记"材料采购"、"原材料"等科目，按实际支付的价款，贷记"应付账款"、"银行存款"等科目。

　　[例 2-22] A 企业为一食品加工厂，2013 年 11 月从某家庭农场购入小麦 200 吨，每吨 250 元，开具的主管税务机关核准使用的收购凭证上收购款总计 50000 元。会计处理如下：

　　借：原材料　　　　　　　　　　　　43 500

　　　　应交税费——应交增值税（进项税额）　　　　　　6 500
　　　　　　贷：银行存款　　　　　　　　　　　　　　　　　　　　　50 000
　　5. 企业接受投资转入的货物进项税额的会计处理

　　企业接受投资转入的货物，按照增值税专用发票上注明的增值税额，借记"应交税费——应交增值税（进项税额）"科目，按照投资协议约定的价值，借记"原材料"等科目，按照价税合计金额，贷记"实收资本"、"股本"等科目。

　　[例 2-24] 甲公司本月接受乙公司以一批材料进行的投资，收到的专用发票上注明价款为 300 000 元，增值税额为 51 000 元，材料已经验收入库。

　　会计处理如下：

　　　　借：原材料　　　　　　　　　　　　　　　　　　　　　300 000
　　　　　　应交税费——应交增值税（进项税额）　　　　　　51 000
　　　　　　贷：实收资本　　　　　　　　　　　　　　　　　　　　351 000

　　6. 接受捐赠转入的货物进项税额的会计处理

　　企业接受捐赠的货物，应按增值税专用发票上注明的增值税额，借记"应交税费——应交增值税（进项税额）"科目，按确认的捐赠货物的价值，借记"原材料"等科目，按照价税合计款贷记"营业外收入"科目。

　　[例 2-25] 甲企业接受乙企业捐赠的设备一台，收到的增值税专用发票上注明设备价款 100 000 元，增值税税额为 17 000 元。

　　会计处理为：

　　　　借：固定资产　　　　　　　　　　　　　　　　　　　　100 000
　　　　　　应交税费——应交增值税（进项税额）　　　　　　17 000
　　　　　　贷：营业外收入　　　　　　　　　　　　　　　　　　　117 000

　　7. 外购货物发生非正常损失的账务处理

　　按税法规定，凡外购货物发生非正常损失的，其相应的进项税额不得作为当期进项税额抵减销项税额。因此，相应会计处理上，应并入损失货物的价值之中，全部借记"待处理财产损溢——待处理流动资产损溢"科目。按实际入库材料负担的增值税，借记"应交税费——应交增值税（进项税额）"科目，按实际入库材料的成本借记"原材料"等科目，按全部应付或实付价款贷记"应付账款"、"银行存款"等科目。

　　[例 2-26] 甲企业外购原材料一批，数量为 20 吨，取得专用发票上注明价款为 100 000 元，税金 17 000 元，款项已付，入库前因管理不善造成非正常损失 2 吨。甲企业正确会计处理为：

　　　　借：原材料　　　　　　　　　　　　　　　　　　　　　90 000

　　　　应交税费——应交增值税（进项税额）　　　　　　　15 300

　　　　待处理财产损溢——待处理流动资产损溢　　　　　　11 700

　　　　贷：银行存款　　　　　　　　　　　　　　　　　　　　　117 000

（二）进项税额转出的会计处理

1. 改变用途的购进货物或应税劳务

　　企业外购的货物在购入时是为了生产产品，因此增值税额已记入"进项税额"。而在生产过程中，企业又将外购货物改变用途，其相应负担的增值税应从当期"进项税额"中转出，在账务处理上，应借记"在建工程"、"应付职工薪酬"等科目，贷记"应交税费——应交增值税（进项税额转出）"科目。

　　[例 2-27] A 企业 2014 年 1 月将 2013 年 12 月外购的甲材料 10 吨，转用于企业的基建工程，该材料实际成本为 50 000 元，适用增值税税率为 17%。

　　A 企业会计处理为：

　　应转出进项税额=50 000×17%=8 500（元）

　　借：在建工程　　　　　　　　　　　　　　　　　　585 000

　　　　贷：原材料　　　　　　　　　　　　　　　　　　　　50 000

　　　　　　应交税费——应交增值税（进项税额转出）　　　　8 500

2. 非正常损失的在产品、产成品所用购进货物或应税劳务

　　按税法规定，非正常损失的在产品、产成品所耗用的购进货物或应税劳务的进项税额不得从销项税额中抵扣。当发生非正常损失时，首先计算出在产品、产成品中耗用货物或应税劳务的购进额。然后按非正常损失的在产品、产成品的实际成本与负担的进项税额的合计数，借记"待处理财产损溢——待处理流动资产损溢"科目，按实际损失的在产品、产成品成本贷记"生产成本——基本生产成本"、"库存商品"等科目，按计算出的应转出的税金数额，贷记"应交税费——应交增值税（进项税额转出）"科目。

　　[例 2-28] A 企业 2013 年 8 月由于管理不善，损毁产品一批，已知损失产品账面价值为 80 000 元，当期总的生产成本为 420 000 元。其中耗用外购材料、低值易耗品等价值为 300 000 元，外购货物均适用 17%增值税税率。则：

　　损失产品成本中所耗外购货物的购进额= 80 000×（300 000÷420 000）=57 143（元）

　　应转出进项税额=57 143×17%=9 714（元）

　　相应会计分录为：

　　借：待处理财产损溢——待处理流动资产损溢　　　　　89 714

　　　　贷：库存商品　　　　　　　　　　　　　　　　　　　80 000

　　　　应交税费——应交增值税（进项税额转出） 9 714

四、缴纳增值税的会计处理

1. 本月缴纳本月税金

企业按规定期限申报缴纳本期的增值税，在收到银行退回的税收缴款书后，借记"应交税费——应交增值税（已交税金）"科目，贷记"银行存款"科目。

[例 2-29] 2013 年 11 月 15 日，甲公司申报缴纳本月增值税，共计 158 000 元，以银行存款支付。

　　借：应交税费——应交增值税（已交税金） 158 000
　　　　贷：银行存款 158 000

2. 月终未交和多交增值税的结转

月份终了，企业应将当月发生的应交未交增值税额，借记"应交税费——应交增值税（转出未交增值税）"科目，贷记"应交税费——未交增值税"科目；或将当月多交的增值税额，借记"应交税费——未交增值税"科目，贷记"应交税费——应交增值税（转出多交增值税）"科目。

未交增值税在以后月份上交时，借记"应交税费——未交增值税"科目，贷记"银行存款"科目；多交的增值税在以后月份退回或抵交当月应交增值税时，借记"银行存款"、"应交税费——应交增值税（已交税金）"科目，贷记"应交税费——未交增值税"科目。

[例 2-30] A 企业本月外购货物，发生允许抵扣的进项税额合计 100 000 元，本月初"应交税费——应交增值税"明细账借方余额为 20 000 元，本月对外销售货物，取得销项税额合计为 310 000 元。

A 企业本月应纳增值税=310 000－（100 000+20 000）=190 000（元）。

月末，企业会计处理为：

　　借：应交税费——应交增值税（转出未交增值税） 190 000
　　　　贷：应交税费——未交增值税 190 000

次月初，企业依法申报缴纳上月应缴未缴的增值税 190 000 元后，应再作如下分录：

　　借：应交税费——未交增值税 190 000
　　　　贷：银行存款 190 000

五、一般纳税人营改增试点企业的会计处理

根据"财政部、国家税务总局关于印发《营业税改征增值税试点方案》的通知"（财税〔2011〕110号）等相关规定，财政部制定了《营业税改征增值税试点有关企业会计处理规定》。规定如下：

（一）试点纳税人差额征税的会计处理

一般纳税人提供应税服务，试点期间按照营业税改征增值税有关规定允许从销售额中扣除其支付给非试点纳税人价款的，应在"应交税费——应交增值税"科目下增设"营改增抵减的销项税额"专栏，用于记录该企业因按规定扣减销售额而减少的销项税额；同时，"主营业务收入"、"主营业务成本"等相关科目应按经营业务的种类进行明细核算。

企业接受应税服务时，按规定允许扣减销售额而减少的销项税额，借记"应交税费——应交增值税（营改增抵减的销项税额）"科目，按实际支付或应付的金额与上述增值税额的差额，借记"主营业务成本"等科目，按实际支付或应付的金额，贷记"银行存款"、"应付账款"等科目。

对于期末一次性进行账务处理的企业，期末，按规定当期允许扣减销售额而减少的销项税额，借记"应交税费——应交增值税（营改增抵减的销项税额）"科目，贷记"主营业务成本"等科目。

（二）增值税期末留抵税额的会计处理

试点地区兼有应税服务的原增值税一般纳税人，截止到开始试点当月月初的增值税留抵税额按照营业税改征增值税有关规定不得从应税服务的销项税额中抵扣的，应在"应交税费"科目下增设"增值税留抵税额"明细科目。

开始试点当月月初，企业应按不得从应税服务的销项税额中抵扣的增值税留抵税额，借记"应交税费——增值税留抵税额"科目，贷记"应交税费——应交增值税（进项税额转出）"科目。待以后期间允许抵扣时，按允许抵扣的金额，借记"应交税费——应交增值税（进项税额）"科目，贷记"应交税费——增值税留抵税额"科目。

"应交税费——增值税留抵税额"科目期末余额应根据其流动性在资产负债表中的"其他流动资产"项目或"其他非流动资产"项目列示。

（三）取得过渡性财政扶持资金的会计处理

试点纳税人在新老税制转换期间因实际税负增加而向财税部门申请取得财政扶持资金的，期末有确凿证据表明企业能够符合财政扶持政策规定的相关条件且预计能够收到财政扶持资金时，按应收的金额，借记"其他应收款"等

科目，贷记"营业外收入"科目。待实际收到财政扶持资金时，按实际收到的金额，借记"银行存款"等科目，贷记"其他应收款"等科目。

（四）增值税税控系统专用设备和技术维护费用抵减增值税额的会计处理

按税法有关规定，增值税一般纳税人初次购买增值税税控系统专用设备支付的费用以及缴纳的技术维护费允许在增值税应纳税额中全额抵减的，应在"应交税费——应交增值税"科目下增设"减免税款"专栏，用于记录该企业按规定抵减的增值税应纳税额。

企业购入增值税税控系统专用设备，按实际支付或应付的金额，借记"固定资产"科目，贷记"银行存款"、"应付账款"等科目。按规定抵减的增值税应纳税额，借记"应交税费——应交增值税（减免税款）"科目，贷记"递延收益"科目。按期计提折旧，借记"管理费用"等科目，贷记"累计折旧"科目；同时，借记"递延收益"科目，贷记"管理费用"等科目。

企业发生技术维护费，按实际支付或应付的金额，借记"管理费用"等科目，贷记"银行存款"等科目。按规定抵减的增值税应纳税额，借记"应交税费——应交增值税（减免税款）"科目，贷记"管理费用"等科目。

【课堂测试 2-3】

1. 甲公司本月向某商场销售 A 产品一批，开具的增值税发票上注明的价款 50 000 元，税款 8 500 元，款项已存入银行。本月采购原材料一批，取得专用发票上注明的货款为 30 000 元，增值税额为 5 100 元，款项已用银行存款支付，材料已经验收入库。试做出该公司本月增值税的会计处理。

2. 甲公司本月因管理不善损失库存原材料一批，该批原材料不含税价为 20 000 元，增值税率为 17%，试做出相关增值税的会计处理。

3. 实行按日预缴增值税的企业，预缴时的会计分录为（　　）。

A. 借：应交税费——未交增值税
　　　贷：银行存款

B. 借：应交税费——应交增值税（已交税金）
　　　贷：银行存款

C. 借：应交税费——应交增值税（已交税金）
　　　贷：应交税费——未交增值税

D. 借：应交税费——未交增值税
　　　贷：应交税费——应交增值税（已交税金）

第四节　小规模纳税人增值税税额计算及会计处理

一、小规模纳税人税额计算

小规模纳税人销售货物或者应税劳务，实行按照销售额和征收率计算应纳税额的简易办法，并不得抵扣进项税额。其应纳税额计算公式是：

$$应纳税额=销售额×征收率$$

由于小规模纳税人在销售货物或应税劳务时，一般只能开具普通发票，取得的销售收入均为含税销售额。因此，小规模纳税人在计算应纳税额时，必须将含税销售额换算为不含税销售额后才能计算应纳税额。

$$销售额=含税销售额÷（1＋征收率）$$

[例 2-31] 某商店为增值税小规模纳税人，3 月取得零售收入总额 10.3 万元。计算该商店 3 月应缴纳的增值税税额。

（1）3 月取得的不含税销售额：

$$10.3÷（1＋3\%）=10（万元）$$

（2）3 月应缴纳增值税税额：

$$10×3\%=0.3（万元）$$

二、小规模纳税人账务处理

小规模纳税人为了核算增值税的计提缴纳情况，应设置"应交税费——应交增值税"账户。该账户借方反映已缴的增值税额，贷方反映应缴增值税额。期末借方余额，反映多缴的增值税额，贷方余额，反映尚未缴纳的增值税额。

小规模纳税人销售货物或提供应税劳务，按实现的销售收入和按规定收取的增值税，借记"应收账款"、"应收票据"、"银行存款"等科目，按实现的销售收入，贷记"主营业务收入"、"其他业务收入"等科目，按规定收取的增值税额，贷记"应交税费——应交增值税"科目。

[例 2-32] 某小规模纳税企业本月销售自产货物一批，取得价款 103 000元，成本为 60 000 元，则正确的会计处理为：

　借：银行存款　　　　　　　　　　　　　　　　103 000
　　　贷：主营业务收入　　　　　　　　　　　　　　　　100 000
　　　　　应交税费——应交增值税　　　　　　　　　　　　3 000

借：主营业务成本 60 000
　　贷：库存商品 60 000

次月初，上缴本月应缴增值税 3000 元时，会计处理为：

借：应交税费——应交增值税 3 000
　　贷：银行存款 3 000

三、小规模纳税人营改增试点企业的会计处理

（一）试点纳税人差额征税的会计处理

小规模纳税人提供应税服务，试点期间按照营业税改征增值税有关规定允许从销售额中扣除其支付给非试点纳税人价款的，按规定扣减销售额而减少的应交增值税，应直接冲减"应交税费——应交增值税"科目。

企业接受应税服务时，按规定允许扣减销售额而减少的应交增值税，借记"应交税费——应交增值税"科目，按实际支付或应付的金额与上述增值税额的差额，借记"主营业务成本"等科目，按实际支付或应付的金额，贷记"银行存款"、"应付账款"等科目。

对于期末一次性进行账务处理的企业，期末，按规定当期允许扣减销售额而减少的应交增值税，借记"应交税费——应交增值税"科目，贷记"主营业务成本"等科目。

（二）增值税税控系统专用设备和技术维护费用抵减增值税额的会计处理

按税法有关规定，小规模纳税人初次购买增值税税控系统专用设备支付的费用以及缴纳的技术维护费允许在增值税应纳税额中全额抵减的，按规定抵减的增值税应纳税额应直接冲减"应交税费——应交增值税"科目。

企业购入增值税税控系统专用设备，按实际支付或应付的金额，借记"固定资产"科目，贷记"银行存款"、"应付账款"等科目。按规定抵减的增值税应纳税额，借记"应交税费——应交增值税"科目，贷记"递延收益"科目。按期计提折旧，借记"管理费用"等科目，贷记"累计折旧"科目；同时，借记"递延收益"科目，贷记"管理费用"等科目。

企业发生技术维护费，按实际支付或应付的金额，借记"管理费用"等科目，贷记"银行存款"等科目。按规定抵减的增值税应纳税额，借记"应交税费——应交增值税"科目，贷记"管理费用"等科目。

"应交税费——应交增值税"科目期末如为借方余额，应根据其流动性在资产负债表中的"其他流动资产"项目或"其他非流动资产"项目列示；如为贷方余额，应在资产负债表中的"应交税费"项目列示。

【课堂测试 2-4】

甲公司为增值税小规模纳税人，本月销售 A 产品一批，取得销售收入 61 800 元，款项已存入银行，税款按规定及时上缴。本月采购材料一批，取得增值税专用发票注明价款 30 000 元，增值税额 5 100 元。做出甲公司本月购销的相关会计处理。

第五节　出口退税税额计算及会计处理

一、出口退（免）税基本政策

我国的出口货物退（免）税是指在国际贸易业务中，对我国报关出口的货物退还或免征其在国内各生产和流转环节按税法规定缴纳的增值税和消费税，即对增值税出口货物实行零税率，对消费税出口货物免税。其中，增值税出口货物的零税率，从税法上理解有两层含义：一是对本道环节生产或销售货物的增值部分免征增值税；二是对出口货物前道环节所含的进项税额进行退付。

目前，我国的出口货物税收政策分为以下三种形式：

（一）出口免税并退税

出口免税并退税是指对货物在出口销售环节不征增值税、消费税；对货物在出口前实际承担的税收负担，按规定的退税率计算后予以退还。

（二）出口免税不退税

出口免税不退税是指货物在出口销售环节不征增值税、消费税；同时，由于适用这个政策的出口货物在前一道生产、销售环节或进口环节是免税的，因此，出口时该货物的价格中本身就不含税，也无须退税。

（三）出口不免税也不退税

出口不免税也不退税是指对国家限制或禁止出口的某些货物的出口环节视同内销环节，照常征税；对这些货物出口不退还出口前其所负担的税款。适用这个政策的主要是税法列举限制或禁止出口的货物，如天然牛黄、麝香等。

《出口货物退（免）税管理办法》规定：可以退（免）税的出口货物一般应具备以下四个条件：1. 必须是属于增值税、消费税征税范围的货物。2. 必须是报关离境的货物。3. 必须是在财务上作销售处理的货物。4. 必须是出口收汇并已核销的货物。

二、增值税出口退税的计算

我国《出口货物退（免）税管理办法》规定了两种退税计算办法：第一种是"免、抵、退"办法，主要适用于自营和委托出口自产货物的生产企业；第二种是"免退税"办法，目前主要用于不具有生产能力的出口企业即外贸企业或其他单位出口货物劳务。

（一）"免、抵、退"税的计算方法

实行免、抵、退税管理办法的"免"税是指对生产企业出口的自产货物，在出口时免征本企业生产销售环节增值税；"抵"税是指生产企业出口自产货物所耗用的原材料、零部件、燃料、动力等所含应予退还的进项税额，抵顶内销货物的应纳税额；"退"税是指生产企业出口的自产货物在当月内应抵顶的进项税额大于应纳税额时，对未抵顶完的部分予以退税。

由于出口货物增值税实行零税率，除了出口环节免征增值税即没有销项税额外还需要对为生产出口产品所购进的项目已经缴纳的税款，即进项税额退还给出口企业等纳税人。因此，出口退税并不是退还"销项税额"，而是退还进项税额。如果一个企业完全是出口企业，商品没有内销，则完全采用"免"和"退"的方式，就不存在"抵"税的问题。采用"抵"税的方式其实是为了简化征管手续，即用本来要退还给纳税人的退税额抵顶内销货物应该按规定缴纳的增值税税款。

1. 当期应纳税额的计算

当期应纳税额＝当期内销货物的销项税额－（当期进项税额－当期免抵退税不得免征和抵扣税额）－上期留抵税额

其中：

当期免抵退税不得免征和抵扣税额＝当期出口货物离岸价×外汇人民币牌价×（出口货物征税率－出口货物退税率）－免抵退税当期不得免征和抵扣税额抵减额

免抵退税当期不得免征和抵扣税额抵减额＝当期免税购进原材料价格×（出口货物征税率－出口货物退税率）

这里需要注意的是，出口退税在增值税上并非执行真正的零税率。出口货物的退税率，是出口货物的实际退税额与退税计税依据的比例。现行出口货物的增值税退税率有17%、15%、14%、13%、11%、9%、8%、6%、5%等。

2. 免抵退税额的计算

当期免抵退税额＝当期出口货物离岸价×外汇人民币牌价×出口货物退税率

－当期免抵退税额抵减额

其中：

当期免抵退税额抵减额=当期免税购进原材料价格×出口货物退税率

3. 当期应退税额和免抵税额的计算

（1）如果当期期末留抵税额≤当期免抵退税额，则：

当期应退税额=当期期末留抵税额

当期免抵税额=当期免抵退税额－当期应退税额

（2）如果当期期末留抵税额＞当期免抵退税额，则：

当期应退税额=当期免抵退税额

当期免抵税额=0

当期期末留抵税额为当期增值税纳税申报表中"期末留抵税额"。

［例 2-33］ 某自营出口的生产企业为增值税一般纳税人，出口货物的征税税率为 17%，退税税率为 13%。2014 年 4 月的有关经营业务为：购进原材料一批，取得的增值税专用发票注明的价款 300 万元，外购货物准予抵扣的进项税额 51 万元通过认证。上月末留抵税款 3 万元，本月内销货物不含税销售额 100 万元，收款 117 万元存入银行。本月出口货物的销售额折合人民币 400 万元。试计算该企业当期的"免、抵、退"税额。

（1）当期免抵退税不得免征和抵扣税额=400×（17%－13%）=16（万元）

（2）当期应纳税额=100×17%－（51－16）－3=17－35－3=－21（万元）

（3）出口货物"免、抵、退"税额=400×13%=52（万元）

（4）按规定，如当期末留抵税额≤当期免抵退税额时：

当期应退税额=当期期末留抵税额

即该企业当期应退税额=21（万元）

（5）当期免抵税额=当期免抵退税额－当期应退税额

当期免抵税额=52－21=31（万元）

［例 2-34］ 某自营出口的生产企业为增值税一般纳税人，出口货物的征税税率为 17%，退税税率为 13%。2013 年 6 月的有关经营业务为：购进原材料一批，取得的增值税专用发票注明的价款 400 万元，外购货物准予抵扣的进项税额 68 万元通过认证。上月末留抵税款 5 万元，本月内销货物不含税销售额 100 万元，收款 117 万元存入银行。本月出口货物的销售额折合人民币 200 万元。试计算该企业当期的"免、抵、退"税额。

（1）当期免抵退税不得免征和抵扣税额=200×（17%－13%）=8（万元）

（2）当期应纳税额=100×17%－（68－8）－5=17－60－5=－48（万元）

（3）出口货物"免、抵、退"税额=200×13%=26（万元）

（4）按规定，如当期末留抵税额＞当期免抵退税额时：

当期应退税额=当期免抵退税额

即该企业当期应退税额=26（万元）

（5）当期免抵税额=当期免抵退税额－当期应退税额

该企业当期免抵税额=26－26=0（万元）

（6）6月期末留抵结转下期继续抵扣税额为22（48－26）万元。

（二）"免退税"的计算方法

外贸企业出口货物增值税的计算应依据购进出口货物增值税专用发票上所注明的进项金额和退税税率计算。

应退税额=增值税退（免）税计税依据×出口货物退税率

[例2-35] 某进出口公司2013年3月出口美国平纹布2000米，进货增值税专用发票列明单价30元/平方米，计税金额60 000元，退税税率13%。

应退税额为：2 000×30×13%=7 800（元）

三、增值税出口退税的会计处理

（一）生产企业出口货物"免抵退"税的会计处理

出口企业免抵退税额的核算有两种处理方法：一种是在取得主管国税机关出具的《生产企业出口货物免抵退税审批通知单》后，根据《生产企业出口货物免抵退税审批通知单》上的批准数作会计处理；另一种是在办理退税申报时，根据《生产企业出口货物"免、抵、退"税汇总申报表》上的申报数作会计处理。

1. 按批准的应免抵税额、应退税额进行会计处理

企业在进行出口货物退税申报时，不作账务处理。在收到主管国税机关出具的《生产企业出口货物免抵退税审批通知单》后，根据批准的应退、应免抵税作如下会计分录：

借：其他应收款——应收出口退税款——增值税（批准的应退税额）

　　应交税费——应交增值税（出口抵减内销产品应纳增值税，即批准应免抵税额）

　贷：应交税费——应交增值税（出口退税）

2. 按当期《生产企业出口货物"免、抵、退"税汇总申报表》上的申报数分别以下三种情况进行会计处理：

（1）申报的应退税额=0，申报的应免抵税额>0时，作如下会计分录：

借：应交税费——应交增值税（出口抵减内销产品应纳税额，即申报的应
　　　　免抵税额）

　　贷：应交税费——应交增值税（出口退税）

（2）申报的应退税额>0，且免抵税额>0时，作如下会计分录：

借：其他应收款——应收出口退税款——增值税（申报的应退税额）

　　应交税费——应交增值税（出口抵减内销产品应纳税额，即申报的应
　　　　免抵税额）

　　贷：应交税费——应交增值税（出口退税）

（3）申报的应退税额>0，申报的免抵税额=0时，作如下会计分录：

借：其他应收款——应收出口退税款——增值税（申报的应退税额）

　　贷：应交税费——应交增值税（出口退税）

企业在收到出口退税时作如下会计分录：

借：银行存款

　　贷：其他应收款——应收出口退税款——增值税

[例2-36] 沿用［例2-33］的资料，做出会计处理如下：

（1）购进原材料

借：原材料　　　　　　　　　　　　　　3 000 000

　　应交税费——应交增值税（进项税额）510 000

　　贷：银行存款　　　　　　　　　　　　　　　3 510 000

（2）内销货物

借：银行存款　　　　　　　　　　　1 170 000

　　贷：主营业务收入　　　　　　　　　　1 000 000

　　　　应交税费——应交增值税（销项税）　　　　170 000

（3）出口货物

借：应收账款　　　　　　　　　　　4 000 000

　　贷：主营业务收入　　　　　　　　　　4 000 000

（4）核算当期不得免征和抵扣税额

借：主营业务成本　　　　　　　　　　160 000

　　贷：应交税费——应交增值税（进项税额转出）　160 000

（5）核算当期免抵税额

借：应交税费——应交增值税（出口抵减内销产品应纳税额）310 000

　　贷：应交税费——应交增值税（出口退税）　　　　　　　310 000

（6）核算当期应退税额

借：其他应收款——应收出口退税款　　　　　210 000
　　贷：应交税费——应交增值税（出口退税）　　　　　210 000

（7）收到退税款

借：银行存款　　　　　210 000
　　贷：其他应收款——应收出口退税款　　　　　210 000

（二）外贸企业出口货物"免退税"的会计处理

外贸企业以及实行外贸企业财务制度的工贸企业收购货物出口，其出口销售环节的增值税免征；其收购货物时支付的增值税款，在货物出口后按收购成本与退税税率计算的退税额退还给外贸企业，征、退税之差计入企业成本。

[例 2-37] 沿用 [例 2-35] 的资料，该批平纹布出口销售价格为 20 000 美元，当日汇率为 1:6.5，该企业做出会计处理如下：

（1）购进平纹布时

借：库存商品　　　　　60 000
　　应交税费——应交增值税（进项税额）　10 200
　　贷：银行存款　　　　　70 200

（2）出口货物

借：应收账款　　　　　130 000
　　贷：主营业务收入　　　　　130 000

（3）结转成本

借：主营业务成本　　　　　60 000
　　贷：库存商品　　　　　60 000

（4）核算不予退还的增值税进项税额

借：主营业务成本　　　　　2 400
　　贷：应交税费——应交增值税（进项税额转出）　　　　　2 400

（5）核算当期应退税额

借：其他应收款——应收出口退税款　　　　　7 800
　　贷：应交税费——应交增值税（出口退税）　　　　　7 800

（6）收到退税款

借：银行存款　　　　　7 800
　　贷：其他应收款——应收出口退税款　　　　　7 800

【课堂测试 2-5】

甲公司为生产型出口企业，8 月购进一批原材料价款 100 000 元，增值税额 17 000 元，款项已支付，材料已入库；内销 A 产品，取得不含税价 50 000 元，增值税税额 8 500 元；报关出口 B 产品，离岸价为 5000 美元，汇率为 1:6.5，款项已收，退税率为 13%。做出相关会计处理。

第六节　增值税税务筹划

一、纳税人的税务筹划

（一）一般纳税人与小规模纳税人的身份选择

小规模纳税人增值税征收率为 3%，但不可以抵扣进项税额；一般纳税人税率为 17%或 13%，但是可以抵扣进项税额。企业为了减轻增值税税负，应该事先计算两类纳税人的税负平衡点，从而合理地选择税负较轻的增值税纳税人身份。

我们假定：

增值率=商品增值额÷商品销售额×100%

　　　　=（商品销售额-商品进货价款）÷商品销售额×100%

对于一般纳税人来说，可继续推导为：

增值率=（商品销售额×税率-商品进货价款×税率）÷商品销售额×税率

　　　　　　　　　　　　　　×100%

　　　　=（销项税额-进项税额）÷销项税额×100%

一般纳税人应纳税额=商品销售额×一般纳税人税率×增值率

小规模纳税人应纳税额=商品销售额×小规模纳税人征收率

当两类纳税人应纳税额相等时

商品销售额×一般纳税人税率×增值率=商品销售额×小规模纳税人征收率

无差别点增值率=小规模纳税人征收率÷一般纳税人税率×100%

当一般纳税人的税率为 17%时，无差别点增值率=3%÷17%×100%=17.65%

当一般纳税人的税率为 13%时，无差别点增值率=3%÷13%×100%=23.08%

表 2-1　增值税一般纳税人与小规模纳税人无差别点增值率对照表

一般纳税人税率	小规模纳税人税率	无差别点增值率
17%	3%	17.65%
13%	3%	23.08%

当增值率大于 17.65%（一般纳税人税率为 17%）或者 23.08%（一般纳税

人税率为 13%）时，一般纳税人的税负将高于小规模纳税人，反之，将低于小规模纳税人。

结合这个计算结果，可知，对于年应税销售额在 50—80 万元左右的纳税人，应该结合自身经营的特点和产品的预期增值率，来合理选择纳税人身份，从而降低税负。

[例 2-38] 假定某生产企业年应纳增值税销售额 70 万元，会计核算制度也比较健全，符合作为一般纳税人条件，适用 17%的增值税税率。但该企业准予从销项税额中抵扣的进项税额较少，只占销项税额的 10%。企业应纳增值税额为 10.71 万元（70×17%-70×17%×10%）。如果将该企业分设为两个批发企业，各自作为独立核算单位，一分为二后的两个单位年应税销售额分别为 30 万元和 40 万元，那么两者就都符合小规模纳税人的条件，可适用 3%的征收率。在这种情况下，只要分别缴纳增值税 0.9 万元和 1.2 万元（30 万元×3%和 40 万元×3%）。显然，划分为小核算单位后，作为小规模纳税人，可较一般纳税人减轻税负 8.61 万元。

（二）增值税纳税人与营业税纳税人的身份选择

增值税与营业税纳税人身份的选择，主要适用于有混合销售或兼营业务的纳税人进行。

对于小规模纳税人，不实行税款抵扣制度，征收率为 3%，销售额为含税价。营业税纳税人是按营业额全额计税，税率为 3%、5%或 20%。所以，小规模纳税人的税负在任何时候均比营业税纳税人的低。在增值税小规模纳税人和营业税纳税人之间选择时，企业应该选择增值税小规模纳税人身份。

对于一般纳税人与营业税纳税人之间的身份选择，其比较原理与增值税的两种纳税人之间的身份选择比较相同，需要计算两种纳税人的无差别点增值率。不同的是，增值税一般纳税人以不含增值税的增值额为计税依据，而营业税的纳税人以含税全额收入为计税依据。

我们在进行一般纳税人和小规模纳税人的税负比较时已经得出：

一般纳税人应纳税额=销售额×增值税税率×增值率

由于营业税的计税依据是含税的全额收入，所以，

营业税纳税人应纳税额=含税销售额×营业税税率

　　　　　　　　=销售额×（1+增值税税率）×营业税税率

当两类纳税人应纳税额相等时，

销售额×增值税税率×增值率=销售额×（1+增值税税率）×营业税税率

无差别点增值率=（1+增值税税率）×营业税税率÷增值税税率

表 2-2 增值税一般纳税人与营业税纳税人无差别点增值率对照表

一般纳税人税率	营业税纳税人税率	无差别点增值率
17%	5%	34.41%
17%	3%	20.65%
13%	5%	43.46%
13%	3%	26.08%

备注：同学们也可以思考一下，增值税纳税人的进项税税率和销项税税率不同的情况下，无差别点增值率的计算。

综合以上计算结果，可知，当增值率高于无差别点增值率时，应该选择营业税纳税人身份税负较低；反之，当增值率小于无差别点增值率时，应该选择增值税纳税人身份税负较低。

[例 2-39] 某移动通信运营商为营业税纳税人，本月提供通信服务收入为 500 000 元，销售手机收入为 300 000 元，手机销售的增值率为 15%。按现行营业税法，该企业应纳营业税额=800 000×3%=24 000 元，如果该通信运营商将手机销售业务分开成立一个独立核算的一般纳税人企业，则应纳税额为营业税 15 000（500 000×3%），增值税 6538.46[300 000÷（1+17%）×17%×15%]，综合税额为 21 538.46 元。

二、计税依据的税务筹划

我国增值税实行税款抵扣法，所以对于增值税计税依据的筹划主要从增值税的销项税额和进项税额两方面来考虑。

（一）销项税额的税务筹划

对于增值税销项税额的筹划，主要是对于计税销售额的筹划。由于不同的销售方式、结算方式等，往往适用不同的税收政策，从而影响计税销售额的大小。所以，企业通过对销售方式、结算方式等的筹划可以实现对计税销售额的合理规划。比如，对于折扣销售方式，应将销售额与折扣额开在同一张发票上，而不能选择将折扣额另开发票的方式，这样才能保证纳税人以扣减折扣额后的金额作为销售额。

[例 2-40] 北京某综合商场为有限责任公司，经营各种商品，为一般纳税人，增值税税率17%。为吸引顾客，2012 年末商场准备采取促销方式进行销售。

公司财务经理认为有四种促销方式可供选择：（1）采取商业折扣（或折扣销售）方式，让利20%（打八折），即：原价为 100 元的商品，按 80 元销售，开票价为 80 元。（2）返还 20%的购物券，即按原价销售，但返还 20%的购物券。（3）按原价销售，但返还 20%的现金。（4）加量不加价的组合销售方式，即按原价销售，返还 20%的商品。

为便于筹划，假设该商场销售利润率为 30%，当月销售了原价为 20 000 元（含税价）的商品。不考虑城建税、教育费附加、企业所得税等因素，仅就增值税税负，对该商场来说，选择哪种促销方式最有利呢?[①]

不同方案下的增值税纳税筹划分析：

方案一：采取让利 20%的促销方式

方案一属于打折销售行为，卖出商品在原价的基础上打折 20%，且销售发票直接按打折后的价格开具，符合国家税务总局《增值税若干具体问题的规定》（国税发[1993]154 号）的规定，即纳税人采取折扣方式销售货物，如果销售额和折扣额在同一张发票上分别注明的，可按折扣后的销售额征收增值税；如果将折扣额另开发票，不论其在财务上如何处理，均不得从销售额中减除折扣额。

方案一应交增值税=销项税额-进项税额=16 000÷（1+17%）×17%-20 000×（1-30%）÷（1+17%）×17%=290.60（元）

方案二：采取返券 20%的促销方式

方案二中，购买 20 000 元的商品，返还 4000 元的购物券，用这些购物券可以购买商场的其他商品。当然，购物券并不能任意购买任何商品。因此，存在有些顾客没有使用完这些购物券的情况，也存在用完购物券又加现金购买商品的情况。该商场无法统计这些情况发生的概率，假设 4000 元的购物券消费者只使用了一半。此方案下销售 20000 元的商品必定开具销售发票 20000 元，然而，这里用购物券购买的商品是否开发票，且是否视同销售，购进成本能否税前列支等问题，学者们有争议。

（1）确定返券促销的性质。返券促销不属于商业折扣（方案一），因为商业折扣是没有其他商品随同销售的。返券促销实质上属于"买一赠一"行为。

（2）关于"买一赠一"行为，仅《增值税暂行条例实施细则》中规定，"将自产、委托加工或者购进的货物无偿赠送其他单位或者个人"的行为视同销售货物。很明显，此处"买一赠一"行为并不是无偿赠送，而是以购买商品为条件的赠送。

部分地方的国税部门对"买一赠一"行为做了直接规定。河北省国家税务局《关于企业若干销售行为征收增值税问题的通知》（冀国税函[2009]247 号）规定，企业在促销中，以"买一赠一"、购物返券、购物积分等方式组合销售货物的，对于主货物和赠品（返券商品、积分商品，下同）不开发票的，就其实

---

① 资料来源：《商业促销方式之纳税筹划》，中华财会网，2013-11-19，经过笔者改编而成。

际收到的货款征收增值税……企业应将总的销售金额按各项商品的公允价值的比例来分摊确认各项的销售收入。安徽省国税局《关于若干增值税政策和管理问题的通知》（皖国税函[2008]10号）规定，商业企业在顾客购买一定金额的商品后……使用代金券购买商品的行为，不属于无偿赠送商品的行为，不应按视同销售征收增值税。以上两个省都明确规定赠送行为不应视同销售。

这里，我们采用此种方法，以"买一赠一"、购物返券、购物积分等方式组合销售货物的行为，不属于无偿赠送行为，赠送的商品和积分不应视同销售，该赠送品的价款不应作为销售额计算增值税。

方案二应交增值税=销项税额-进项税额=20 000÷（1+17%）×17%-22 000×（1-30%）÷（1+17%）×17%=668.38（元）

方案三：采取返还20%现金的促销方式

在本方案中，销售20 000元的商品应确认含税销售额20 000元。

方案三应交增值税=销项税额-进项税额=20 000÷（1+17%）×17%-20 000×（1-30%）÷（1+17%）×17%=871.80（元）

方案四：采取加量不加价的组合销售方式

该方案下买20 000的商品赠送4000元商品，性质上属于"买一赠一"，计算方法同方案二。同时，销售商品和赠送商品的购进成本应根据会计上的配比原则合计计算销售成本，并计算进项税额。

应交增值税=销项税额-进项税额=20 000÷（1+17%）×17%-24 000×（1-30%）÷（1+17%）×17%=464.90（元）

通过比较可知，如果仅考虑增值税税负，方案一为最优方案。当然，企业在实际进行税务筹划时，应该综合考虑其他税种税负的变化，以及各种促销方式对于现金流的综合影响等。

[例2-41] 甲服装厂委托代销商乙公司销售羽绒服1万件，单件成本150元，乙公司按期与甲服装厂结清货款，不考虑城建税、教育费附加、所得税的影响，有以下四个方案可供选择。

方案一：乙公司是增值税一般纳税人，按含税价234元/件销售，取得甲厂开具的增值税专用发票，价款200元/件，税额34元/件，每件收取20元手续费作为其代销报酬，假设甲厂能够抵扣的增值税额为10万元。

方案二：乙公司是增值税一般纳税人，取得甲厂开具的增值税专用发票，价款180万元，税额30.6万元，商品差价作为乙公司代销手续费，其他条件与方案一相同。

方案三：乙公司是增值税一般纳税人，取得甲厂开具的增值税专用发票，价款 190 万元，税额 32.3 万元；每件另收 10 元手续费，上述差价和手续费作为其代销报酬，其他条件同方案一。

不同方案下流转税纳税筹划分析：（假设不考虑其他税种，仅考虑增值税、营业税的影响）

方案一：甲服装厂应纳增值税=34×10 000-100 000=240 000（元）

乙公司应纳营业税额=20×10 000×5%=10 000（元）

两企业流转税合计 250000 元。

方案二：甲服装厂应纳增值税=306 000-100 000=206 000（元）

乙公司应纳增值税=34×10 000-306 000=34 000（元）

两企业流转税合计 240 000 元。

方案三：甲服装厂应纳增值税=323 000-100 000=223 000（元）

乙公司应纳增值税=34×10 000-323 000=17 000（元）

乙公司应纳营业税=10×10 000×5%=5 000（元）

两企业流转税合计 245 000 元。

如果从甲服装厂的角度考虑，方案二税负轻；从乙公司的角度考虑，方案一税负轻。而从两企业的共同利益来看，方案二税负轻。

（二）进项税额的税务筹划

1. 进项税额抵扣时间的筹划

作为购货方的增值税一般纳税人可以通过筹划进项税额的抵扣时间，达到延期纳税的目的。防伪税控系统开具的增值税专用发票以及其他需要认证抵扣的发票，必须自该专用发票开具之日起 180 日内认证，并在认证通过的次月申报期内，向主管税务机关申报抵扣进项税额；否则，不予抵扣进项税额。因此，企业取得防伪税控的增值税专用发票应该结合企业的实际合理安排认证和抵扣的时间，以获得资金的时间价值。

2. 供货价格选择的筹划

由于增值税实行的是发票抵扣制度，且只有增值税专用发票才能抵扣，这样就使得供货方的纳税人身份直接影响了购货方的增值税税负。一般纳税人购货方主要有两种不同进货渠道的选择，一是选择一般纳税人作为供货方，可以取得增值税专用发票。二是选择小规模纳税人为供货方，如果能够取得由税务机关代开的 3%的增值税专用发票的，购货方就可按照 3%的税率作进项税额抵扣；如果取得的是小规模纳税人出具的增值税普通发票，购货方不能进项抵扣。因此，合理选择购货方，从而合理降低税负，成了增值税的筹划点。

三、税收优惠的税务筹划

增值税是除企业所得税外优惠政策最多的一个税种，企业如果能够充分利用这些优惠政策，将大大减轻企业税负。

现行增值税优惠政策主要有以下几种类型：行业优惠类，针对不同行业设立减免税或低税率政策，如对农业、环保业等税收优惠政策多；产品优惠类，如生态环保产品、农业产品、废物利用产品等税收优惠政策多；地区优惠类，如经济特区、西部地区等税收优惠政策多；特殊企业优惠类，如校办企业、残疾人福利企业、高科技企业等税收优惠政策多。根据上述优惠政策类型，企业在设立、投资等经营活动中应充分考虑企业的投资地区、投资行业、产品类型和企业的性质，以最大限度地享受税收优惠。

四、出口退税的税务筹划

对于有出口经营权的企业来说，出口方式有两种：一种是自营出口；另一种是通过外贸企业代理出口。对于这两种方式，如果出口货物的征退税率相同，则两种方式下税负相同；如果出口货物的征退税率不同，即退税率低于征税率，则出口企业应考虑通过设立一个外贸企业的方式出口自产货物，会相应降低税负。

[例 2-42] 甲公司为一生产企业，出口货物适用增值税税率为 17%，退税率为 13%。3 月份进项税为 12 万元，内销货物 40 万元，销项税为 6.8 万元，出口 80 万元。

方案一：自营出口

不得免征和抵扣税额=80×（17%-13%）=3.2（万元）

应纳税额=6.8 -（12-3.2）=6.8-8.8= -2（万元）

当期免抵退税额=80×13%=10.4（万元）

当期应退税额=2（万元）

当期免抵税额=10.4-2=8.4（万元）

方案二：外贸公司代理出口

甲公司设立一外贸乙公司，将产品以 60 万的价格销售给乙公司，由乙公司以 80 万元出口。出口货物适用增值税税率为 17%，退税率为 13%。这样甲公司 3 月份进项税为 12 万元，内销货物 100 万元，销项税为 17 万元。

甲公司应纳增值税=17-12=5（万元）

乙公司应退税=60×13%=7.8（万元）

甲公司与乙公司征税与退税的差额是 2.8（7.8-5）万元

与甲公司自己直接出口相比，多得 0.8（2.8-2）万元

从本例可知，在出口货物征退税率不等的情况下，单设外贸企业代理出口退税额较多。

增值税纳税人在具体实务操作中可以单个使用也可以组合使用以上方法。需要注意的是，以上方法的分析仅从增值税的角度考虑，并没有考虑到其他税种以及税负以外的因素，如其他购货成本、合同条款、从小规模纳税人和一般纳税人处购入货物的质量差异等，因此，企业在实际筹划时要结合具体情况综合各方面因素考虑，才能达到预期的目的。

【课堂测试 2-6】

茉莉花茶厂为小规模纳税人，适用征收率为 3%，该厂为了在茶叶市场上打开销路，与一家知名度较高的茶叶店协商，委托茶叶店代销茶叶。在洽谈中，该厂遇到困难，该茶叶店为增值税一般纳税人，适用税率为 13%。而茶厂为小规模纳税人，不能开具增值税专用发票。经过咨询，有专家提出，将茶叶店的一角柜台租赁给茶厂经营，可降低税负。请你对比代销和租赁两种方式的税负和收益。

本章小结

增值税是以增值额为课税对象而征收的一种税。我国从 2009 年 1 月 1 日起，在全国范围内实施消费型增值税。

增值税的纳税人是在中华人民共和国境内销售或者进口货物、提供应税劳务的单位和个人。按会计核算健全程度和经营规模不同，分为一般纳税人和小规模纳税人两类。两类纳税人在增值税的计税方法、发票管理和会计处理方法等方面均不相同。我国的增值税采用比例税率形式，规定了基本税率、低税率和零税率三档适用税率以及按简易办法计税的征收率。

增值税一般纳税人销售货物或者提供应税劳务的应纳税额等于当期销项税额抵扣当期进项税额后的余额。其计算公式为：当期应纳税额=当期销项税额－当期进项税额=当期销售额×适用税率－当期进项税额。纳税人因当期销项税额小于进项税额而不足抵扣的部分，可结转下期继续抵扣。其中，销项税额是指纳税人销售货物或者提供应税劳务，按照销售额或提供应税劳务收入和规定的税率计算并向购买方收取的增值税额。销售额是指纳税人销售货物或者提供应税劳务向购买方（承受应税劳务也视为购买方）收取的全部价款和价外费用。纳税人购进货物或者接受应税劳务支付或者负担的增值税额，为进项税

额。准予从销项税额中抵扣的进项税额，限于取得的增值税扣税凭证上注明的增值税税额和按规定的扣除率计算的进项税额。同时，税法规定了进项税抵扣的时间和不予抵扣的项目。一般纳税人为了正确核算增值税的计提缴纳情况，通常在应交税费账户下专门设置"应交增值税"、"未交增值税"和"增值税检查调整"三个二级明细分类账户对增值税进行核算。

小规模纳税人销售货物或者应税劳务，实行按照销售额和征收率计算应纳税额的简易办法，并不得抵扣进项税额。其应纳税额计算公式是：应纳税额=销售额×征收率。小规模纳税人为了核算增值税的计提缴纳情况，应设置"应交税费——应交增值税"账户对增值税进行核算。

我国的出口货物退（免）税是指在国际贸易业务中，对我国报关出口的货物退还或免征其在国内各生产和流转环节按税法规定缴纳的增值税和消费税，即对增值税出口货物实行零税率，对消费税出口货物免税。目前，我国的出口货物税收政策分为以下三种形式：（1）出口免税并退税。（2）出口免税不退税。（3）出口不免税也不退税。我国《出口货物退（免）税管理办法》规定了两种退税计算办法：第一种办法是"免、抵、退"办法，主要适用于自营和委托出口自产货物的生产企业；第二种办法是"免退税"办法，目前主要用于不具有生产能力的出口企业即外贸企业或其他单位出口货物劳务。

增值税的税务筹划可以从纳税人、计税依据、税收优惠等方面进行筹划，从而降低企业税负。

篇后案例

营业税改征增值税改革　两年为企业减税逾1800亿

国家税务总局今天发布的数据显示，截至2013年底，全国272.5万户纳税人纳入营改增试点，其中交通运输业54.8万户，现代服务业217.7万户，全年营改增减税1402亿元，包括试点纳税人因税制转换减税600亿元，非试点纳税人因增加抵扣减税802亿元。

2012年1月1日，我国在上海市正式启动交通运输业和部分现代服务业营改增试点。两年多来，营改增试点范围扩至全国，试点行业不断扩大，在实现结构性减税的同时，营改增在促进经济结构调整、实现转型升级方面的作用日益凸显，为打造中国经济升级版持续释放了发展活力。

四步走推进试点

上海起帆数字技术有限公司主要从事信息技术服务，2012年1月1日，这家企业与上海的交通运输和现代服务业一起，经历了营业税改征增值税改革。谈起营改增，公司负责人最大的感受是"一升一降"：两年间，企业的应税服务收入，由 2.46 亿元上升到 4 亿元，但企业税负却下了"陡坡"——以前要按 5%的税率缴纳营业税，营改增后实际税负降至 1.4%，这"一升一降"中，企业发展活力得到极大增强。截至 2013 年底，上海全市共有 19.9 万户企业纳入试点范围。

上海试点的成功迅速调动了全国其他地方改革的积极性。2012 年 9 月 1 日到年底，营改增分批渐次扩大到北京、江苏、安徽等 8 个省市，试点纳税人达到 102.8 万户。2012 年，包括上海在内的 9 个试点地区营改增共减税约 420 亿元。

2013 年 8 月 1 日起，我国将未开展试点的 22 个省区市全部纳入营改增范围，至此营改增实现了在全国推开的目标。2014 年 1 月 1 日，铁路运输和邮政业成为营改增试点的新成员。

"营改增的一次次扩围带来的减税效应正在呈现加速上升势头。"财政部财政科学研究所副所长白景明介绍说，从 2012 年减税 400 多亿，到 2013 年减税突破 1400 亿，营改增试点的快速推进带来了全行业的利好，彻底解决了相关行业重复征税问题，使税收更加公平。

两年多来，营改增跨越了"头雁先飞"、"雁阵排列"、"一字推开"三个阶段，正向"全面覆盖"的方向迈进。试点区域由点到面，试点行业由窄到宽，试点户数由少到多，改革正在全面深入推进。

减税引发"连锁反应"

作为一家大型国有企业，上海华谊集团原来旗下 100 多户企业都有自己的物流、设计院、信息公司，集团早就打算剥离分开，但在营业税状态下剥离难以解决重复征税问题。营改增后集团加速主辅分离，目前内部的工程设计、信息、物流、运输等服务已集中到 4 个平台。

据测算，2012 年和 2013 年，仅营改增一项改革就分别拉动上海市现代服务业增加值增长 8.72%和 2.76%,拉动现代制造业增加值增长 8.35%和 5.03%。

国家税务总局货物劳务税司增值税处副处长吴晓强介绍说，营改增打通了税款抵扣链条，产生了减税"连锁反应"，激发了市场活力。

"营改增最初的效果主要体现为减税，随着改革的深入，税收制度的调节会刺激企业购买设备、调整产业结构，从而促进相关产业快速发展，这正是营改增的重大意义所在。"白景明介绍说，两年多来，营改增有力推动了服务业发展，促进了结构调整，增加了社会就业，可谓"牵一发而动全身"。

期待改革再扩围

营改增试点之初，由于有些行业还没有纳入试点范围，有的企业不能全面获取专用发票抵扣税款，导致交通运输、融资租赁、货运代理等行业的部分企业税负不降反升。为此，财政部和税务总局对企业因营改增增加的税负予以补贴。

而随着营改增试点范围和行业的不断扩大，这种暂时的税负上升正在得到缓解。根据上海税务部门的统计，到 2013 年底，上海交通运输业试点一般纳税人整体减少税收 7.5 亿元，陆路运输等各子行业均减少税收。

"营改增给运输企业设计了 11%的税率，主要是考虑这些行业购买设备有比较大的进项抵扣，但在试点初期，因为企业不会马上购买设备，同时由于燃油等成本无法取得增值税发票抵扣等因素，会出现暂时的税负上升。"白景明说，作为一项结构性减税措施，营改增不同于普惠制的减税，是通过鼓励企业购买设备来降低税负。

"目前，不动产转让、金融、生活服务等营业税的大头还没有纳入试点，这些将是未来改革的重点。"白景明认为，营改增下一步应该是在总结试点经验的基础上，尽快向更多的行业扩围，从而打通更多的增值税抵扣链条。

资料来源：人民日报　2014-02-28

主要术语

增值税（value-added tax）

视同销售（equivalent sale）

一般纳税人（general taxpayer）

小规模纳税人（small-scale taxpayer）

销项税额（output tax）

进项税额（input tax）

思考题

1. 简述增值税的定义和类型。

2. 简述一般纳税人和小规模纳税人的区别。

3. 简述增值税的视同销售行为。

4. 简述不得从销项税额中抵扣的进项税额项目。

5. 简述我国的出口退税政策及计算方法。

6. 简述增值税的税务筹划方法。

练习题

（一）单项选择题

1. 我国目前实行的增值税类型为（　　）。

　　A. 生产型　　　　　B. 收入型　　　　C. 消费型　　　　D. 分配型

2. 小规模纳税人增值税征收率为（　　）。

　　A. 17%　　　　　　B. 13%　　　　　C. 6%　　　　　　D. 3%

3. 下列业务中，按规定应征收增值税的是（　　）。

　　A. 房屋装修业务　　　　　　　　B. 汽车修理业务

　　C. 销售不动产　　　　　　　　　D. 饮食服务业务

4. 某公司的下列行为属于视同销售货物，应征收增值税的是（　　）。

　　A. 将外购的部分皮制品用于职工福利

　　B. 受 A 公司委托代销其沙发产品

　　C. 将外购的钢材用于基建工程

　　D. 将外购的半成品用于个人消费

5. 不得从销项税额中抵扣的进项税额是（　　）。

　　A. 增值税一般纳税人购进小规模纳税人购买的农产品

　　B. 从海关取得的完税凭证上注明的增值税额

　　C. 从销售方取得的增值税专用发票上注明的增值税额

　　D. 正常损失的在产品所耗用的购进货物

6. 某黄酒厂销售黄酒的含税销售额为 117 万元，发出货物包装物押金为 5.85 万元，定期 60 天收回，则该黄酒厂当期增值税销项税额是（　　）。

　　A. 17 万元　　　　B. 17.85 万元　　C. 117.99 万元　　D. 19.89 万元

7. 某企业（一般纳税人）增值税率 17%，4 月份有未抵扣完的进项税 0.8 万元，5 月销售免税货物 40 万元，生产免税货物动用前期购进已经抵扣进项税额的原材料 10 万元，则其 5 月份增值税纳税处理为（　　）。

　　A. 既无销项税，也不抵扣进项税

　　B. 因生产免税货物，企业不交增值税

　　C. 因有上期未抵扣完增值税，因而需用免税货物销项税冲抵未抵扣完增值税

　　D. 无销项税，进项税作转出处理，本期交税 0.9 万元

8. 某山地车厂某月自产的 10 辆山地车被盗，每辆成本为 300 元（材料成本占 65%），每辆对外销售价 420 元（不含税），则本月进项税额的抵减额为

（ ）元。

    A. 331.5   B. 510   C. 610.3   D. 714

9. 下列关于销项税额确认时间说法正确的是（ ）。

    A. 赊销方式销售的，为将提货单交给卖方的当天

    B. 直接收款方式销售的，为发货当天

    C. 预收货款方式销售的，为收款当天

    D. 将自产货物用于集体福利和个人消费的，为货物移送当天

10. 某自营出口的生产企业为增值税一般纳税人，出口货物的征税率为17%，退税率为13%。本月的有关经营业务为：购入原材料一批，取得的增值税专用发票注明价款300万元，进项税额51万元，货已验收入库。上月末留抵税额为6万元；本月内销货物不含税销售额150万元，收款175.5万元。本月出口货物的离岸价为35万美元，市场汇率为1美元＝8元人民币，该企业本月免抵税额为（ ）万元。

    A. 11.2   B. 20.3   C. 16.1   D. 36.4

（二）多项选择题

1. 我国增值税的纳税人包括（ ）。

    A. 一般纳税人   B. 普通纳税人

    C. 小规模纳税人   D. 特殊纳税人

2. 下列纳税人属于小规模纳税人的有（ ）。

    A. 年应税销售额在60万元以上，会计核算健全的工业企业

    B. 年应税销售额在100万元以上，会计核算健全的商业企业

    C. 年应税销售额在180万元以上，会计核算健全的非企业性单位

    D. 年应税销售额超过180万元以上，不经常发生应税行为的企业

3. 按照《增值税暂行条例》的规定，销售（ ）应当征收增值税。

    A. 大型机器设备   B. 电力

    C. 自产货物   D. 房屋

4. 下列项目中，应视同销售计算增值税销项税额的有（ ）。

    A. 将购进的货物无偿赠送他人

    B. 将购进的货物分配给职工

    C. 将委托加工收回的货物用于本企业在建工程

    D. 将自制的货物用于对外投资

5. 一般纳税人的下列经济业务中,属于混合销售行为应征增值税的有（ ）。

    A. 宏大运输有限公司从A地运输一批木材到B地并销售给华为贸易公

司，取得销售额 200000 元

　　B．天河邮局发生函件传递业务收入 180 000 元，集邮商品销售收入 30 000 元

　　C．君山照相馆在拍照的同时销售像框，月收入 180 000 元

　　D．华东家具厂销售高档家具并负责运输与安装，月收入 200 万元

6．以下属于我国现行增值税税率的是（　　　　）。

　　A．13%　　　　　　B．17%　　　　　　C．6%　　　　　　D．11%

7．下列各项中，企业购进货物的进项税额不能从销项税额中抵扣的有（　　　　）。

　　A．用于生产免税产品　　　　　　　B．用于装修办公楼

　　C．转售给其他企业　　　　　　　　D．用于对外投资

8．增值税一般纳税企业购进的生产、经营用货物日后被用于非应税项目、集体福利、分配给股东、个人消费等用途时，应将其相应的增值税额记入（　　　　）账户的贷方。

　　A．应交税费——应交增值税（进项税）

　　B．应交税费——应交增值税（销项税）

　　C．应交税费——应交增值税（进项税额转出）

　　D．应交税费——未交增值税

9．有关视同销售的会计处理，以下会计分录正确的是（　　　　）。

　　A．企业将自产或委托加工的货物用于非应税项目时，其会计处理为：

　　借：在建工程

　　　　贷：库存商品

　　　　　　应交税费——应交增值税（销项税额）

　　B．企业将自产、委托加工或购买的货物作为投资时，其会计处理为：

　　借：长期股权投资

　　　　贷：主营业务收入

　　　　　　应交税费——应交增值税（销项税额）

　　C．企业将自产、委托加工或购买的货物分配给股东时，其会计处理为：

　　借：应付股利

　　　　贷：主营业务收入

　　　　　　应交税费——应交增值税（销项税额）

　　D．企业将自产、委托加工的货物用于个人消费时，其会计处理为：

　　借：应付职工薪酬

　　　　贷：主营业务收入

　　　　　　应交税费——应交增值税（销项税额）

　　10. 我国现行出口货物退（免）税的适用税种有（　　　）。

　　　　A. 增值税　　B. 消费税　　C.营业税　　　D. 所得税

（三）判断题

1. 我国目前实行的是生产型增值税。（　　　）

2. 增值税 6% 或 4% 的征收率，仅适用于小规模纳税人，不适用于一般纳税人。（　　　）

3. 按照增值税税法有关规定，销售折扣可以从销售额中减除。（　　　）

4. 未逾期的白酒包装物押金，不计算增值税。（　　　）

5. 普通发票所开具的金额一般为价税合计款。（　　　）

6. 一般纳税人将外购货物用于对外投资，其进项税额不得进行抵扣。（　　　）

7. 已抵扣进项税额的购进货物，如果作为集体福利发放给职工个人的，发放时应视同销售计算增值税的销项税额。（　　　）

8. 已抵扣进项税额的购进货物，如果因为自然灾害而造成损失，应将损失货物的进项税额从当期发生的进项税额中扣减。（　　　）

9. 改变用途的购进货物所负担的增值税额，应该在改变用途当期，贷记"应交税费——应交增值税（进项税额转出）"。（　　　）

10. 出口货物增值税退税率是出口货物的实际增值税征税额与退税计税依据的比例。（　　　）

（四）计算题

1. 某增值税一般纳税人，2014 年 3 月发生以下经济业务：

（1）销售甲产品给某商场，开具专用发票，取得不含税销售额 200 万元。

（2）销售乙产品给 A 企业，开具普通发票，取得销售额 58.5 万元。

（3）将一批应税新产品用于本企业在建工程，成本价为 30 万元，成本利润率为 10%，该产品无同类市场销售价格。

（4）购进原材料取得专用发票，注明支付的货款 100 万元；支付购货的运费，取得运输公司开具的增值税专用发票注明价款 7 万元，税额 0.77 万元。

（5）向农业生产者购进免税农产品一批，支付收购价 60 万元。本月末将购进的农产品的 20%用于本企业职工福利。

以上票据均符合税法的规定，分别计算以上发生的经济业务的增值税，并计算 3 月应纳的增值税。

2. 红光商场为增值税一般纳税人，当年 8 月发生以下购销业务：

（1）购入运动服两批，均取得增值税专用发票。两张专用发票上注明货款分别为 20 万元和 36 万元，进项税额分别为 3.4 万元和 6.12 万元，其中第一批货款 20 万元未付，第二批货款 36 万元当月已付清。

（2）批发销售运动服一批，取得不含税销售额 18 万元，采用委托银行收款方式结算，货已发出并办妥托收手续，货款尚未收回。

（3）零售各种服装，取得含税销售额 38 万元，同时将零售价为 17.8 万元的服装作为礼品送给了顾客。

（4）采用以旧换新的方式销售家用电脑 20 台，每台零售价 6 500 元，另支付顾客每台旧电脑收购款 500 元。

要求：计算该商场 8 月应缴的增值税。（注：相关票据已通过主管税务机关认证）

（五）核算题

1. 甲公司为增值税一般纳税人，其适用税率为 17%，本月发生业务如下：

（1）1 日以银行存款支付上月未交的增值税额 25 000 元。

（2）7 日购进一批 A 材料取得增值税专用发票上注明的价款为 50 000 元，增值税税额 8 500 元。材料已经验收入库，款项已用银行存款支付。

（3）13 日购进一批免税农产品，收购凭证上注明购进金额为 20 000 元，货已验收入库，款项以现金支付。

（4）17 日销售一批 A 产品给乙商场，开具的专用发票上注明的销售额为 60 000 元，增值税额为 10 200 元，款项已存入银行。

（5）20 日将自产的一批 B 产品用于本企业基建工程，成本为 20 000 元，没有同类市场销售价，已知成本利润率为 8%。

（6）23 日受托为某单位加工一批商品，收取加工费和代垫的辅助材料费共计 7 020 元，给委托方开具了普通发票，款项已存入银行。

（7）31 日因管理不善损失一批 B 材料，该批原材料购进金额为 8 000 元。

要求：做出本月增值税相关的会计处理。

2. 乙公司为增值税小规模纳税人，本月销售 A 产品一批，取得销售收入 61 800 元，款项已存入银行。

要求：计算该企业增值税额，并作出相应的计缴的会计处理。

（六）筹划题

1. 某生产企业为增值税一般纳税人，适用增值税税率 17%，主要耗用甲材料加工产品。现有 A、B、C 三个企业提供材料，其中 A 为生产甲材料的一般纳税人，能够出具增值税专用发票，适用税率 17%；B 为生产甲材料的小规模纳税人，能够委托主管税务机关代开增值税税率为 3%的专用发票；C 为个体工商户，只能出具普通发票，A、B、C 三个企业所提供的材料质量相同，但是含税价格却不同，分别为 331 元、304 元、302 元。

要求：决策该企业应当与 A、B、C 三家企业中的哪家企业签订购销合同？

2. 甲企业（一般纳税人）接受乙企业（小规模纳税人）的委托，为乙企业加工铸钢件 500 个。甲企业既可以采取经销加工方式，也可以采取来料加工方式。如果采取经销加工，乙企业收回每个铸钢件的价格为 210 元（不含税），有关费用由甲企业负担，加工时提供熟铁 50 吨，每吨作价 1 250 元。由于乙企业是增值税小规模纳税人，因此，只能提供由税务所按 3%代开的专用发票。如果采取来料加工方式，每个铸钢件的加工费收入为 82 元，加工费共计 41 000 元，加工时电费、燃料等可抵扣的进项税额为 1 600 元。作为甲企业应当如何进行税务筹划，选择较为合理的加工方式，并分析乙企业是否能接受甲企业的加工方式？

第三章　消费税会计及筹划

　　消费税是一个比较古老的税种，是我国目前三大流转税之一，是继增值税之后要学习的第二大流转税。本章主要介绍消费税相关的基本规定，生产销售、委托加工、进口应税消费品等环节的消费税额的计算，消费税的会计核算以及消费税税务筹划等相关内容。通过本章的学习，了解消费税的概念及特点，熟悉消费税相关税制要素的基本内容，包括纳税人、征税范围、税目、税率、纳税义务发生时间、纳税期限、纳税地点等。理解并掌握消费税税额的计算原理和方法，主要有从价计征、从量计征和复合计征三种方法。掌握消费税的会计账务处理，包括会计科目的设置以及核算方法。掌握消费税税务筹划的基本方法。

篇前案例

美国马里兰州讨论雪茄提税

　　2008 年，美国马里兰州参议院和众议院考虑了一项将雪茄税再提高 10% 的议案。这项提案的目标，是将包括雪茄以及其他非卷烟烟草在内的其他烟草产品的税率，从批发价格的 15% 提高到批发价格的 25%，这个举措将给马里兰州 2009 年的卷烟赔偿基金预算增加约 1650 万美元。这个基金的建立，是为了给宣传戒烟与预防吸烟的计划提供资金。新罕布什尔州也提出了一个类似的提案。1999 年 5 月，马里兰州制定了 15% 的雪茄税率，成为美国第 44 个推行专门为雪茄制定税率的州。2008 年 2 月份，马里兰州在全州范围内执行了适用于饭店与酒吧的全面吸烟禁令。雪茄提税将于 2008 年 7 月 1 日开始生效。

　　2008 年，全球经济低落，为什么美国要调节消费税的税率？你认为美国对消费税的调整将对各国的相关产业产生什么样的直接和间接影响？消费税到底是一个什么样的税种？有哪些功能？消费税如何征收？本章将为大家讲解消费税征收相关的内容。

资料来源：中国食品产业网

2008-03-10

我国现行的消费税法基本规范,是 2008 年 11 月 5 日经国务院第 34 次常务会议修订并通过颁布的,自 2009 年 1 月 1 日起施行的《中华人民共和国消费税暂行条例》,以及 2008 年 12 月 15 日财政部、国家税务总局第 51 号令颁布的《中华人民共和国消费税暂行条例实施细则》。消费税拥有较为久远的历史,是目前世界上很多国家都在普遍征收的一种流转税。从一般意义上来讲,消费税是对消费品和特定的消费行为就其流转额而征收的一种商品税。我国的消费税实际上是对增值税的补充,是在对货物征收增值税的基础之上有选择性地对一些特殊的消费品征收消费税,进而保证国家的财政收入。

我国的消费税具有如下特点:

（1）征税范围具有选择性。不同于增值税,消费税只是选择了部分消费品来征税,而不是对所有的消费品征税。

（2）征税环节具有单一性。除少数消费品（金银首饰）在零售环节征税外,消费税主要是在生产销售和进口应税消费品环节征收,而在其他的流通、消费环节均不再征税。

（3）适用税率具有选择性,且平均税率水平高、税负差异大。消费税根据不同消费品的特点、档次、功能等,制定了不同的比例税率和定额税率,以体现国家的调节政策。同时,消费税的平均税率一般定的比较高,而且不同税目的税负差异较大,通常税负较重。

（4）征税方法具有灵活性。消费税税率有比例税率和定额税率两种形式,其计税方法有从价计征、从量计征、复合计征三种,较为灵活。

（5）消费税是一种价内税。也就是说消费税税款是包含在消费品价格当中的,因此消费税最终的承担者转嫁到了消费者身上。

第一节　消费税税制要素

一、纳税人

消费税是对在我国境内从事生产、委托加工及进口应税消费品的单位和个人,就其销售额或者销售数量而征收的一种税。因此,在我国境内从事生产、委托加工及进口应税消费品的单位和个人就是消费税的纳税人。其中:单位是指企业、行政单位、事业单位、军事单位、社会团体及其他单位;个人,是指个体工商户及其他个人;在我国境内,是指生产、委托加工和进口属于应当缴纳消费税的消费品的起运地或者所在地在境内。

二、征税对象

目前我国的消费税征税范围为生产、委托加工和进口的应税消费品。

消费税的纳税环节主要分布于以下几个方面：（1）生产应税消费品。生产应税消费品进行销售是我国消费税的主要纳税环节，由于消费税具有单一环节征税的特点，所以在生产环节征税之后无论该消费品将来在流通领域流转多少次都不需要再缴纳消费税。（2）委托加工应税消费品。这里所说的委托加工指的是由委托方提供原材料和主要材料，受托方只是收取加工费和代垫部分辅助材料。（3）进口应税消费品。进口货物属于应税消费品的，在进口环节也要缴纳消费税，由海关代征。此外，需要注意的是，对于金银首饰于零售环节缴纳消费税，而零售环节缴纳消费税的应税消费品仅限于金银首饰。

缴纳消费税的应税消费品，主要包括以下五大类：（1）特殊消费品，这样的特殊消费品如果过度消费会对人类身体健康、社会秩序、生态环境等方面造成危害，因此征收消费税以抑制其消费，比如：烟、酒、鞭炮等。（2）奢侈品以及生活的非必需品，比如贵重首饰、化妆品、高档手表等。（3）高能耗产品及高档产品，比如摩托车、小汽车等。（4）不可再生资源或者稀缺资源消费品，比如一次性筷子、成品油等。（5）具有财政意义的消费品，税基广泛，消费普遍，征收后不影响居民的基本生活，比如汽车轮胎。

三、税目及税率

（一）税目

我国现行的消费税共有 14 个税目，有一些税目还进一步划分了若干个子目。具体如下：

1. 烟。凡是以烟叶为原料加工生产的产品，不论使用何种辅料，均属于本税目的征收范围。包括卷烟（进口卷烟、白包卷烟、手工卷烟以及未经国务院批准纳入计划的企业及个人生产的卷烟）、雪茄烟和烟丝。

自 2009 年 5 月 1 日起，在卷烟的批发环节加征了一道从价税，在中华人民共和国境内从事卷烟批发业务的单位和个人，批发销售的所有牌号规格的卷烟，按其销售额（不含增值税）征收 5%的消费税。纳税人应将卷烟销售额与其他商品销售额分开核算，未分开核算的，一并征收消费税。纳税人（卷烟批发企业）销售给纳税人以外的单位和个人的卷烟于销售时纳税。纳税人之间销售的卷烟不缴纳消费税。

2．酒及酒精。酒类包括粮食白酒、薯类白酒、黄酒、啤酒、果啤和其他酒。酒精包括各种工业酒精、医用酒精和食用酒精。对于饮食业、商业、娱乐业举办的啤酒屋（啤酒坊）利用啤酒生产设备生产的啤酒，应当征收消费税。

3．化妆品。包括各类美容、修饰类化妆品、高档护肤类化妆品和成套化妆品。舞台、戏剧、影视演员化妆用的上妆油、卸妆油、油彩，不属于本税目的征收范围。

4．贵重首饰及珠宝玉石。包括以金、银、白金、宝石、珍珠、钻石、翡翠、珊瑚、玛瑙等高贵稀有物质以及其他金属、人造宝石等制作的各种纯金银首饰及镶嵌首饰和经采掘、打磨、加工的各种珠宝玉石。对出国人员免税商店销售的金银首饰征收消费税。

5．鞭炮、焰火。包括各种鞭炮、焰火。但是体育上用的发令纸、鞭炮药引线，不按本税目征收。

6．成品油。包括汽油、柴油、石脑油、溶剂油、航空煤油、润滑油、燃料油等 7 个子目。

7．汽车轮胎。包括用于各种汽车、挂车、专用车和其他机动车上的内、外轮胎。不包括农用拖拉机、收割机、手扶拖拉机的专用轮胎。子午线轮胎免征消费税，翻新轮胎停止征收消费税。

8．小汽车。是指由动力驱动，具有四个或四个以上车轮的非轨道承载的车辆。主要包括两类：一是各类乘用车，在设计和技术特性上用于载运乘客和货物，含驾驶员座位在内不超过 9 个座位的；二是中轻型商务客车，在设计和技术特性上用于载运乘客和货物，含驾驶员座位在内有 10—23 个座位。

9．摩托车。包括轻便摩托车和摩托车两种。最大设计车速小于或等于 50km/h，发动机汽缸总工作容量不超过 50ml 的三轮摩托车不征收消费税。

10．高尔夫球及球具。是指从事高尔夫球运动所需的各种专用装备，包括高尔夫球、高尔夫球杆及高尔夫球包（袋）等。

11．高档手表。是指销售价格（不含增值税）每只在 10 000 元（含）以上的各类手表。

12．游艇。是指长度大于 8 米小于 90 米，船体由玻璃钢、钢、铝合金、塑料等多种材料制作，可以在水上移动的水上浮载体。按照动力划分，游艇分为无动力艇、帆艇和机动艇。

13．木制一次性筷子。是指以木材为原料经过锯段、浸泡、旋切、刨切、烘干、筛选、打磨、倒角、包装等环节加工而成的各类一次性使用的筷子。

14．实木地板。是指以木材为原料，经锯割、干燥、刨光、截断、开榫、涂漆等工序加工而成的块状或条状的地面装饰材料。

篇中案例 3-1：

李同学对于下列业务是否属于消费税的征税范围，比较模糊。结合所学知识，请你思考并判定，下列行为是否属于消费税的征税范围？

1．首饰生产企业进口的钻石；

2．商场销售白金、黄金项链；

3．玉器厂生产、销售的精致的玉器；

4．有批发资质的烟草公司批发销售的卷烟和雪茄烟；

5．某日化厂生产销售的普通护肤护发品；

6．京剧演员演出时化妆用的油彩；

7．天津乐宾百货销售女士专用的成套化妆品；

8．一汽集团生产的东风牌卡车、解放牌卡车；

9．汽车生产企业生产的商务面包车、5人座的客货两用车；

10．生产销售农用拖拉机的通用轮胎。

（二）税率

消费税的税率采用定额税率和比例税率两种形式，根据不同的税目来确定相应的税率。消费税的税目税率详见表 3-1。

表 3-1 消费税的税目及税率

税　目	税　率
一、烟	
1．卷烟	
（1）甲类卷烟	56%加 0.003 元/支
（2）乙类卷烟	36%加 0.003 元/支
（3）批发环节	5%
2．雪茄烟	36%
3．烟丝	30%
二、酒及酒精	
1．白酒	20%加 0.5 元/500 克（或者 500 毫升）
2．黄酒	240 元/吨
3．啤酒	
（1）甲类啤酒	250 元/吨
（2）乙类啤酒	220 元/吨
4．其他酒	10%
5．酒精	5%

续表

税 目	税 率
三、化妆品	30%
四、贵重首饰及珠宝玉石	
1. 金银首饰、铂金首饰和钻石及钻石饰品	5%
2. 其他贵重首饰和珠宝玉石	10%
五、鞭炮、焰火	15%
六、成品油	
1. 汽油	
（1）含铅汽油	1.40 元/升
（2）无铅汽油	1.00 元/升
2. 柴油	0.80 元/升
3. 航空煤油	0.80 元/升
4. 石脑油	1.00 元/升
5. 溶剂油	1.00 元/升
6. 润滑油	1.00 元/升
7. 燃料油	0.80 元/升
七、汽车轮胎	3%
八、摩托车	
1. 汽缸容量（排气量，下同）在 250 毫升（含 250 毫升）以下的	3%
2. 汽缸容量在 250 毫升以上的	10%
九、小汽车	
1. 乘用车	
（1）汽缸容量（排气量，下同）在 1.0 升（含 1.0 升）以下的	1%
（2）汽缸容量在 1.0 升以上至 1.5 升（含 1.5 升）的	3%
（3）汽缸容量在 1.5 升以上至 2.0 升（含 2.0 升）的	5%
（4）汽缸容量在 2.0 升以上至 2.5 升（含 2.5 升）的	9%
（5）汽缸容量在 2.5 升以上至 3.0 升（含 3.0 升）的	12%
（6）汽缸容量在 3.0 升以上至 4.0 升（含 4.0 升）的	25%
（7）汽缸容量在 4.0 升以上的	40%
2. 中轻型商用客车	5%
十、高尔夫球及球具	10%
十一、高档手表	20%
十二、游艇	10%
十三、木制一次性筷子	5%
十四、实木地板	5%

注释：（1）卷烟采用从价定率和从量定额的复合计税办法。其定额税率，每标准箱 250 条，每标准条 10 盒，每盒 20 支，因此定额税率为 150 元/标准箱。

其比例税率为，调拨价在 70 元（含 70 元，不含增值税）以上的为甲类卷烟，适用 56% 的税率；调拨价在 70 元（不含增值税）以下的为乙类卷烟，适用 36% 的税率。

（2）每吨啤酒出厂价在 3000 元（含 3000 元，不含增值税）以上的，适用税率 250 元/吨；每吨啤酒出厂价在 3000 元（不含增值税）以下的，适用税率 220 元/吨。

四、申报与缴纳

（一）纳税义务发生时间

消费税的纳税义务发生时间具体规定如下：

1．纳税人采取赊销和分期收款结算方式的，纳税义务的发生时间为销售合同规定的收款日期当天。

2．纳税人采取预收货款结算方式的，纳税义务的发生时间为发出应税消费品的当天。

3．纳税人采取托收承付和委托银行收款方式销售的应税消费品，纳税义务的发生时间为发出应税消费品并办妥托收手续的当天。

4．纳税人采取其他结算方式的，纳税义务的发生时间为收讫销售款或者取得索取销售款的凭据的当天。

5．纳税人自产自用的应税消费品，纳税义务的发生时间为移送使用的当天。

6．纳税人委托加工的应税消费品，纳税义务的发生时间为纳税人提货的当天。

7．纳税人进口应税消费品，纳税义务的发生时间为报关进口的当天。

（二）纳税期限

根据现行《消费税暂行条例》的规定，消费税的纳税期限分别为 1 日、3 日、5 日、10 日、15 日、1 个月或者 1 个季度。纳税人的具体纳税期限，由主管税务机关根据纳税人应纳税额的大小来分别核定；不能按照固定期限纳税的，可以按次纳税。

纳税人以 1 个月或以 1 个季度为一个纳税期的，自期满之日起 15 日内申报纳税；以 1 日、3 日、5 日、10 日或者 15 日为一个纳税期的，自期满之日起 5 日内预缴税款，于次月 1 日起至 15 日内申报纳税并结清上月应纳税款。

纳税人进口应税消费品，应当自海关填发海关进口消费税专用缴款书之日起 15 日内缴纳税款。

（三）纳税地点

1．纳税人销售应税消费品及自产自用应税消费品的，除国家另有规定的外，应当向纳税人机构所在地的主管税务机关申报纳税。

2．委托加工应税消费品，由受托方向所在地主管税务机关申报纳税。

3．进口应税消费品，由进口人或者其代理人向报关地海关申报纳税。

4．纳税人总机构与分支机构不在同一县（市）的，应分别向各自机构所在地的主管税务机关申报纳税；但是经财政部、国家税务总局或者其授权的财政、税务机关批准，可以由总机构汇总向总机构所在地的主管税务机关申报纳税。

（四）纳税申报

消费税的纳税义务人应该根据有关规定及时办理纳税申报，并填制《消费税纳税申报表》。

【课堂测试 3-1】

1．下列单位中不属于消费税纳税义务人的是（　　）。

　　A．生产销售应税消费品（金银首饰除外）的单位

　　B．委托加工应税消费品的单位

　　C．受托加工应税消费品的单位

　　D．进口应税消费品的单位

2．下列选项当中，应当征收消费税的是（　　）。

　　A．手扶拖拉机专用轮胎　　　　　B．子午线轮胎

　　C．翻新轮胎　　　　　　　　　　D．小汽车轮胎

3．下列消费税税目中，适用于定额税率的有（　　）。

　　A．黄酒　　　　　　　　　　　　B．烟丝

　　C．化妆品　　　　　　　　　　　D．摩托车

4．下列选项当中，不需要缴纳消费税的有（　　）。

　　A．影视演员用的卸妆油

　　B．出国人员免税商店销售的金银首饰

　　C．啤酒屋利用啤酒生产设备生产的啤酒

　　D．卷烟批发企业批发卷烟

5．下列选项当中，不符合消费税纳税义务发生时间规定的是（　　）。

　　A．采取分期收款结算方式的，为销售合同规定的收款日期的当天

　　B．采取预收货款结算方式的，为发出应税消费品的当天

　　C．委托加工的应税消费品，为纳税人提货的当天

　　D．进口的应税消费品，为取得进口货物的当天

第二节　消费税税额计算

根据现行税法的规定，我国消费税应纳税额的计算主要有从价计征、从量

计征和复合计征三种方法。具体如下：

一、从价计征

（一）计税依据——销售额的确定

在从价定率计征的计算方法下，消费税的税额取决于销售额和税率两个因素，而计算消费税应纳税额的计税依据就是应税消费品的销售额。

1. 销售额确定的一般规定

实行从价定率方法计算缴纳消费税的消费品，其计税依据和增值税是一致的。纳税人生产销售应税消费品的销售额是指纳税人在销售应税消费品时向购买方收取的全部价款和价外费用，但是不包括向购买方收取的增值税税款。价外费用是指价款之外向购买方收取的手续费、补贴、基金、集资费、返还利润、奖励费、违约金、滞纳金、延期付款利息、赔偿金、代收款项、代垫款项、包装费、包装物租金、储备费、优质费、运输装卸费以及其他各种性质的价外收费。但下列项目不包括在内：

（1）同时满足如下条件的代垫运输费用：承运部门的运输费用发票开具给购买方的；纳税人将该项发票转交给购买方的。

（2）同时满足如下条件的代为收取的政府性基金或者行政事业性收费：由国务院或者财政部批准设立的政府性基金，由国务院或者省级人民政府及其财政、价格主管部门批准设立的行政事业性收费；收取时开具省级以上财政部门印制的财政票据；所收款项全额上缴财政。

其他价外费用，不论是否属于纳税人的收入，均应并入销售额计算缴纳消费税。

2. 包装物及押金的处理

对于采用从价定率征收消费税的应税消费品，如果是连同包装一起销售的，无论包装物是否单独计价，也不论会计上如何核算，一律并入销售额征收消费税。

如果包装物没有随同消费品一起销售，而是收取押金，那么该项押金不应并入销售额中征收消费税。但如果是包装物逾期未收回不再退还的押金或者已收取的时间超过 12 个月的押金，则应并入销售额，按照应税消费品的适用税率计算缴纳消费税。

如果包装物即作价随同消费品一起销售，又另外收取包装物押金的，凡纳税人在规定的期限内没有退还的，均应并入销售额按照应税消费品的适用税率计算缴纳消费税。

对于销售酒类产品（黄酒、啤酒除外）而收取的包装物押金，不论押金是否返还也不论会计上是如何核算，均应并入销售额中，按照酒类产品的适用税率缴纳消费税。

3．含增值税销售额的换算

应当缴纳消费税的应税消费品，同时还应缴纳增值税，按照规定，应税消费品的销售额，不应包括向购买方所收取的增值税税款。如果纳税人销售应税消费品的销售额当中未扣除增值税税款或者因不得开具增值税专用发票而发生价款和增值税税款合并收取的，在计算消费税时，应将含增值税的销售额换算成为不含增值税税款的销售额。其换算公式如下：

应税消费品的销售额＝含增值税的销售额÷（1＋增值税税率或征收率）

在该换算公式中，增值税税率或征收率的确定需根据纳税人的具体情况来进行选择。如果消费税的纳税人同时又是增值税一般纳税人的，应适用17%的增值税税率；如果消费税的纳税人是增值税小规模纳税人的，应适用3%的征收率。

（二）应纳税额计算

在从价计征方法下，消费税税额计算的基本公式为：

应纳税额＝应税消费品的销售额×比例税率

[例3-1] 某化妆品生产企业，2013年5月向某商场销售化妆品一批，开具增值税专用发票，取得不含增值税销售额100万元；向某超市销售化妆品一批，开具普通发票，取得含增值税销售额46.8万元。计算该化妆品生产企业5月份应当缴纳的消费税税额（化妆品的消费税税率为30%）。

应税销售额＝100＋46.8÷（1＋17%）＝140（万元）

应纳消费税税额＝140×30%＝42（万元）

二、从量计征

（一）计税依据——销售数量的确定

在从量定额计征的计算方法下，应纳消费税税额取决于销售数量和单位税额两个因素，计算消费税应纳税额的计税依据就是应税消费品的销售数量。销售数量是指消费税的纳税人生产、加工和进口应税消费品的数量。确定销售数量的具体规定如下：

（1）销售应税消费品的，为应税消费品的销售数量；

（2）自产自用应税消费品的，为应税消费品的移送使用数量；

（3）委托加工应税消费品的，为纳税人收回的应税消费品数量；

（4）进口的应税消费品，为海关核定的应税消费品进口征税数量。

需要注意的是，按照现行消费税法的相关规定，黄酒、啤酒是以吨作为计税单位的；汽油、柴油是以升作为计税单位的。但是，在实际的销售过程当中，有些纳税人经常会把吨或升这两个计量单位混用，因此要准确地计算消费税的应纳税额，应注意在这两个计量单位之间进行换算，具体换算详见表 3-2：

（二）应纳税额计算

在从量计征方法下，消费税税额计算的基本公式为：

应纳税额＝应税消费品的销售数量×定额税率

表 3-2　吨、升换算表

序号	名称	计算单位的换算标准
1	黄酒	1 吨＝962 升
2	啤酒	1 吨＝988 升
3	汽油	1 吨＝1 388 升
4	柴油	1 吨＝1 176 升
5	航空煤油	1 吨＝1 246 升
6	石脑油	1 吨＝1 385 升
7	溶剂油	1 吨＝1 282 升
8	润滑油	1 吨＝1 126 升
9	燃料油	1 吨＝1 015 升

[例 3-2] 某啤酒厂于 2013 年 7 月将其生产的甲类啤酒 1 000 吨、乙类啤酒 800 吨，全部对外销售，分别取得不含增值税的销售额 280 万元、250 万元，增值税税额分别为 47.6 万元、42.5 万元。其中：甲类啤酒的适用税率为 250 元/吨，乙类啤酒的适用税率为 220 元/吨。计算该啤酒厂 7 月份应缴纳的消费税税额。

应纳消费税税额＝（1 000×250＋800×220）÷10 000＝42.6（万元）

三、复合计征

在我国目前的消费税的征税范围当中，只有卷烟和白酒采用复合计征的计税方法，即从价定率和从量定额相结合的方法。其计税依据就是应税消费品的销售额和销售数量，其确定方法同前面所述规定。

在复合计征方法下，消费税税额计算的基本公式为：

应纳税额＝应税消费品的销售额×比例税率＋应税消费品的销售数量×定额税率

[例 3-3] 某卷烟厂生产甲类卷烟 100 标准箱，并于当月全部对外销售，取

得不含增值税的销售额 500 万元。已知：甲类卷烟的消费税税率为 56%加 0.003 元/支。计算当月该卷烟厂应缴纳的消费税税额。

$$应纳税额＝500×56\%＋100×250×10×20×0.003÷10\ 000$$
$$＝281.5（万元）$$

四、消费税税额计算的特殊规定

（一）自产自用应税消费品税额的计算

这里的自产自用，是指纳税人生产出应税消费品之后，并不是直接对外销售，而是用于自己连续生产应税消费品或者用于其他方面。而这种自产自用的应税消费品，是否需要纳税以及如何纳税是比较容易出现问题的。因此，非常有必要认真理解相关的规定。

1. 自产应税消费品用于连续生产应税消费品

纳税人自产自用的应税消费品，用于连续生产应税消费品的，自产自用环节不征收消费税。这种行为是指纳税人将自产自用的应税消费品作为直接材料进一步生产最终的应税消费品。比如，卷烟生产企业生产出的烟丝，烟丝本身已经是应税消费品了，如果卷烟生产企业再把生产出的烟丝作为原材料进一步加工成卷烟，而卷烟同样也是应税消费品。在这种情况下，用于连续生产卷烟的烟丝就不再缴纳消费税，而只对生产出的卷烟征收消费税。当然，如果生产出烟丝是直接对外销售的，那么烟丝仍然是要缴纳消费税的。

2. 自产应税消费品用于其他方面

纳税人自产自用的应税消费品，除用于连续生产应税消费品外，凡用于其他方面的，于移送使用时纳税。用于其他方面，是指纳税人将自产的应税消费品用于非应税消费品、在建工程、管理部门、非生产机构、提供劳务、馈赠、赞助、集资、广告、样品、职工福利、奖励等方面。比如，酒类生产企业将生产的白酒以福利的形式发放给职工；化妆品厂将生产的化妆品作为样品赠送给客户；汽车制造厂将生产的小汽车提供给主管部门内部使用等。在这种情况下，企业自产的消费品只要是用于除连续生产应税消费品之外的税法规定范围内的用途，都要作视同销售处理，都应该依法计算缴纳消费税。

纳税人自产应税消费品，凡是用于税法规定的其他方面应当缴纳消费税的，应该按照纳税人生产的同类消费品的销售价格来计算纳税。

3. 组成计税价格及税额的计算

纳税人自产自用的应税消费品，凡用于其他方面应当纳税的，按照纳税人生产的同类消费品当月的销售价格计算纳税。

如果当月的同类消费品各期的销售价格高低不同，则应按销售数量进行加权平均来计算。但是销售的应税消费品有下列情况之一的，不得列入加权平均计算：（1）销售价格明显偏低又无正当理由的；（2）无销售价格的。

如果当月无销售或者当月未完结，应按照同类消费品上月或者最近月份的销售价格计算纳税。

如果没有同类消费品的销售价格的，按照组成计税价格来计算纳税。组成计税价格的计算公式如下：

实行从价定率方法计算纳税的，其组成计税价格计算公式为：

组成计税价格＝（成本＋利润）÷（1－消费税比例税率）

应纳税额＝组成计税价格×比例税率

实行复合计税方法计算纳税的，其组成计税价格计算公式为：

组成计税价格＝（成本＋利润＋自产自用数量×定额税率）÷（1-消费税比例税率）

应纳税额＝组成计税价格×比例税率＋自产自用数量×定额税率

上述公式中所说的"成本"，指的是应税消费品的产品生产成本。"利润"，指的是根据应税消费品的全国平均成本利润率计算的利润。应税消费品全国平均成本利润率是由国家税务总局确定的。详见表3-3。

表 3-3　应税消费品全国平均成本利润率

序号	种类	成本利润率	序号	种类	成本利润率
1	甲类卷烟	10%	11	贵重首饰及珠宝玉石	6%
2	乙类卷烟	5%	12	汽车轮胎	5%
3	雪茄烟	5%	13	摩托车	6%
4	烟丝	5%	14	高尔夫球及球具	10%
5	粮食白酒	10%	15	高档手表	20%
6	薯类白酒	5%	16	游艇	10%
7	其他酒	5%	17	木制一次性筷子	5%
8	酒精	5%	18	实木地板	5%
9	化妆品	5%	19	乘用车	8%
10	鞭炮、焰火	5%	20	中轻型商用客车	5%

[**例 3-4**] 某汽车制造厂将自产的小汽车两辆，提供给主管部门使用，小汽车的成本是每辆15万元，该小汽车没有同类产品的市场销售价格。已知小汽车的成本利润率为8%，消费税税率为5%。计算小汽车应缴纳的消费税税额。

组成计税价格＝15×2×（1＋8%）÷（1－5%）＝34.11（万元）

应纳消费税税额＝34.11×5%＝1.71（万元）

（二）委托加工应税消费品税额的计算

委托加工应税消费品是指由委托方提供原材料和主要材料，受托方只收取加工费和代垫部分辅助材料加工的应税消费品。对于委托加工的消费品，税法规定，应由受托方在向委托方交付货物时代收代缴消费税。

对于委托加工的应税消费品，销售额应该按照受托方的同类消费品的销售价格来确定，如果受托方当月同类消费品的销售价格高低不同，则应按照销售数量加权平均计算；如果受托方没有同类消费品的销售价格，则应该按照组成计税价格计算纳税。组成计税价格的计算公式为：

适用从价定率方法的消费品组成计税价格计算公式为：

组成计税价格＝（材料成本＋加工费）÷（1－消费税比例税率）

应纳税额＝组成计税价格×比例税率

适用复合计税方法的消费品组成计税价格计算公式为：

组成计税价格＝（材料成本＋加工费＋委托加工数量×定额税率）÷（1－消费税比例税率）

应纳税额＝组成计税价格×比例税率＋委托加工数量×定额税率

公式当中的"材料成本"指的是委托方所提供的加工材料的实际成本；"加工费"指的是受托方由于加工应税消费品而向委托方所收取的全部费用，包括代垫的辅助材料的实际成本，但是不包括增值税税款。

［例 3-5］某鞭炮厂 2013 年 6 月份接受某单位的委托加工鞭炮，委托方提供原材料 58 万元，该鞭炮厂收取委托方不含增值税的加工费 10 万元，该鞭炮厂没有同类产品的销售价格。计算该鞭炮厂应代收代缴的消费税（鞭炮的消费税税率为 15%）。

组成计税价格　＝（58＋10）÷（1－15%）＝80（万元）

应代收代缴的消费税＝80×15%＝12（万元）

［例 3-6］某企业 2013 年 6 月份将价值为 10 万元的原材料委托某白酒生产企业加工成白酒，加工完成后，该企业收回白酒 2 吨，支付该酒厂的加工费为 8 000 元。本月该企业将收回的白酒全部对外销售。计算该白酒生产企业应代收代缴的消费税（白酒的消费税税率 20% 加 0.5 元/500 克）。

组成计税价格＝（10＋8 000÷10 000＋2×2 000×0.5÷10 000）÷（1－20%）
　　　　　　＝13.75（万元）

应代收代缴的消费税＝13.75×20%＋2×2 000×0.5÷10 000＝2.95（万元）

（三）进口应税消费品税额的计算

纳税人进口应税消费品，应该按照组成计税价格和适用的税率来计算应纳税额。具体方法如下：

1. 进口应税消费品是采用从价定率方法来征收消费税的，其计税依据就是组成计税价格。其计算公式为：

组成计税价格＝（关税完税价格＋关税）÷（1－消费税比例税率）

应纳税额＝组成计税价格×消费税比例税率

公式中的"关税完税价格"是指经过海关核定的关税计税价格，它是由海关以该货物的成交价格为基础进行审查确定的。根据规定，进口货物的完税价格应该包括货物的货价、货物运抵我国境内输入地点起卸前的运费、保险费、包装费、手续费等相关费用。如果成交价格不能确定时，完税价格则由海关依法估定。

[例3-7] 某贸易公司进口一批化妆品用于对外销售，经海关核定的化妆品的关税完税价格为140万元，按规定应缴纳的进口关税为28万元，化妆品的消费税税率为30%。计算该公司应缴纳的消费税税额。

组成计税价格＝（140＋28）÷（1－30%）＝240（万元）

应纳消费税税额＝240×30%＝72（万元）

2. 进口应税消费品是采用从量定额方法征收消费税的，其计税依据就是应税消费品的进口数量。其计算公式为：

应纳税额＝应税消费品的进口数量×消费税定额税率

3. 进口应税消费品是采用复合计征方法征收消费税的，其计税依据就是应税消费品的组成计税价格和进口数量。其计算公式为：

组成计税价格＝（关税完税价格＋关税＋应税消费品进口数量×消费税定额税率）÷（1－消费税比例税率）

应纳税额＝组成计税价格×消费税比例税率＋应税消费品进口数量×消费税定额税率

（四）已纳消费税税额扣除

为了避免重复征税，根据现行消费税的相关规定，如果纳税人将外购的应税消费品和委托加工收回的应税消费品用于继续生产应税消费品销售的，可以将外购应税消费品和委托加工收回应税消费品已缴纳的消费税给予扣除。

1. 外购应税消费品连续生产应税消费品已纳税款的扣除

有些应税消费品是用外购的已缴纳消费税的应税消费品连续生产出来的，对于这样生产出来的应税消费品在计算缴纳消费税时，按规定，准予按照当期生产领用数量来计算扣除外购应税消费品已缴纳的消费税税款。但是扣除范围仅限于以下方面：

（1）外购已税烟丝生产的卷烟；

（2）外购已税化妆品生产的化妆品；

（3）外购已税珠宝玉石生产的贵重首饰及珠宝玉石；

（4）外购已税鞭炮、焰火生产的鞭炮、焰火；

（5）外购已税汽车轮胎（内胎和外胎）生产的汽车轮胎；

（6）外购已税摩托车生产的摩托车（如用外购两轮摩托车改装三轮摩托车）；

（7）外购已税杆头、杆身和握把为原料生产的高尔夫球杆；

（8）外购已税木制一次性筷子为原料生产的木制一次性筷子；

（9）外购已税实木地板为原料生产的实木地板；

（10）外购已税石脑油为原料生产的应税消费品；

（11）外购已税润滑油为原料生产的润滑油。

需要注意的是，如果纳税人用外购的已税珠宝玉石生产的是改在零售环节征收消费税的金银首饰（镶嵌首饰），那么，在计税时一律不得扣除外购珠宝玉石的已纳消费税税款。

允许扣除已纳消费税税款的应税消费品仅限于是从工业企业购进的应税消费品和进口环节已缴纳消费税的应税消费品，对于从境内的商业企业购进的应税消费品，其已纳税款一律不得扣除。

对于上述范围内当期准予扣除的外购应税消费品已纳消费税税款的计算公式如下：

当期准予扣除的外购应税消费品已纳税款＝当期准予扣除的外购应税消费品的买价×外购应税消费品适用税率

当期准予扣除的外购应税消费品买价＝期初库存的外购应税消费品的买价＋当期购进的应税消费品的买价－期末库存的外购应税消费品的买价

应注意的是，外购已税消费品的买价指的是购货发票上所注明的销售额，但是不包括增值税税款。

[例 3-8] 某卷烟生产企业，2013 年 7 月期初库存的外购应税烟丝金额为 10 万元，当月又外购应税烟丝 100 万元（不含增值税），当月领用部分烟丝生产卷烟，当月月末库存的烟丝金额 6 万元。要求计算该卷烟生产企业 2013 年 7 月准许扣除的外购烟丝已缴纳的消费税税额（烟丝的消费税税率为 30%）。

当月准许扣除的外购烟丝买价＝10＋100－6＝104（万元）

当月准许扣除的外购烟丝已缴纳的消费税税额＝104×30%＝31.2（万元）

2. 委托加工收回的应税消费品连续生产应税消费品已纳税款的扣除

对于委托加工收回的应税消费品，已经由受托方代收代缴消费税，如果委托方收回应税消费品后直接用于销售或者是视同销售，则不再征收消费税；如果委托方将收回的应税消费品用于连续生产应税消费品的，按照规定，在计税时其已纳税款准予按生产领用数量从连续生产的应税消费品应纳消费税税额中抵扣。但是扣除范围仅限于以下方面：

（1）以委托加工收回的已税烟丝为原料生产的卷烟；

（2）以委托加工收回的已税化妆品为原料生产的化妆品；

（3）以委托加工收回的已税珠宝玉石为原料生产的贵重首饰及珠宝玉石；

（4）以委托加工收回的已税鞭炮、焰火为原料生产的鞭炮、焰火；

（5）以委托加工收回的已税汽车轮胎生产的汽车轮胎；

（6）以委托加工收回的已税摩托车生产的摩托车；

（7）以委托加工收回的已税杆头、杆身和握把为原料生产的高尔夫球杆；

（8）以委托加工收回的已税木制一次性筷子为原料生产的木制一次性筷子；

（9）以委托加工收回的已税实木地板为原料生产的实木地板；

（10）以委托加工收回的已税石脑油为原料生产的应税消费品；

（11）以委托加工收回的已税润滑油为原料生产的润滑油。

需要注意的是，如果纳税人用委托加工收回的已税珠宝玉石生产的是改在零售环节征收消费税的金银首饰，在计税时一律不得扣除委托加工收回的珠宝玉石的已纳消费税税款。

对于上述范围内当期准予扣除的委托加工收回的应税消费品已纳消费税税款的计算公式如下：

当期准予扣除的委托加工应税消费品已纳税款＝期初库存的委托加工应税消费品已纳税款＋当期收回的委托加工应税消费品已纳税款－期末库存的委托加工应税消费品已纳税款

[例 3-9] 某卷烟厂将成本为 100 万元的烟叶委托 A 烟丝加工厂进行加工，A 烟丝加工厂加工完成之后，收取卷烟厂加工费并开具增值税普通发票，金额为 35.1 万元，同时代收代缴了烟丝的消费税。该卷烟厂收回烟丝之后，当月对外销售 60%，剩余 40% 全部加工成为甲类卷烟 30 标准箱，并全部对外销售，取得不含增值税销售额 50 万元。其中：烟丝的消费税税率为 30%，甲类卷烟的消费税税率为 56% 加 0.003 元/支。要求计算该卷烟厂当月应缴纳的消费税。

A 烟丝加工厂代收代缴的消费税＝[100＋35.1÷（1＋17%）]÷（1-30%）×30%

＝55.71（万元）

对外销售的 60%的烟丝不再缴纳消费税。

甲类卷烟每标准箱定额消费税＝250×10×20×0.003＝150（元）

对外销售的卷烟缴纳的消费税＝50×56%＋30×150÷10 000−55.71×40%

$$=6.17（万元）$$

【课堂测试 3-2】

1. 下列选项当中，适用于复合计税方法的有（　　　）。

　　A. 白酒　　　　　　B. 啤酒　　　　　　C. 雪茄烟　　　　　　D. 烟丝

2. 某木制品公司（增值税一般纳税人）于 2013 年 7 月份销售实木地板 200 箱，其中，120 箱销售给 A 公司，开具增值税专用发票，不含税售价为每箱 1 000 元，增值税税额为 20 400 元；另外 80 箱销售给 B 公司，开具增值税普通发票，取得销售额 81 900 元。已知，实木地板消费税税率为 5%。该公司应缴纳的消费税税额为（　　　）元。

　　A. 8 500　　　　　　B. 9 000　　　　　　C. 9 500　　　　　　D. 10 095

3. 某公司于 2013 年 3 月份从国外进口一批白酒，共计 5 吨，该批白酒经过海关审定的关税完税价格为 1 000 000 元，按规定应该缴纳的关税是 150 000 元。已知白酒的消费税税率为 20%加 0.5 元/500g。该公司进口这批白酒应缴纳的消费税税额为（　　　）元。

　　A. 230 000　　　　　B. 231 000　　　　　C. 235 000　　　　　D. 236 000

4. 某公司委托一家酒厂加工一批药酒，共计 20 箱，根据委托加工合同要求，该公司提供的原料成本是 4 万元，受托方代垫辅助材料 0.4 万元，支付受托方不含增值税的加工费 1 万元。已知：药酒的消费税税率为 10%。酒厂代收代缴的消费税为（　　　）元。

　　A. 6 000　　　　　　B. 7 000　　　　　　C. 8 000　　　　　　D. 9 000

5. 甲卷烟生产企业委托乙烟丝加工厂加工烟丝，甲企业提供烟叶 500 000 元，并支付乙工厂不含增值税的加工费 150 000 元，乙工厂已代收代缴消费税。甲企业收回烟丝之后，50%直接对外销售，开具增值税的普通发票，取得销售额 292 500 元。其余 50%进一步加工成乙类卷烟 20 标准箱，并全部对外销售，开具增值税的专用发票，取得销售额 300 000 元。其中：烟丝的消费税税率为 30%，乙类卷烟的消费税税率为 36%加 0.003 元/支。要求计算甲卷烟生产企业当月应缴纳的消费税。

第三节 消费税会计处理

一、会计账户的设置

需要缴纳消费税的企业，核算消费税时，主要设置"应交税费——应交消费税"、"营业税金及附加"等会计科目进行核算。

1."应交税费——应交消费税"科目。该科目可以明确地反映出企业应缴纳和已缴纳消费税的情况。该科目的借方登记企业实际已经缴纳的消费税或待抵扣的消费税，贷方登记企业按规定应该缴纳的消费税。期末，如果余额在借方，表示企业多缴的或可以抵扣的消费税；如果余额在贷方，则表示企业尚未缴纳的消费税。

2."营业税金及附加"科目。该科目主要核算企业在生产经营活动当中所发生的消费税、营业税、城市维护建设税及教育费附加、资源税、土地增值税等。企业按规定计算并确定与生产经营活动相关的上述税费，则应借记"营业税金及附加"科目，贷记"应交税费——应交消费税"等相关科目；企业收到的返还的原计入本科目的上述各种税费，应该按照实际收到的金额，借记"银行存款"等科目，贷记"营业税金及附加"科目。期末，该科目余额转入"本年利润"科目，结转后无余额。

二、销售应税消费品消费税的账务处理

（一）生产销售应税消费品消费税的账务处理

企业生产应税消费品直接对外销售，按规定计提应交消费税税额时，应借记"营业税金及附加"等科目，贷记"应交税费——应交消费税"科目；如果发生销货退回时应做相反的会计处理；企业实际缴纳消费税时，应借记"应交税费——应交消费税"科目，贷记"银行存款"科目。

[例3-10]某公司（增值税一般纳税人）的主营业务是生产并销售摩托车。8月份对外销售摩托车10辆，开具增值税的专用发票，发票上注明共收取销售额180 000元，增值税税额30 600元。款项已收到并存入银行。已知，摩托车的消费税税率为10%。计算该公司8月份的消费税税额，并作出相应的会计处理。

应纳消费税税额＝180 000×10%＝18 000（元）

相关会计处理如下：

①该公司收到款项并存入银行时：

借：银行存款　　　　　　　　　　　　　　　　　　　　210 600

　　贷：主营业务收入　　　　　　　　　　　　　　　　　　180 000

　　　　应交税费——应交增值税（销项税额）　　　　　　　30 600

②计算缴纳消费税时

借：营业税金及附加　　　　　　　　　　　　　　　　　18 000

　　贷：应交税费——应交消费税　　　　　　　　　　　　　18 000

③实际缴纳消费税时

借：应交税费——应交消费税　　　　　　　　　　　　　18 000

　　贷：银行存款　　　　　　　　　　　　　　　　　　　　18 000

（二）视同销售应税消费品消费税的账务处理

根据规定，如果企业将自产的应税消费品用于职工福利、对外投资、在建工程、管理部门、对外捐赠等方面，应作视同销售处理，于移送使用时纳税。在进行会计账务处理时，应借记"应付职工薪酬"、"长期股权投资"等科目，贷记"应交税费——应交消费税"等科目。

[例 3-11] 某酒厂（增值税一般纳税人）将自己生产的白酒 5 吨作为福利发放给本企业员工，这种白酒的市场销售价格为 80 元/斤（不含增值税），成本为 50 元/斤。该业务的会计处理如下：

企业将自产的应税消费品用于职工福利，应作视同销售处理。

增值税销项税额＝5×2 000×80×17%＝136 000（元）

应纳消费税税额＝5×2 000×80×20%＋5×2 000×0.5＝165 000（元）

借：应付职工薪酬　　　　　　　　　　　　　　　　　936 000

　　贷：主营业务收入　　　　　　　　　　　　　　　　　　800 000

　　　　应交税费——应交增值税（销项税额）　　　　　　　136 000

借：营业税金及附加　　　　　　　　　　　　　　　　165 000

　　贷：应交税费——应交消费税　　　　　　　　　　　　　165 000

借：主营业务成本　　　　　　　　　　　　　　　　　500 000

　　贷：库存商品　　　　　　　　　　　　　　　　　　　　500 000

三、委托加工应税消费品消费税的账务处理

企业委托加工的应税消费品需要缴纳消费税的，由受托方代收代缴消费税。受托方应按照代收代缴的消费税税款，借记"应收账款"、"银行存款"等科目，

贷记"应交税费——应交消费税"科目。而对于委托方收回应税消费品后的会计处理，则根据收回应税消费品后不同的用途而有所不同，主要有以下两种情况：

（一）收回应税消费品后直接对外销售的账务处理

委托方收回应税消费品后，如果直接对外销售，则在销售时不再缴纳消费税。这种情况下，委托方应该将受托方代收代缴的消费税连同支付给受托方的加工费，一并计入委托加工应税消费品的成本当中，借记"委托加工物资"、"自制半成品"等科目，贷记"银行存款"等科目。

[例3-12] 甲公司（增值税一般纳税人）于2013年7月委托乙公司加工一批化妆品，按照加工合同要求，甲公司发出原料100 000元，支付乙公司加工费40 000元和增值税6 800元。甲公司提货时，乙公司代收代缴消费税，并用银行存款支付加工费及消费税。甲公司收回货物后，直接对外销售，取得销售额250 000元。相关会计处理如下：

委托方——甲公司的会计处理：

①甲公司发出原材料时：

借：委托加工物资—原材料   100 000

  贷：原材料   100 000

②甲公司支付加工费、增值税和代收的消费税时：

代收代缴的消费税＝（100 000＋40 000）÷（1-30%）×30%＝60 000（元）

借：委托加工物资——加工费   40 000

     ——代收代缴消费税   60 000

  应交税费——应交增值税（进项税额）   6 800

  贷：银行存款   106 800

③收回委托加工产品时：

借：库存商品   200 000

  贷：委托加工物资——原材料   100 000

     ——加工费   40 000

     ——代收代缴消费税   60 000

④对外销售化妆品时：

甲公司销售化妆品增值税销项税额＝250000×17%＝42500（元）

借：银行存款   292 500

  贷：主营业务收入   250 000

    应交税费——应交增值税（销项税额） 42 500

受托方——乙公司的会计处理：

借：银行存款　　　　　　　　　　　　　　　　　　106 800

　　贷：其他业务收入　　　　　　　　　　　　　　　40 000

　　　　应交税费——应交消费税　　　　　　　　　　60 000

　　　　　　　　——应交增值税（销项税额）　　　　6 800

（二）收回应税消费品后连续生产应税消费品的账务处理

如果委托方收回应税消费品后，并没有直接对外销售，而是用于连续加工应税消费品，按照税法规定，其已纳消费税税额允许抵扣。委托方应该按照受托方代扣代缴的消费税税额，借记"应交税费——应交消费税"，贷记"银行存款"等科目。

[例3-13] 以 [例3-12] 为基础，假定甲公司收回委托加工的化妆品之后，全部用于继续加工高端化妆品，并全部销售，取得销售额 400 000 元（不含增值税）。甲公司的业务处理为：

①甲公司发出原材料时：

借：委托加工物资——原材料　　　　　　　　　　　100 000

　　贷：原材料　　　　　　　　　　　　　　　　　100 000

②甲公司支付加工费、增值税和代收的消费税时：

代收代缴的消费税＝（100 000＋40 000）÷（1-30%）×30%＝60 000（元）

借：委托加工物资——加工费　　　　　　　　　　　40 000

　　应交税费——应交增值税（进项税额）　　　　　6 800

　　应交税费——应交消费税　　　　　　　　　　　60 000

　　贷：银行存款　　　　　　　　　　　　　　　　106 800

③收回委托加工产品时：

借：库存商品　　　　　　　　　　　　　　　　　　140 000

　　贷：委托加工物资——原材料　　　　　　　　　100 000

　　　　　　　　　　——加工费　　　　　　　　　40 000

④对外销售化妆品时：

甲公司销售化妆品增值税销项税额＝400 000×17%＝68 000（元）

借：银行存款　　　　　　　　　　　　　　　　　　468 000

　　贷：主营业务收入　　　　　　　　　　　　　　400 000

　　　　应交税费——应交增值税（销项税额）　　　68 000

⑤计算当期应纳消费税时：

应纳消费税税额＝400 000×30%＝120 000（元）

借：营业税金及附加   120 000

  贷：应交税费——应交消费税   120 000

⑥实际缴纳消费税时：

实际缴纳的消费税税额＝120 000－60 000＝60 000（元）

借：应交税费——应交消费税   60 000

  贷：银行存款   60 000

四、进出口应税消费品消费税的账务处理

（一）进口应税消费品消费税的账务处理

纳税人进口应税消费品应缴纳的消费税应计入进口消费品的成本中，因此，应借记"库存商品"等科目，贷记"银行存款"等科目。

[例3-14] 某公司从国外进口一批小汽车，共20辆，经过海关审定的小汽车的完税价格为150 000元/辆，所有款项均已通过银行存款支付。已知，小汽车的关税税率为60%，消费税税率为9%。其会计处理为：

应纳关税税额＝150 000×20×60%＝1 800 000（元）

进口环节增值税进项税＝（150 000×20＋1 800 000）÷（1－9%）×17%

         ＝896 703.30（元）

进口环节应缴纳消费税＝（150 000×20＋1 800 000）÷（1－9%）×9%

         ＝474 725.28（元）

进口小汽车的成本＝150 000×20＋1 800 000＋474 725.28

       ＝5 274 725.28（元）

借：库存商品   5 274 725.28

  应交税费——应交增值税（进项税额） 896 703.30

  贷：银行存款   6 171 428.58

（二）出口应税消费品消费税的账务处理

纳税人出口应税消费品，国家给予了有条件的税收优惠政策。主要有以下三种情形：

1. 出口免税并退税。有出口经营权的外贸企业购进应税消费品直接出口，以及外贸企业受其他外贸企业委托代理出口应税消费品的，出口免税并退税，于报关出口时可退税，借记"其他应收款——出口退税"，贷记"主营业务成本"等科目。

2. 出口免税但不退税。有出口经营权的生产性企业自营出口应税消费品，或者生产企业委托外贸企业代理出口自产的应税消费品，出口免征消费税但不

退税。

3．出口不免税也不退税。除生产企业、外贸企业外的其他企业，委托外贸企业代理出口应税消费品，一律不予退（免）税。

【课堂测试 3-3】

1．某公司为增值税的一般纳税人，其主营业务是生产并销售化妆品。2013年 10 月份对外销售化妆品一批，开具增值税的专用发票，发票上注明共收取销售额 200 000 元，增值税税额 34 000 元。款项已收到并存入银行。已知，化妆品的消费税税率为 30%。计算该公司 10 月份的消费税税额，并作出相应的会计处理。

2．仍使用【课堂测试 3-2】第 5 题。

甲卷烟生产企业委托乙烟丝加工厂加工烟丝，甲企业提供烟叶 500 000 元，并支付乙工厂不含增值税的加工费 150 000 元，乙工厂已代收代缴消费税。甲企业收回烟丝之后，分如下两种情况编制甲卷烟生产企业有关发出材料、支付加工费、支付增值税、支付代扣代缴消费税、烟丝入库的会计分录：（1）收回后直接对外销售；（2）收回后用于继续加工卷烟。（烟丝的消费税税率为 30%）

第四节　消费税税务筹划

由于消费税是选择一些特殊的消费品，在特殊的环节进行征收，并且具有单一环节征收的特点，其税额大小主要取决于纳税人的选定、税率的高低、计税依据的大小。因此，消费税的税务筹划主要包括消费税纳税人的税务筹划、计税依据的税务筹划等内容。

一、纳税人的税务筹划

消费税的征收针对特定的纳税人，对于存在原材料供应关系的企业，通过企业合并会使得企业之间由原来的购销关系转变为企业内部原材料的转让行为，而企业内部的这一转让环节是不需要缴纳消费税的，消费税纳税时间得以递延。也就是说，上述关系的企业之间，在合并之前原材料转让按照正常购销价格计算缴纳消费税，合并之后内部转让环节不属于消费税的纳税环节，不再缴纳消费税，而是改变到对外销售环节缴纳消费税。如果后一环节的消费税税率低于前一环节，则合并前企业之间的销售额和合并后适用较低的税率，可直接减轻企业消费税税负。

[例 3-15] 某地区有甲、乙两家大型酒厂，均为独立核算的法人企业。甲企业主要生产经营粮食白酒，以当地的大米和玉米为原料；乙企业主要生产系列药酒，以甲企业生产的粮食酒为原料。甲企业每年向乙企业提供价值 10 000 万元的粮食酒，共计 2 500 万千克。2013 年末，乙企业由于经营不善，资金周转困难，即将破产。而乙企业还欠甲企业 3 000 万元的货款尚未支付。假设经过评估乙企业资产价值也是 3 000 万元。同时假定乙企业生产的药酒市场前景较好。甲企业管理层正在研究是否收购乙企业，试给出相应的建议。（白酒的消费税税率为 20%加 0.5 元/500g，药酒的消费税税率为 10%）

思路如下：

（1）收购支出较低。由于乙企业资产和负债均为 3 000 万元，按照税法规定，此类并购行为属于"以承担被兼并企业全部债务方式的吸收合并，不视为被兼并企业按公允价值转让、处置全部资产，不计算资产转让所得"，不需缴纳所得税。同时，两家企业之间的行为属于产权交易行为，按税法规定不用缴纳营业税。

（2）合并可递延部分税款。合并前，甲企业向乙企业提供粮食酒，每年应缴纳增值税 1 700 万元（10 000×17%），消费税 4 500 万元（10 000×20%+2 500×2×0.5）。合并后，甲乙之间的转让行为不再缴纳消费税，增值税和从价计征的消费税递延至药酒销售环节征收，而从量计征的消费税不再缴纳。

（3）合并可降低整体税负。由于药酒的消费税税率（10%）低于白酒的消费税税率（20%），因此企业缴纳的消费税税款会减少。假定药酒的销售额为 20 000 万元，销售数量为 4 000 万千克，则合并前应缴纳消费税税款为：

甲企业应缴纳消费税＝10 000×20%＋2 500×2×0.5＝4 500（万元）

乙企业应缴纳消费税＝20 000×10%＝2 000（万元）

消费税合计＝4 500＋2 000＝6 500（万元）

合并后应缴纳消费税＝20 000×10%＝2 000（万元）

因此，合并后消费税节约 4 500（6 500-2 000）万元，企业税负大大减轻。综合上述分析，建议甲企业收购乙企业。

二、计税依据的税务筹划

（一）消费税兼营行为计税依据的税务筹划

如果消费税的纳税人同时经营两种及以上不同税率的应税消费品，按照税法规定，应当分别核算不同税率应税消费品的销售额和销售数量，未分别核算的，或者将不同税率的应税消费品组成套装消费品进行销售的，应当从高适用税率；如果纳税人兼营非应税消费品，税法规定，纳税人应该分别核算不同类型货物的销售额和销售数量，未分别核算的，非应税消费品一并计入缴纳消费税。

对于上述类型的企业，在生产经营中，应该严格将不同税率的应税消费品的销售额和销售数量分别核算，避免从高适用税率而增加企业的税收负担。如果纳税人采用成套消费品销售，可以采用"先销售，后包装"的方式。也就是说生产企业先将产品分类别销售给零售商，分别核算不同消费品的销售额和销售数量，再由零售商将消费品成套包装后对外销售。需要注意的是，如果采用该方式在账务上未分别核算，税务部门仍会要求采用最高税率对所有产品征收消费税。

[**例 3-16**] 天津某大型酒厂既生产粮食白酒，又生产葡萄酒。为扩大企业产品的市场需求，决定采用促销方式，将粮食白酒和葡萄酒组成礼品套装进行销售，每套礼品套装中包括粮食白酒和葡萄酒各一瓶，每瓶一斤，假定包装费忽略不计。2013 年 5 月该酒厂以每套 400 元的价格售出礼品套装酒共计 2 500 套。如果单独销售的话，粮食白酒的销售价格为每瓶 250 元，葡萄酒的销售价格为每瓶 150 元。假定上述价格均为不含增值税的销售价，并且已知白酒的消费税税率为 20%加 0.5 元/500g，葡萄酒的消费税税率为 10%。则：

按套装销售，则均应按照白酒的税率征税：

该酒厂当月应缴纳消费税＝2 500×400×20%+2 500×2×0.5＝202 500（元）

如果将该酒厂采用"先销售，后包装"的销售方式，则葡萄酒按照 10%的税率征税，那么：

该酒厂当月应缴纳消费税＝2 500×250×20%+2 500×1×0.5

$$+2\ 500×150×10\%$$

$$=163\ 750（元）$$

由上述计算，可见通过税务筹划后节税 38 750（202 500-163 750）元。

（二）应税消费品加工方式选择的税务筹划

通常情况下，应税消费品的加工方式有自行加工和委托加工两种，而不同的加工方式下消费税的税负是不同的。因此，纳税人可以通过比较不同加工方式下的税负水平，选择税负较轻的加工方式来进行税务筹划。

委托加工应税消费品和自行加工应税消费品的计税依据是不同的。对于委托加工的应税消费品，其计税依据为受托方同类产品的销售价格或者组成计税价格。而自行加工的应税消费品，其计税依据为产品对外销售的价格。而一般情况下委托方在收回委托加工的消费品之后，会以高于成本价的价格对外出售以获得利润，因此委托加工的应税消费品的税负要低于自行加工应税消费品的税负。另外，如果纳税人选择委托加工方式，可以选择直接委托加工成最终的成品消费品，收回后直接对外销售，也可以选择委托加工成半成品，收回后继续加工成最终的成品消费品然后再对外销售。这两种方式下企业的税负水平也是不一样的，一般来说在加工原料成本相同、最终售价相同时，直接委托加工成最终的成品消费品税负水平要低一些。

[例 3-17] 某国有大型的卷烟生产企业，于 2013 年 8 月份接到一笔订单，生产甲类卷烟 5 000 箱，金额 8 000 万元。为生产该批卷烟，企业买进一批价值为 1 000 万元的烟叶。企业给出了三种方案生产这批卷烟，一是企业自行生产，全部卷烟生产自行完成；二是委托 A 卷烟厂将烟叶加工成烟丝，协议加工费为 700 万元，收回烟丝后该企业继续将烟丝加工成甲类卷烟，加工费共计 1 700 万元；三是委托 A 卷烟厂直接将烟叶加工成甲类卷烟，加工费共计 1 800 万元，加工完成后收回甲类卷烟直接对外销售。试通过税务筹划判定该企业应该选择哪种方式生产该批产品。其中：甲类卷烟的消费税税率为 56%加 0.003 元/支。假定不考虑其他相关税费，分析过程如下：

甲类卷烟的定额消费税税率＝0.003×20×10×250＝150（元/箱）

如果采用方案一：

应纳消费税税额＝8 000×56%+5 000×150÷10 000＝4 555（万元）

如果采用方案二：

支付受托方代扣代缴的消费税税额＝（1 000＋700）÷（1-30%）×30%
$$＝728.57（万元）$$

该企业销售卷烟后应纳消费税税额＝8 000×56%+5 000×150÷10 000
$$-728.57$$
$$＝3 826.43（万元）$$

应纳消费税税额共计＝728.57＋3 826.43＝4 555（万元）

如果采用方案三：

应纳消费税税额＝（1 000＋1 800＋5 000×150÷10 000）÷（1-56%）×56%+5 000×150÷10 000＝3 734.09（万元）

三种方案相比较，方案三的税负最轻，给企业带来的利润最大，所以应选择方案三。

需要注意的一点是，方案一和方案二相比，二者的税负是相同的，均为 4 555 万元。但是，在方案一的情况下，消费税的应税行为发生在销售应税消费品环节，相较于方案二纳税时间递延，相对降低了税负水平，因此二者相比，方案一要优于方案二。

（三）包装物及其押金的税务筹划

在一般产品的销售活动当中，经常会有包装物随同产品销售的情况。按照规定，对于从价定率的应税消费品，如果是连同包装一起销售的，无论包装物是否单独计价，也不论会计上如何核算，一律并入销售额征收消费税；如果包装物不作价销售而是收取押金，那么该项押金则不应并入销售额中征收消费税。但如果是包装物逾期未收回不再退还的押金或者已收取的时间超过 12 个月的押金，则应并入销售额，按照消费品的适用税率缴纳消费税。如果纳税人想在包装物上节省消费税，关键是包装物不随同产品销售而是收取押金，同时押金必须要在规定时间内收回，才可以不并入销售额征税。

[例 3-18] 天津某日化厂 2013 年销售 1 000 套化妆品，每套化妆品价值 300元，每套化妆品的包装物价值 20 元。化妆品的消费税税率为 30%。如果包装物随同产品销售，则其销售额为 320 元/套，则应纳消费税税额＝320×1 000×30%＝96 000（元）。如果采用收取包装物押金的形式进行销售，假设 12 个月之内全部收回，则应纳消费税税额＝300×1 000×30%＝90 000（元）。因此，后者可以节省消费税 6 000 元。

【课堂测试 3-4】

甲酒厂于 2013 年 2 月生产加工一批白酒，共计 150 万斤，价值 200 万元。为生产该批白酒，酒厂买进了价值为 100 万元的粮食。该酒厂可以选择三种加工方式：一是全部由企业自行生产完成；二是委托乙酒厂将粮食加工成散装白酒，协议加工费为 40 万元，收回后继续加工成瓶装白酒，加工费 20 万元；三是委托乙酒厂直接加工成瓶装白酒，加工费共计 60 万元，加工完成后收回直接对外销售。白酒的消费税税率为 20%加 0.5 元/斤，假定不考虑其他相关税费，试判断甲酒厂应选择哪种加工方式？

本章小结

消费税是一个非常重要的流转税，它是在普遍征收增值税的基础之上有针对性地选择了一些特定的消费品进行征收的一种税。和增值税不同，消费税属于价内税，即其计税基础包括消费税本身，具有单一环节征收的特点。消费税的征税环节主要有生产、委托加工和进口等。消费税的税目包括烟、酒及酒精、化妆品、贵重首饰及珠宝玉石等 13 个，其税率形式有比例税率和定额税率两种。消费税税额的计算方法主要有从价计征、从量计征和复合计征三种方法。此外关于消费税税额计算的一些特殊情况要注意，如自产自用应税消费品税额的计算、委托加工应税消费品税额的计算、进口应税消费品税额的计算以及已纳消费税税额的扣除等。消费税的会计核算主要设置"应交税费——应交消费税"、"营业税金及附加"等账户，要会进行生产销售、视同销售、委托加工、进出口应税消费品等相关的会计处理。消费税的计算缴纳主要取决于纳税人的选定、税率的高低及计税依据的大小等因素，因此消费税的税务筹划方法主要有纳税人的税务筹划、计税依据的税务筹划，如兼营行为计税依据的税务筹划、选择合理的加工方式、包装物的税务筹划等。

篇后案例

消费税调整会不会加重消费者负担？

"一支口红的消费税率是游艇的 3 倍"，这是很多消费者并不清楚的事实，也成为我国消费税税率不合理的一个典型例证。而来自财政部门的最新消息表明，这种状况有望随着消费税改革的推进而改变。

财政部日前向全国人大常委会预算工委通报关于贯彻落实十二届全国人大一次会议预算决议和履行政府三项承诺时表示，继续研究将部分过度消耗资源、严重污染环境的产品和部分高档消费品纳入消费税的征税范围，研究调整消费税税率结构、征税环节。财政部财政科学研究所所长贾康在此前接受媒体采访时也表示，有关管理部门正在设计消费税改革方案，以节能降耗为取向的消费税改革措施年内应该会出台。

在目前消费税的税目和税率中，化妆品类目下的口红要缴纳 30%的消费税，而少数人购买的游艇却只需缴纳 10%的消费税。这种税率显然不能起到消费税"调节产品结构，引导消费方向，保证国家财政收入"的作用。这也是消费税调整需要解决的问题之一。

"消费税属于特殊商品税，对于引导消费行为以及调节收入分配差距具有一定作用。"公共管理学院博士、甘肃国家税务局朱志钢说，"一方面，鼓励人们更加健康地生活和消费，实现经济社会可持续发展。另一方面，对高档消费品和高消费行为征税，使高收入者负担更多税收，一定程度上达到调节收入分配的作用。"中国人民大学公共管理学院地方财政研究中心主任崔军也赞同这种说法。他认为，消费税税负将更多地由购买消费税课税对象产品的富人承担，如果征税对象的范围合理，居民基本生活用品不会承担消费税税负。"消费税征税对象不仅要'往外拿'，更多的是'往里放'。"除了化妆品等少数商品应"拿"出来，从税目中除名外，也要考虑将另一些商品"放"进消费税税目里。崔军认为，随着经济社会的发展，更多的"特殊商品"应被纳入消费税的征收范围。其中包括"双高"（即高耗能、高污染）产品、奢侈品和日渐繁荣的服务业提供的一些服务。

思考：结合所学知识，你认为普通化妆品是否应该承受高税负？是否应该提高奢侈品的消费税？

资料来源：中国青年报

2013-8-7

核心概念

消费税（consumption tax）

价内税（tax included in price）

从价定率（the rate on value）

从量定额（the amount on volume）

复合计征（composite levied）

自产自用（self-produced and self-uesd）

组成计税价格（composite assessable price）

委托加工（sub-contracted for processing）

思考题

1. 简述消费税的特点。
2. 简述消费税的征税范围。
3. 简述消费税的三种计税方法。
4. 举例说明委托加工应税消费品缴纳消费税的会计核算。
5. 消费税的税务筹划方法有哪些？

练习题

一、单项选择题

1. 下列选项当中，不属于消费税纳税人的是（　　　）。
   A. 鞭炮烟火的生产企业　　　　B. 委托加工化妆品的委托方
   C. 携带卷烟入境的携带者　　　D. 金银首饰的生产企业
2. 下列选项当中，应征消费税的是（　　　）。
   A. 啤酒屋销售的自制扎啤　　　B. 土杂商店出售的烟火鞭炮
   C. 黄河牌卡车　　　　　　　　D. 销售使用过的小轿车

3. 下列选项当中，属于"小汽车"税目的是（   ）。

    A. 卡丁车   B. 中轻型商用客车

    C. 电动汽车   D. 大客车

4. 下列选项中，采用复合计税办法的是（   ）。

    A. 成品油   B. 高档手表

    C. 雪茄烟   D. 白酒

5. 下列关于包装物押金的说法不正确的是（   ）。

    A. 从价定率应税消费品连同包装物一起销售，包装物应并入销售额征税

    B. 应税消费品包装物是采用收取押金的形式，包装物应并入销售额征税

    C. 包装物逾期未收回不再退还的包装物押金，应并入销售额征税

    D. 酒类产品（啤酒、黄酒除外）的包装物，均应并入销售额征税

6. 某汽车轮胎厂为增值税一般纳税人，2013 年 8 月该厂将生产的一批汽车轮胎零售，取得含税销售额 77.22 万元。汽车轮胎的消费税税率为 10%，该项业务应缴纳的消费税额为（   ）。

    A. 5.13 万元   B. 6 万元

    C. 6.60 万元   D. 7.72 万元

7. 某啤酒厂销售甲类啤酒 20 吨给副食品公司，开具增值税专用发票，并收取价款 58 000 元，收取包装物押金 3 000 元；销售乙类啤酒 10 吨给宾馆，开具增值税普通发票，并收取价款 32 760 元，收取包装物押金 1 500 元。那么，该啤酒厂应缴纳的消费税是（   ）元。

    A. 5 000 元   B. 6 600 元

    C. 7 200 元   D. 7 500 元

8. 下列选项中，应当视为销售缴纳消费税的有（   ）。

    A. 将外购已税产品继续加工成应税消费品

    B. 将委托加工收回的应税消费品继续加工成应税消费品

    C. 自产应税消费品用于继续加工成应税消费品

    D. 自产应税消费品用于向外单位投资

9. 某纳税人自产一批化妆品用于本企业职工福利，没有同类产品销售价格，需按照组成计税价格计算交纳消费税。则其组成计税价格为（   ）。

    A.（材料成本+加工费）/（1-消费税税率）

    B.（成本+利润）/（1-消费税税率）

C. （材料成本+加工费）/（1+消费税税率）

D. （成本+利润）/（1+消费税税率）

10．下列选项中，外购的消费品已缴纳的消费税可以从本企业应纳消费税税额中扣除的有（　　　）。

A. 卷烟厂用外购的已税烟丝生产的卷烟

B. 汽车生产企业外购的已税汽车轮胎生产的小汽车

C. 酒厂外购已税酒精生产的白酒

D. 以外购已税溶剂油为原料生产的溶剂油

二、多项选择题

1．下列选项当中，（　　　）属于消费税的征税范围。

A. 生产应税消费品　　　　　　　　B. 委托加工应税消费品

C. 零售应税消费品（仅限金银首饰）　D. 进口应税消费品

2．下列选项当中，既征收消费税又征收增值税的环节有（　　　）。

A. 白酒的批发环节　　　　　　　　B. 化妆品的零售环节

C. 卷烟的批发环节　　　　　　　　D. 金银首饰的零售环节

3．用定额税率从量定额征收消费税的项目有（　　　）。

A. 黄酒　　　　　　　　　　　　　B. 木质地板

C. 烟丝　　　　　　　　　　　　　D. 成品油

4．啤酒屋自制销售的啤酒，应征收（　　　）。

A. 增值税　　　　　　　　　　　　B. 消费税

C. 营业税　　　　　　　　　　　　D. 城建税

5．下列选项中，关于消费税纳税地点的说法正确的有（　　　）。

A. 纳税人生产销售应税消费品，应当向纳税人机构所在地的主管税务机关申报纳税

B. 纳税人自产自用应税消费品，应当向纳税人机构所在地的主管税务机关申报纳税

C. 纳税人委托加工应税消费品，应当向委托方所在地主管税务机关申报纳税

D. 纳税人进口应税消费品，应当向报关地海关申报纳税。

6．下列不同用途的应税消费品应纳消费税的有（　　　）。

A. 用自产应税消费品用于投资

B. 用自产应税消费品用于集体福利的

C. 用委托加工收回的应税消费品（受托方已代收代缴消费税）连续生

产应税消费品后销售的

D. 用委托加工收回的应税消费品（受托方已代收代缴消费税）直接销售的

7. 从价定率计征消费税时，销售额中应包括（　　）。

A. 价款 B. 价外费用

C. 增值税 D. 消费税

8. 某啤酒厂销售啤酒不含增值税价格为 2 850 元/吨，同时规定每吨另收取优质服务费 100 元，手续费 40 元，单独核算包装物押金 50 元（押金期限 3 个月），则该企业应缴纳的增值税和消费税是（　　）。

A. 每吨增值税计税销售额 3 012.39 元

B. 每吨增值税计税销售额 2 969.66 元

C. 每吨消费税计税销售额 3 012.39 元

D. 每吨消费税计税销售额 2 969.66 元

9. 下列关于应税消费品销售数量的说法正确的有（　　）。

A. 销售应税消费品的，为应税消费品的销售数量

B. 自产自用应税消费品的，为应税消费品的移送使用数量

C. 委托加工应税消费品的，为纳税人收回的应税消费品数量

D. 进口的应税消费品，为海关核定的应税消费品进口征税数量

10. 下列各项中符合委托加工应税消费品消费税处理规定的是（　　）。

A. 受托方未代收代缴的，由委托方补缴

B. 受托方无同类消费品销售价格的，应按（材料成本＋加工费）÷（1－消费税税率）计算

C. 委托方收回后直接出售的应税消费品，受托方在交货时已代收代缴消费税的，不再征收消费税

D. 委托方收回后直接出售的应税消费品，受托方在交货时已代收代缴消费税的，应征收消费税

三、判断题

1. 金银首饰应在生产销售环节缴纳消费税。（　　）

2. 卷烟批发企业销售卷烟给某超市，应征收两道消费税。（　　）

3. 量贩式 KTV 啤酒屋利用啤酒生产设备生产的啤酒，不缴纳消费税。（　　）

4. 农用拖拉机的专用轮胎，不缴纳消费税。（　　）

5. 消费税税目中采用复合计税方法的只有白酒和卷烟。（　　）

6．纳税人采取预收货款结算方式的，纳税义务发生时间为收到货款的当天。（　　）

7．销售白酒而收取的包装物押金，不需并入销售额计算缴纳消费税。（　　）

8．化妆品厂将其产品作为样品赠送客户，应视同销售处理，计算缴纳消费税。（　　）

9．某汽车厂用外购已税轮胎生产小汽车，外购轮胎缴纳的消费税允许抵扣。（　　）

10．有出口经营权的外贸企业，购进应税消费品直接出口的，出口免税不退税。（　　）

四、计算题

1．某化妆品生产企业为增值税一般纳税人。2013 年 3 月 16 日向甲公司销售化妆品一批，开具专用发票，取得不含税销售额为 100 000 元，增值税税额为 17 000 元。3 月 25 日向乙公司销售化妆品一批，开具增值税普通发票，取得含税销售额 23 400 元。试计算该企业 2013 年 3 月份应纳消费税税额。

2．某酒厂 6 月销售白酒 3 000 公斤，每公斤 50 元，开具增值税专用发票，另收取包装物押金 1 000 元，当月收回包装物并退回押金；销售甲类啤酒 20 吨给副食品公司，开具增值税专用发票，收取价款 58 000 元，收取包装物押金10 000 元。试计算该企业应纳消费税税额。

3．某卷烟厂委托某烟丝加工厂（小规模纳税人）加工一批烟丝，卷烟厂提供的烟叶在委托加工合同上注明成本 80 000 元。烟丝加工完毕卷烟厂提货时，加工厂收取加工费，开具普通发票上注明金额 12 870 元，并代收代缴了烟丝的消费税。卷烟厂将这批加工收回的烟丝 50%对外直接销售，收入 65 000 元；其余 50%当月全部用于生产甲类卷烟 40 标准箱，本月全部对外销售并取得不含税收入 600 000 元。试计算该企业应纳消费税税额。

4．某外贸公司进口一批小轿车，经海关审定的关税完税价格折合人民币800 万元，关税税率假定为 25%，消费税税率 9%。则进口环节小轿车应缴纳的消费税税额是多少？

五、核算题

1．甲公司为增值税一般纳税人，主营业务为生产并销售粮食白酒。8 月销售粮食白酒 6 000 斤，开具专用发票，共收取销售额 400 000 元，增值税税额68 000 元。计算该公司应缴纳的消费税，并作销售业务相应的会计处理。

2．甲公司为增值税一般纳税人，2011 年 3 月 1 日委托乙公司加工一批化妆品，发出原材料 48 000 元，支付加工费 20 000 元和增值税 3 400 元，乙公司代收代缴消费税 30 000 元。（1）3 月 20 日收到加工化妆品并用银行存款支付加工费和消费税，收回后直接对外销售取得不含税销售额 120 000 元，试做出甲公司相关的会计处理；（2）如果加工收回后全部于当月用于连续生产高质化妆品，并取得不含税销售额为 180 000 元。试做出甲公司相关的会计处理。

六、筹划题

双宜公司委托华翔公司将一批价值 60 万元的原料加工成甲产品，加工费 20 万元。双宜公司将甲半成品收回后继续加工成乙产成品，发生加工成本 55 万元。该批产品售价 720 万元。甲半成品消费税税率为 30%，乙产成品消费税税率 40%。如果双宜公司将购入的原料自行加工成乙产成品，加工成本共计 180 万元。

要求：分析企业选择哪种加工方式更有利？

第四章 营业税会计及筹划

营业税是除增值税、消费税之外的又一个重要的流转税。我国的增值税和营业税在征收范围上具有互补性,且两税不交叉征收,因此在学习过程中应该清楚某一项劳务或者货物应该是征收增值税还是营业税。本章主要介绍营业税相关的基本规定,如征税范围、纳税人、税目税率、优惠政策、征收管理等,营业税税额的计算,营业税的会计核算以及营业税税务筹划等相关内容。通过本章的学习,了解营业税的概念及特点,熟悉营业税相关税制要素的基本内容,理解并掌握营业税税额的计算方法,掌握营业税会计科目的设置以及核算方法,掌握营业税税务筹划的基本方法。

篇前案例

餐馆提供餐饮服务应缴纳什么税?

在 2007 年 7 月份北京市丰台区税务局组织了一次税务稽查的专项检查。检查过程中,稽查人员查出丰台区某餐饮企业隐瞒未申报纳税的营业收入共计 53.85 万元。该餐馆因此补缴各项税款连同滞纳金、罚款共计 36 000 余元。

据稽查人员介绍,该餐馆于 2006 年 4 月办理工商登记,截至 2006 年年底,共申报营业收入 923.91 万元。在检查过程中,稽查人员发现该餐馆所有开具发票的营业额都已足额计入了营业收入,但是在检查结账单时发现,该餐馆是使用点菜软件系统为客人点菜的。于是稽查人员调取了软件中的有关数据。稽查人员发现,该餐厅所有的经营流水数据都记录在点菜软件中,软件中记载的营业额为 977.76 万元,而这个数字与该餐厅所申报的营业收入 923.91 万元之间存在 53.85 万元的巨大差额。在事实面前,餐馆不得不承认点菜软件记录数据的真实性。由于这些未开具发票的收入和签单收入并没有被计入收入账簿,造成该餐馆少缴税。据了解,近年来,北京市的很多高档饭店、酒楼都使用了点菜软件。

请思考:餐馆提供餐饮服务应该缴纳什么税?如何缴税?本章的学习过程将为大家讲解相关内容。

营业税曾经是世界各国普遍征收的一个税种，我国目前正处于营业税改征增值税的过渡阶段。我国现行的营业税法的基本规范，是 2008 年 11 月 5 日国务院第 34 次常务会议修订通过的《中华人民共和国营业税暂行条例》和 2008 年 12 月 15 日财政部、国家税务总局第 52 号令发布的《中华人民共和国营业税暂行条例实施细则》。营业税是以在我国境内提供应税劳务、转让无形资产或销售不动产所取得的营业额为课税对象而征收的一种商品与劳务税。我国的营业税和增值税的征税范围具有互补性且不交叉征收，也就是说营业税的应税劳务是除加工修理修配劳务（征收增值税）以外的劳务，应税货物是除有形动产（征收增值税）以外的无形资产以及有形不动产。

为解决货物和劳务税中的重复征税问题，进一步完善我国的税收制度，经国务院研究决定，从 2012 年 1 月 1 日起，选择交通运输业①和部分现代服务业等行业开展营业税改征增值税的试点。营业税改征增值税自 2012 年 1 月 1 日开始在上海市试点，2012 年 9 月试点范围自上海市扩大至北京、天津、江苏、安徽、浙江、福建、湖北、广东等 8 个省市，自 2013 年 8 月 1 日起，在全国范围内开展交通运输业和部分现代服务业的"营改增"试点。自 2014 年 1 月 1 日起，在全国范围内开展铁路运输业和邮政业的"营改增"试点。本部分内容在第二章《增值税会计及税务筹划》当中已经讲述，这里不再赘述。

我国的营业税具有如下特点：

（1）营业税的计税依据一般为营业额全额。营业税属于传统的商品劳务税，其税额的多少取决于营业额的大小，不受成本、费用的影响，因此对于保证国家财政收入的稳定具有非常重要的意义。

（2）按照行业来设置税目和税率，且总体税负较轻。目前，我国营业税实行普遍征收，现行的营业税征税范围是增值税征收范围之外的所有经营业务。从总体上来看，我国的营业税税率设计水平较低，多数实施 3% 和 5% 的税率。同时，不同的行业其盈利水平不同，因此在税率设计上，不同行业适用不同的税率，同一行业适用相同税率，从而体现税负公平的原则，鼓励各行业公平竞争。

（3）营业税征收管理简单易行，便于管理。营业税的征税范围明确，税率档次较少、计税依据易于确定，一般以营业额全额作为计税依据，实行比例税率，因此营业税税额随着营业收入的实现而实现，征收管理简单易行。

---

① 根据规定，2012 年交通运输业营改增的范围包括陆路运输服务、水路运输服务、航空运输服务、管道运输服务。暂不包括铁路运输。

（4）营业税是一种价内税。也就是说营业税是包含在商品劳务的价格当中，是价格的重要组成部分。

第一节　营业税税制要素

一、纳税人

（一）纳税义务人

营业税的纳税义务人是指在我国境内提供应税劳务、转让无形资产或者销售不动产的单位和个人。这里的单位是指企业单位、行政单位、事业单位、军事单位、社会团体及其他单位；个人是指个体工商户以及其他有经营行为的个人。关于营业税的纳税义务人，需要注意以下几点：

1. 我国境内，指的是税收行政管辖权的区域。具体情况可分为：提供或者接受应税劳务的单位或者个人在我国境内；所转让的无形资产（土地使用权除外）的接受单位或者个人在我国境内；所转让或者出租土地使用权的土地在我国境内；所销售或者出租的不动产在我国境内。

2. 营业税的应税劳务是指包括建筑业、金融保险业、邮电通信业（邮政业除外）、文化体育业、娱乐业、服务业（现代服务业除外）在内的劳务。需要注意的是，加工和修理修配劳务属于增值税的征税范围，而不属于营业税的应税劳务；单位聘用的员工为本单位提供的劳务，也不属于营业税的应税劳务。

3. 这里的提供应税劳务、转让无形资产或者销售不动产的行为是有偿的，即取得货币、货物或者其他经济利益。

此外，关于营业税的纳税义务人，税法还作出了如下的特殊规定：

1. 单位以承包、承租、挂靠方式经营的，承包人、承租人、挂靠人（以下统称承包人）发生应税行为，承包人以发包人、出租人、被挂靠人（以下统称发包人）名义对外经营并由发包人承担相关法律责任的，以发包人为纳税人；否则以承包人为纳税人。

2. 建筑安装业务实行分包或转包的，分包或转包者为纳税人。

3. 金融保险业纳税人包括：银行（包括人民银行、商业银行、政策性银行）、信用合作社、证券公司、金融租赁公司、证券基金管理公司、财务公司、信托投资公司、证券投资基金、保险公司以及其他经中国人民银行、中国证监会、中国保监会批准成立且经营金融保险业务的机构等。

（二）扣缴义务人

为加强税源控制，减少税收流失，税法还规定了扣缴义务人，营业税的扣缴义务人主要有以下两种情形：

1．境外的单位或者个人在境内发生应税行为，但是在境内未设有经营机构的，以其境内代理人为扣缴义务人；如果在境内没有代理人的，则以受让方或者购买方为扣缴义务人。

2．非居民企业在境内发生营业税的应税行为，且在中国境内设立经营机构的，自行申报缴纳营业税。在境内未设立经营机构的，则以其代理人为扣缴义务人；没有代理人的以发包方、劳务受让方或购买方为扣缴义务人。

3．国务院财政、税务主管部门规定的其他扣缴义务人。

二、征税范围

（一）征税范围的基本规定

营业税的征税范围是指在我国境内有偿提供应税劳务、转让无形资产或者销售不动产的行为。这里关于"境内"的界定、营业税应税劳务的范围、"有偿"的界定如前所述。其中：

1．营业税的应税劳务主要包括：

（1）建筑业。建筑业是指建筑安装工程作业等，征税范围具体包括建筑、安装、修缮、装饰和其他工程作业等多项内容。需要注意的是，自建自用建筑物，其自建行为不属于营业税的征税范围；自建建筑物用于出租或投资入股，也不属于营业税的征税范围；将自建建筑物对外销售，涉及建筑业和销售不动产两个应税行为，应先按建筑业计算缴纳营业税，再按照销售不动产计算缴纳营业税。

（2）金融保险业。金融保险业征税范围主要包括金融业和保险业。金融业的征税范围具体包括贷款、金融商品转让、信托业、金融经纪业和其他金融业务。目前，有形动产的融资租赁业务已纳入营改增范围，不属于营业税的征税范围。保险业的征税范围主要包括各种保险业务，但是对保险业取得的追偿款不征收营业税。

（3）邮电通信业。邮电通信业征税范围主要包括电信业以及提供与电信相关的劳务，比如电话安装、电信物品销售以及其他电信业务等。目前，邮政业已纳入营改增范围，不属于营业税的征税范围。

（4）文化体育业。文化体育业征税范围主要包括文化业和体育业。其中：文化业是指经营文化活动的业务，如表演、举办文学、艺术、科技讲座、图书馆的图书和资料借阅业务等；体育业是指举办各种体育比赛和为体育比赛或体育活动提供场所的业务。

（5）娱乐业。娱乐业是指为娱乐活动提供场所和服务的业务，包括经营歌厅、舞厅、卡拉 OK 歌舞厅、音乐茶座、台球、高尔夫球、保龄球场、网吧、游艺场等娱乐场所，以及娱乐场所为顾客进行娱乐活动提供服务的业务。娱乐场所为顾客提供的饮食服务及其他各种服务也按照娱乐业征税。

（6）服务业。服务业是指纳税人利用设备、工具、场所、信息或者技能为社会提供服务的业务。具体包括：代理业、旅店业、饮食业、旅游业、租赁业及其他服务业。目前，包括研发和技术服务、信息技术服务、文化创意服务、辅助物流服务、有形动产租赁服务、鉴证咨询服务、广播影视服务等在内的现代服务业，已纳入营改增范围，不再属于营业税的征税范围。

需要注意的是：代理业中，电脑福利彩票投注点代销福利彩票取得的任何形式的手续费收入，应该照章纳税；金融经纪业务不属于本税目，按"金融保险业"税目征收营业税；纳税人从事无船承运业务，应按照本税目征收营业税；旅游业中，单位和个人在旅游景点经营旅游游船、索道、观光电梯（电车）等取得的收入，应该按"服务业——旅游业"税目征收营业税。

2. 转让无形资产。转让无形资产是指转让无形资产的所有权或使用权的行为。其征税范围包括转让土地使用权、转让自然资源使用权、转让商标权、转让专利权、转让非专利技术、出租电影拷贝、转让著作权和转让商誉等。凡是没有在本税目征税范围内列举的无形资产转让，暂不按本税目征收营业税。

以无形资产投资入股，参与接受投资方的利润分配、共同承担投资风险的行为，以及在投资后转让其股权的，均不征收营业税。

目前，在全国范围内，转让专利或者非专利技术的所有权或使用权，以及转让商誉、商标，均已纳入营改增范围，二者均属于现代服务业。其中，前者是按照"研发和技术服务"征收营业税，后者是按照"文化创意服务"征收营业税。

3. 销售不动产。销售不动产是指有偿转让不动产所有权的行为，包括销售建筑物或构筑物、销售其他土地附着物。对于在销售不动产时连同不动产所占土地的使用权一并转让的行为，比照销售不动产征收营业税。

以不动产投资入股，参与接受投资方利润分配、共同承担投资风险的行为，以及在投资后转让其股权的，均不征收营业税。

（二）征税范围的特殊规定

营业税征税范围的特殊规定主要包括：

1. 视同发生应税行为。纳税人有下列情形之一的，应视同发生应税行为，按规定征收营业税：单位或者个人将不动产或者土地使用权无偿赠送其他单位或者个人；单位或者个人自己新建建筑物后对外销售，其自建行为视同发生应税行为；财政部、国家税务总局规定的其他情形。

2. 混合销售行为。如果一项销售行为既涉及营业税的应税劳务又涉及增值税的货物销售，且涉及应税劳务和货物的销售之间存在直接联系或从属关系，则为混合销售行为。从事货物的生产、批发或零售的企业、企业性单位及个体经营者的混合销售行为，视为销售货物，缴纳增值税，而不征收营业税；其他单位和个人的混合销售行为，视为提供应税劳务，应当征收营业税，而不缴纳增值税。比如卡拉 OK 歌舞厅在提供娱乐服务的同时，销售烟酒饮料及零食，应缴纳营业税。纳税人的销售行为是否属于混合销售行为，由国家税务总局所属征收机关确定。

但需注意，如果是纳税人在从事建筑业劳务的同时销售自产货物的行为，以及财政部、国家税务总局规定的其他情形，应当分别核算营业税应税劳务的营业额和增值税货物的销售额，分别缴纳营业税和增值税；未分别核算的，则由税务机关核定其应税劳务的营业额。

3. 兼营行为。兼营行为分两种情形：一是兼营不同营业税税目的应税行为，按规定肯定应缴纳营业税；二是兼营营业税应税劳务与货物或非应税劳务的行为，且二者之间并无直接的联系或从属关系，应分别核算应税劳务的营业额和货物或非应税劳务的销售额，其应税劳务营业额应缴纳营业税，货物或非应税劳务销售额则缴纳增值税；未分别核算的，由主管税务机关核定其应税行为营业额。比如，酒店在提供住宿服务的同时，还设有商品销售部，那么按照规定提供住宿服务的营业额应缴纳营业税，而商品销售部的销售额则应缴纳增值税。

表 4-1　营业税和增值税征税范围的划分

项目	营业税征税范围	增值税征税范围
资产类	转让无形资产、销售不动产	销售或进口的货物（有形动产）
劳务类	建筑业、金融保险业、邮电通信业、文化体育业、娱乐业及服务业（现代服务业除外）等 7 类	加工修理修配劳务、交通运输业、部分现代服务业

三、税率

营业税的税率设计按照行业、类别的不同分别采用不同的比例税率。营业税各行业的税率详见表 4-2。

表 4-2　营业税的税率表

序　号	税　目	税　率
1	建筑业	3%
2	金融保险业	5%
3	邮电通信业	3%
4	文化体育业	3%
5	娱乐业	5%-20%
6	服务业	5%
7	转让无形资产	5%
8	销售不动产	5%

注：娱乐业执行的 5%—20%的幅度税率，具体适用的税率由各省、自治区、直辖市人民政府根据当地的实际情况在税法规定的幅度内决定。

四、税收优惠

为贯彻执行国家相关政策，税法对营业税作出了减免税的相关规定。具体如下：

（一）起征点

对于个人经营营业税应税项目的，营业税规定了起征点。如果纳税人的营业额低于起征点则免予征收营业税，营业额达到或者超过规定的起征点即照章全额计算缴纳营业税。为了贯彻落实国务院关于支持小型和微型企业发展的要求，自 2011 年 11 月 1 日起，税法规定的起征点如下：

1. 按期纳税的（除另有规定外）为月营业额 5 000—20 000 元；

2. 按次纳税的（除另有规定外）为每次（日）营业额 300—500 元。

各省、自治区、直辖市人民政府所属地方税务机关可以在规定的幅度内，根据当地实际情况确定本地区适用的起征点，并报财政部、国家税务总局备案。

（二）免征营业税的一般规定

根据《营业税暂行条例》的规定，下列项目免征营业税：

1. 托儿所、幼儿园、养老院、残疾人福利机构提供的育养服务、婚姻介绍、殡葬服务。

2. 残疾人员个人为社会提供的劳务。

3. 学校和其他教育机构提供的教育劳务，学生勤工俭学提供的劳务。学校和其他教育机构是指普通学校以及经地、市级以上人民政府或者同级政府的教育行政部门批准成立、国家承认其学员学历的各类学校。

4．农业机耕、排灌、病虫害防治、植保、农牧保险以及相关技术培训业务，家禽、牲畜、水生动物的配种和疾病防治。

5．纪念馆、博物馆、文化馆、美术馆、展览馆、书画院、图书馆、文物保护单位举办文化活动的门票收入，宗教场所举办文化、宗教活动的门票收入。

（三）减免营业税的其他规定

根据国家的其他规定，下列项目减征或免征营业税：

1．保险公司开展的一年期以上返还性人身保险业务的保费收入免征营业税。这里的返还性人身保险业务是指保期一年及一年以上的，到期返还本利的普通人寿保险、养老金保险、健康保险。

2．个人转让著作权，免征营业税。

3．将土地使用权转让给农业生产者用于农业生产，免征营业税。

4．对住房公积金管理中心用住房公积金在指定的委托银行发放个人住房贷款取得的收入，免征营业税。

5．对按政府规定价格出租的公有住房和廉租住房暂免征收营业税；对个人按市场价格出租的居民住房，暂按3%的税率征收营业税。

6．对经营公租房所得的租金收入，免征营业税。

7．中国人民银行对金融机构的贷款业务，不征收营业税。中国人民银行对企业贷款或委托金融机构贷款的业务应当征收营业税。金融机构往来业务暂不征收营业税。

8．对于个人向他人无偿赠与不动产、土地使用权的，属于下列情形之一的，暂免征收营业税：离婚财产分割；无偿赠与配偶、父母、子女、祖父母、外祖父母、孙子女、外孙子女、兄弟姐妹；无偿赠与对其承担直接抚养或者赡养义务的抚养人或者赡养人；房屋产权所有人死亡，依法取得房屋产权的法定继承人、遗嘱继承人或者受遗嘱人。

9．在中华人民共和国境内单位或者个人在中华人民共和国境外提供建筑业、文化体育业（除播映）劳务暂免征收营业税。

10．对于个人（包括个体工商户及其他个人）从事外汇、有价证券、非货物期货和其他金融商品买卖业务取得的收入暂免征收营业税。

11．为进一步扶持小微企业发展，经国务院批准，自2013年8月1日起，对营业税纳税人中月营业额不超过2万元的企业或非企业性单位，暂免征收营业税。

五、申报与缴纳

（一）纳税义务发生时间

1．纳税义务发生时间的一般规定：

营业税的纳税义务发生时间，为纳税人收讫营业收入款项或者取得索取营业收入款项凭据的当天。一般情况下为书面合同所确定的付款日期的当天，如果未签订书面合同或者书面合同未确定付款日期的，则应为其应税行为完成的当天。

2．纳税义务发生时间的具体规定：

（1）采用预收款形式的纳税义务发生时间：转让土地使用权或者销售不动产，采用预收款方式的，其纳税义务发生时间为收到预收款的当天；纳税人提供建筑业或者租赁业劳务，采取预收款方式的，其纳税义务发生时间为收到预收款的当天。

（2）纳税人自己新建建筑物后对外销售，其自建行为的纳税义务发生时间，为其销售自建建筑物并收讫营业额或者取得索取营业额凭据的当天。

（3）纳税人将不动产或者土地使用权无偿赠送给其他单位或者个人的，其纳税义务发生时间为不动产所有权或者土地使用权转移的当天。

（4）会员费、席位费和资格保证金纳税义务发生时间为会员组织收讫会员费、席位费、资格保证金和其他类似费用款项或者取得索取这些款项凭据的当天。

（5）金融经纪业和其他金融业务以及保险业务的纳税义务发生时间，为取得相应的营业收入（租金收入、保费收入等）或者取得索取营业收入价款凭据的当天。

（6）金融商品转让业务的纳税义务发生时间，为金融商品所有权转移之日。

（7）电信部门销售有价电话卡的纳税义务发生时间，为售出电话卡并取得售卡收入或取得索取售卡收入凭据的当天。

（8）扣缴税款义务发生时间为扣缴义务人代纳税人收讫营业收入款项或者取得索取营业收入款项凭据的当天。

（二）纳税期限

根据现行的《营业税暂行条例》，营业税的纳税期限分别为 5 日、10 日、15 日、1 个月或者 1 个季度。纳税人的具体纳税期限，由主管税务机关根据纳税人应纳税额的大小分别进行核定；不能按照固定期限纳税的，可以按次纳税。

纳税人以 1 个月或以 1 个季度为一个纳税期的，自期满之日起 15 日内申报纳税；以 5 日、10 日或者 15 日为一个纳税期的，自期满之日起 5 日内预缴税款，于次月 1 日起至 15 日内申报纳税并结清上月应纳税款。

扣缴义务人的解缴税款期限，比照上述规定执行。

银行、财务公司、信托投资公司、信用社、外国企业常驻代表机构的纳税期限为 1 个季度。自纳税期满之日起 15 日内申报纳税。

保险业的纳税期限为 1 个月。

（三）纳税地点

原则上，营业税采取属地征收的方法，也就是说纳税人应该在其经营行为发生地按规定缴纳营业税。具体规定如下：

（1）纳税人提供应税劳务，应当向其机构所在地或居住地的主管税务机关申报纳税。

（2）纳税人转让土地使用权，应当向土地所在地的主管税务机关申报纳税；纳税人转让其他无形资产，应当向其机构所在地或者居住地的主管税务机关申报纳税。

（3）纳税人出租土地使用权、不动产，应当向土地、不动产所在地的主管税务机关申报纳税；纳税人出租物品、设备等动产，应当向出租单位机构所在地或个人居住地的主管税务机关申报纳税。

（4）纳税人销售不动产，应当向不动产所在地的主管税务机关申报纳税。

（5）在中华人民共和国境内的电信单位提供电信业务的营业税纳税地点为电信单位机构所在地。

（6）在中华人民共和国境内的单位提供的设计、工程监理、调试和咨询等应税劳务的，其营业税纳税地点为单位机构所在地。

（7）在中华人民共和国境内的单位通过网络为其他单位和个人提供培训、信息和远程调试、检测等服务的，其营业税纳税地点为单位机构所在地。

（四）纳税申报

营业税的纳税人应该根据有关规定及时办理纳税申报，并填制《营业税纳税申报表》。

【课堂测试 4-1】

1. 下列选项当中，属于营业税的应税劳务的是（　　）。

    A. 修理机器   B. 修缮房屋

    C. 修复古董   D. 裁剪服装

2. 下列选项当中，不应当按"服务业"征收营业税的是（　　）。

    A. 金融经纪业务   B. 代销货物服务

    C. 旅游景区经营观光电车   D. 餐馆提供饮食服务

　3. 下列选项当中，不应当缴纳收营业税的是（　　）。

　　A. 服装加工厂加工服装取得的收入

　　B. 福利彩票代销单位销售福利彩票取得的手续费收入

　　C. 银行取得的贷款利息收入

　　D. 量贩式 KTV 取得的点歌费等收入

　4. 下列选项当中，按 5% 的税率计征营业税的是（　　）。

　　A. 金融保险业　　　　　　　　　　B. 建筑业

　　C. 文化体育业　　　　　　　　　　D. 娱乐业

　5. 下列选项当中，符合营业税纳税义务发生时间规定的是（　　）。

　　A. 纳税人销售不动产采用预收款方式的，为收到预收款当天

　　B. 纳税人销售不动产采用预收款方式的，为款项付清的当天

　　C. 纳税人转让土地使用权采用预收款方式的，为办理转让手续当天

　　D. 纳税人转让土地使用权采用预收款方式的，为合同规定日期当天

第二节　营业税税额计算

　　营业税税额的计算比较简单，纳税人提供应税劳务、转让无形资产或者销售不动产，应缴纳的营业税税额是按照其营业额和适用的税率进行计算的。其计算公式如下：

　　应纳税额＝营业额×适用税率

　　因此，营业税税额的计算关键是确定其计税依据——营业额的大小。

一、营业额的确认

（一）营业额确认的一般规定

　　营业税的计税依据是营业额，这里的营业额是指纳税人提供应税劳务、转让无形资产或者销售不动产向对方收取的全部价款和价外费用。其中：价外费用，包括收取的手续费、补贴、基金、集资费、返还利润、奖励费、违约金、滞纳金、延期付款利息、赔偿金、代收款项、代垫款项、罚息及其他各种性质的价外收费。

　　但是，同时符合以下条件的代为收取的政府性基金或者行政事业性收费不包括在内：（1）由国务院或者财政部批准设立的政府性基金，由国务院或者省级人民政府及其财政、价格主管部门批准设立的行政事业性收费；（2）收取时开具省级以上财政部门印制的财政票据；（3）所收取款项全额上缴财政。

这里的营业额的概念，实际上是一个全额的概念。但是，由于营业税的行业非常广泛，各个行业之间又存在不同的情况，在实际当中并不是所有行业都是全额计税，因此对于各个行业当中存在的一些特殊情况，做出了具体的规定。

（二）营业额确认的具体规定

1. 建筑业营业额的确认

建筑业的营业额是指纳税人从事建筑、修缮、安装、装饰和其他工程作业所取得的全部价款（向建设单位收取的工程价款等）及价外费用。其特殊规定主要有：

（1）建筑业的总承包人，将建筑工程分包或者转包给他人的，以工程的全部承包额减去支付给分包人或者转包人的价款之后的余额作为营业额。

（2）纳税人从事建筑劳务（不含装饰劳务），其营业额应包括工程所用原材料、设备及其他物资和动力的价款在内，但是不包括建设方提供的设备的价款。纳税人从事安装工程作业，凡所安装的设备的价值作为安装工程产值的，其营业额应包括设备的价款在内。

（3）自建行为指的是纳税人自己建造房屋的行为。按照规定，对于纳税人自建自用的房屋，不征收营业税；如果纳税人将自建的房屋对外销售（不包括个人自建自用住房销售），其自建行为应先按照建筑业征收营业税，再按销售不动产征收营业税。对于自建房屋销售的行为中按照建筑业征收的营业税，由于没有营业额，则其计税的营业额应由主管税务机关依法核定，具体参照第9条"营业税计税营业额的核定"。

2. 金融保险业营业额的确认

金融业务的营业额是指纳税人经营货币资金融通业务所取得的贷款利息、金融商品转让收入、以及从事金融经纪业务和其他金融业务（中间业务）等所取得的手续费收入。保险业务的营业额原则上也是以收入的全额为营业额，主要是保险机构经营保险业务所取得的保费收入等。其特殊规定主要有：

（1）一般贷款业务的营业额为贷款利息收入（包括各种加息、罚息等收入）。

（2）外汇、有价证券、期货等金融商品买卖业务，以卖出价减去买入价之后的余额作为营业额，即：营业额＝卖出价－买入价。

这里的卖出价指的是卖出原价，不得扣除在卖出过程中支付的各种费用和税金。买入价指的是购进原价，不包括购进过程中支付的各种费用和税金。

需要注意的是，这里的期货指的是非货物期货，货物期货缴纳增值税，而不缴纳营业税。

对于金融商品买卖出现的正负差，在同一纳税期内可以相抵，相抵后仍存在负差的，可以结转至下一个纳税期相抵。但是年末时仍出现负差的，不得转入下一个会计年度。

（3）从事金融经纪业务和其他金融业务（中间业务）的，其营业额为取得的手续费（佣金）类的全部收入。如果金融企业从事受托收款业务，比如代收电话费、水电煤气费、信息费、社保统筹费、交通违章罚款、税款等，应该以全部收入减去支付给委托方的价款之后的余额作为营业额。

（4）保险业务办理初保业务的，其营业额为纳税人经营保险业务向对方收取的全部价款，即向被保险人收取的全部保险费。

（5）保险企业开展无赔偿奖励业务的，以向投保人实际收取的保费为营业额。

3．邮电通信业营业额的确认

邮电通信业的营业额是指纳税人从事电报、电话、电信物品销售等邮电通信业务所取得的营业收入额。主要有两种情况，一是以取得收入的全额为营业额；二是以取得的收入额扣除某些项目的差额作为营业额。其特殊规定主要有：

（1）电信部门以集中受理方式为集团客户提供跨省的出租电信业务，由受理地区的电信部门按取得的全部价款，减除分割给参与提供跨省电信业务的电信部门的价款之后的差额作为营业额；对参与提供跨省电信业务的电信部门，按各自取得的全部价款作为营业额。

（2）邮政电信单位与其他单位合作，共同为用户提供邮政电信业务及其他服务并由邮政电信单位统一收取价款的，以取得的全部收入减去支付给合作方的价款之后的余额作为营业额。

（3）中国移动通信集团公司通过手机短信公益特服号"8858"为中国儿童少年基金会接受捐款业务，以取得的全部收入减去支付给中国儿童少年基金会的价款之后的余额作为营业额。

4．文化体育业营业额的确认

文化体育业的营业额是指纳税人从事文化业、体育业所取得的全部收入，包括演出收入、其他文化收入、经营游览场所收入以及体育业收入等。

5．娱乐业营业额的确认

娱乐业的营业额是指纳税人经营娱乐业所收取的全部价款和价外费用，包括向顾客收取的各项费用，比如门票费、台位费、点歌费、烟酒、饮料、茶水、以及经营娱乐业的其它各项收费。

6．服务业营业额的确认

服务业的营业额是指纳税人提供各项服务业务向对方所收取的收入全额，

包括全部价款和价外费用。其特殊规定主要有：

（1）一般的代理业，是以纳税人从事代理业务而向委托方实际收取的报酬作为营业额。从事餐饮中介服务的服务性单位，其营业额为其向委托方和餐饮企业实际收取的中介服务费，不包括其代委托方转付的就餐费用。电脑福利彩票投注点应以代销福利彩票所取得的手续费收入作为营业额计征营业税。

（2）对拍卖行向委托方收取的手续费应征收营业税。

（3）纳税人从事旅游业务的，以其取得的全部价款和价外费用减去替旅游者支付给其他单位或者个人的住宿费、餐费、交通费、旅游景点门票费以及支付给其他接团旅游企业的旅游费之后的余额作为营业额计征营业税。

（4）对于从事物业管理的单位，以与物业管理有关的全部收入减去代业主支付的水、电、燃气以及代承租者支付的水、电、燃气、房屋租金的价款之后的余额作为营业额计征营业税。

7．转让无形资产营业额的确认

纳税人转让无形资产，其营业额是指转让方所收取的受让方的所有货币、实物和其他形式的经济利益。如果转让方收取的是非货币形式的经济利益，由税务机关核定其货币价值，并据以征收营业税。

纳税人转让其受让的土地使用权参照"销售不动产"相关规定。

8．销售不动产营业额的确认

纳税人销售不动产，其营业额是指向购买方所收取的全部价款及价外费用。其特殊规定主要有：

（1）单位和个人销售或转让其购置的不动产或受让的土地使用权，是以全部收入减去不动产或土地使用权的购置或受让原价之后的余额作为营业额；单位和个人销售或转让抵债所得的不动产、土地使用权的，以全部收入减去抵债时该项不动产或土地使用权作价之后的余额作为营业额。

（2）自 2011 年 1 月 28 日起，个人将购买不足 5 年的住房对外销售的，全额征收营业税；个人将购买超过 5 年（含 5 年）的非普通住房对外销售的，按照其销售收入减去购买房屋的价款之后的差额征收营业税；个人将购买超过 5 年（含 5 年）的普通住房对外销售的，免征营业税。具体如表 4-3 所示：

表 4-3　转让住房营业税的计算

购买建筑物的时间	普通住宅	非普通住宅
不足 5 年	全额×5%	全额×5%
超过 5 年（含 5 年）	免征营业税	（销售收入−购买价款）×5%

篇中案例 4-1

个人销售继承的房屋征收营业税问题

王华为一名在读大学生，由于一场车祸事故父母双亡，父母留给她的房子尚有十几万元的贷款未还。由于王华还在上学，要交学费，没有还款能力，万般无奈之下，决定将房子出售。请问这种情况下是否要交营业税（假定产权未满两年）？

解析：按照现行税法的规定，个人办理房屋继承时，是不征收营业税的；当个人销售其继承的房屋，如该房屋原为购入住房的，以原产权证或契税完税证明上注明的时间来确定购入时间，达到 5 年以上的，不征收营业税。但纳税人必须提供以下材料给"地税征收窗口"备案：继承前原产权人身份证明及复印件（已死亡的，需死亡证明）；继承前原房屋产权证书及复印件；继承人身份证明及复印件；继承人与继承前原产权人关系证明（有户口证的，提供户口证）及复印件；继承公证资料及复印件。对不能同时提供上述资料的，一律按销售当时产权证上所注明的时间确认购房时间征收营业税。

资料来源：《企业税务会计》，王曙光、蔡德发主编

（3）自 2011 年 9 月 1 日起，纳税人在转让土地使用权或者销售不动产的同时一并销售的附着于土地或者不动产上的固定资产时，凡属于不动产的，应按"销售不动产"税目计算缴纳营业税；凡属于增值税应税货物的，应计算缴纳增值税。

9. 营业税计税营业额的核定

对于纳税人提供劳务、转让无形资产或销售不动产价格明显偏低并且无正当理由的，或者视同发生应税行为而无营业额的，可由主管税务机关按照下列顺序确定其营业额：

①按纳税人最近时期发生同类应税行为的平均价格核定；

②按其他纳税人最近时期发生同类应税行为的平均价格核定；

③按下列公式核定：

营业额＝营业成本或者工程成本×（1＋成本利润率）÷（1－营业税税率）

上述公式中的成本利润率，由省、自治区、直辖市税务局确定。

二、应纳营业税额的计算

（一）一般经营业务营业税额的计算

营业税税额的计算比较简单，其计算公式为：

应纳税额＝营业额×适用税率

[例 4-1] 甲建筑企业与某学校签订了一份建筑承包合同，合同规定的金额为 5 000 万元。在施工期间，甲建筑企业又将合同当中价值 2 000 万元的安装工程分包给乙企业，并与之签订了分包合同。计算甲建筑公司就此项业务应缴纳的营业税税额。

应纳营业税＝（5 000－2 000）×3%＝90（万元）

[例 4-2] 某建筑企业自建相同规格和标准的楼房 3 栋，该企业将其中的一栋自用作为办公楼，另外两栋对外销售。楼房的建筑安装成本为 1 200 万元/栋，当地省级税务机关确定的成本利润率为 15%。楼房对外销售取得的销售收入为 2 000 万元/栋。要求计算该建筑企业就该项业务应缴纳的营业税税额。

按照规定，纳税人自建自用的房屋不征收营业税；纳税人自建房屋对外销售的，其自建行为应按建筑业计算缴纳营业税，再按销售不动产计算缴纳营业税。因此：

建筑业应纳营业税＝1 200×2×（1＋15%）÷（1－3%）×3%＝85.36（万元）

销售不动产应纳营业税＝2 000×2×5%＝200（万元）

[例 4-3] 某银行 2013 年第二季度发生如下业务：向企业发放贷款，取得利息收入共计 400 万元，逾期贷款罚息收入 5 万元；将第一季度购进的有价证券转让，卖出原价 860 万元，该证券买入原价 780 万元，另支付各种税费 1 万元；代收电话费取得手续费等收入 14 万元。要求计算该银行 2013 年第二季度应缴纳的营业税税额。

应纳营业税＝[400＋5＋（860－780）＋14]×5%＝24.95（万元）

[例 4-4] 某卡拉 OK 歌舞厅当月取得的各项收入如下：歌舞厅门票收入 45 万元，台位费及点歌费收入共计 18 万元，烟、酒、饮料及其他小食品收入共计 20 万元，假定当地适用的营业税税率是 20%。要求计算该歌舞厅本月应缴纳的营业税税额。

应纳营业税＝（45＋18＋20）×20%＝16.6（万元）

[例 4-5] 某旅行社组织游客到海南旅行，该旅行团共计 50 人，每人收取费用 8 000 元，同时支付交通费、住宿费和餐费每人 2 800 元，支付景点门票费共计 8 000 元。计算该旅行社应缴纳的营业税税额。

应纳营业税＝（8 000×50－2 800×50－8 000）×5%＝12 600（元）

[例 4-6] 某企业 2013 年 8 月发生如下业务：将 8 年前自建的生产车间转让并取得转让收入 1 000 万元。该生产车间的原值为 800 万元，已提取折旧 640 万元；转让一栋楼房，取得转让收入 1 500 万元，该楼房是于 2009 年购置煤气

购置原价为 900 万元；转让一宗土地的使用权，取得转让收入 7 200 万元。该宗土地系于 2008 年接受债务人抵债时取得，抵债时该宗土地作价 4 800 万元。要求计算该企业应缴纳的营业税税额。

应纳营业税＝1 000×5%＋（1 500－900）×5%＋（7 200－4 800）×5%
　　　　　＝200（万元）

（二）特殊经营行为营业税额的计算

营业税和增值税在商品的生产和流通环节发挥着十分重要的作用，虽然税法对于二者的征税范围做出了明确的划分，但是在实际的经营活动当中有些经济行为仍然很难区分清楚，因为纳税人可以同时从事多项不同的应税活动。

1．混合销售行为

混合销售行为既涉及营业税的应税劳务又涉及增值税的货物，这种情况下应根据纳税人的营业主业来判断应缴纳营业税还是增值税。从事货物的生产、批发或零售的企业、企业性单位及个体经营者（营业主业是增值税的货物）的混合销售行为，视为销售货物，不征收营业税；其他单位和个人（营业主业是营业税的应税劳务）的混合销售行为，视为提供应税劳务，应当征收营业税。

[例 4-7] 某饭店 7 月份提供餐饮服务取得营业收入 30 000 元，在提供餐饮服务的同时，销售自制啤酒取得销售收入 10 000 元。计算该饭店 7 月份应缴纳营业税税额。

饭店在向顾客提供餐饮服务的同时销售自制啤酒属于营业税混合销售行为，应一并征收营业税。

应纳营业税＝（30 000+10 000）×5%＝2 000（元）

2．兼营行为

（1）兼营不同税目的应税行为。按规定应该分别核算不同税目的营业额、转让额和销售额，并分别按各税目适用的税率计算缴纳营业税；未分别核算的，从高适用税率计算缴纳营业税。

（2）兼营应税劳务与货物或非应税劳务的行为。按规定应该分别核算应税劳务的营业额和货物或非应税劳务的销售额，其应税行为营业额缴纳营业税，货物或非应税劳务销售额缴纳增值税，未分别核算的，由主管税务机关核定其应税行为营业额。

[例 4-8] 某知名餐饮企业，经营餐饮业的同时还经营卡拉 OK，2013 年取得的收入如下：餐饮收入共计 3 800 万元；经营卡拉 OK 包间收入 280 万元，其中含酒水饮料收入 70 万元；将该企业的店名以收取牌匾费的形式特许外地私

人企业使用，取得收入 450 万元。已知当地规定的娱乐业营业税税率为 10%。要求计算该企业各项收入应缴纳的营业税税额。

餐饮收入属于"服务业"，按 5%的税率计算缴纳营业税；经营卡拉 OK 属于"娱乐业"，按 10%的税率计算缴纳营业税，注意这里的酒水饮料不能从营业额中扣除；收取的牌匾费应按"转让无形资产"税目征收营税，适用税率 5%。

餐饮收入应纳营业税＝3 800×5%＝190（万元）

经营卡拉 OK 应纳营业税＝280×10%＝28（万元）

转让无形资产应纳营业税＝450×5%＝22.5（万元）

应纳营业税共计＝190＋28＋22.5＝240.5（万元）

篇中案例 4-2

交通运输业：营改增之痛

交通运输业，原属于营业税的征税范围，自 2014 年 1 月 1 日起，全面实行营改增，不再属于营业税征税范围。

H 公司是上海一家交通运输企业，大部分运输工具是驾驶员购买后挂靠在公司，每个月缴纳一点管理费，H 公司负责为驾驶员运输的业务给客户开具发票。2011 年之前，交通运输业缴纳 3%的营业税，而取得交通运输专用发票的一般纳税人可以抵扣 7%的增值税，因此 H 公司负责人经常被各种关系户要求多开一点运费的发票给客户来抵扣增值税，而客户也愿意让一部分抵扣税金给 H 公司，加上 H 公司注册时跟当地招商部门谈了一定的财政扶持，因此 H 公司也有选择性地帮客户虚开了一些交通运输业的专用发票，赚了一点小钱。

2012 年 1 月 1 日起上海市实行了营改增，H 公司属于试点行业，被纳入试点范围，从 3%的营业税变成 11%的增值税。公司财务测算了一下，11%的增值税税负率与缴纳 3%营业税税负率大致持平。到了 2012 年 1 月，由于上年度开票比较多，不含税服务额刚好超过 500 万元，于是被第一批认定为一般纳税人。但是第一个月一结束，H 公司就发现一个严重的问题：虽然成本还是那些成本，但是增值税的税负比原来交营业税的时候明显重了。

细究下来，发现了问题所在：H 公司运输用的卡车都是 2011 年以前买的，只能计提折旧而不能抵扣增值税，虽然 H 公司增值税进项少，也不可能为了增加进项而盲目买车。于是，运输工具抵扣这部分由于税法实行期限问题，无法成为抵扣项目。

H 公司的业务是全国性的，不仅局限于上海市。虽然公司会购买一定修理修配的零配件，但是运输工具行驶在路上，一旦快没燃料了，会就近寻找加油站。而运输过程中，若运输工具有了故障需要维修，也只能就地寻找修理厂，因此能用到公司采购的零配件的机会极少。这里还有几个问题需要考虑，首先当地的加油站和修理厂是否有资格开具增值税专用发票？同时由于程序繁琐，驾驶员为了减少麻烦，不愿意去开具增值税专用发票。

到 2012 年一季度结束，H 公司发现营改增以后，虽然很多成本可以抵扣增值税进项税了，但由于实际操作过程中的种种限制无法取得增值税专用发票。加上公路运输管理费、过路过桥费等未纳入试点范围，不可能取得增值税进项发票也使税负增加了，这些因素综合下来导致企业的税负率上升超过了 10%。虽然税务机关对于企业因为营改增导致税负增加会给予一定的补偿，但每个月缴税资金的直接流出，让 H 公司尝到了营改增之痛。

资料来源：新华网
2012-6-27

【课堂测试 4-2】

1. 下列选项当中，关于金融保险业务营业税的计税依据，表述正确的是（ ）。

    A．一般贷款业务的计税依据为利差收入

    B．一般贷款业务的计税依据为利息收入，但不包括加息、罚息

    C．转让股票的计税依据为卖出股票的全部收入

    D．转让股票的计税依据为卖出价与买入价的差额

2. 对于纳税人提供劳务、转让无形资产或销售不动产价格明显偏低并且无正当理由的，或者视同发生应税行为而无营业额的，主管税务机关核定的组成计税价格为（ ）。

    A．营业成本或者工程成本/（1－营业税税率）

    B．营业成本或者工程成本/（1+营业税税率）

    C．营业成本或者工程成本×（1+成本利润率）/（1－营业税税率）

    D．营业成本或者工程成本×（1+成本利润率）/（1+营业税税率）

3. 某建筑公司自己新建一栋住宅楼并对外销售，取得销售收入共计 1 200 万元、收取煤气管道初装费 6 万元；已知该栋住宅楼的建筑成本为 800 万元，当地省级税务机关确定的建筑业的成本利润率为 15%。计算该公司应缴纳的营业税税额。

4. 某银行第二季度取得利息收入 100 万元（包括加息、罚息 15 万元），借款利息支出 15 万元，取得手续费收入 10 万元，购买企业债券共支付金额 581 万元（其中包括各种税费 1 万元），转让企业债券时取得转让收入 700 万元，但是转让企业债券时支付各种税费 1.2 万元。计算该银行第二季度应缴纳的营业税税额。

第三节　营业税会计处理

一、会计账户的设置

需要缴纳营业税的企业，核算应纳营业税时，主要设置"应交税费——应交营业税"、"营业税金及附加"等会计科目进行核算。

"应交税费——应交营业税"科目，明确地反映了企业应缴纳和已缴纳的营业税的情况。该科目的借方登记企业实际已经缴纳的营业税税额，贷方登记企业按规定应该缴纳的营业税税额。该科目期末余额一般在贷方，表示企业尚未缴纳的营业税税额；如果余额在借方，表示企业多缴纳的营业税税额。

"营业税金及附加"科目，参见消费税第三节内容。

二、应税劳务营业税的账务处理

企业在发生营业税的应税劳务时，按照应纳营业税税额，借记"营业税金及附加"科目，贷记"应交税费——应交营业税"科目；企业实际缴纳营业税时，应借记"应交税费——应交营业税"科目，贷记"银行存款"科目。

[**例 4-9**] A 建筑工程公司与某企业签订建筑合同，合同规定的总承包额为 10 000 000 元，此外该企业提供了一部分建筑材料，价款为 280 000 元。工程已完工，并按照合同规定结清了所有款项。（1）假定工程结束时，双方一次性结清了所有款项，该项工程由 A 公司独立完成。计算 A 公司应纳营业税税额并作出相应的会计处理；（2）假定建筑过程中，A 建筑公司把其中的部分安装工程转包给 B 公司进行安装，转包额为 1 000 000 元。计算 A 公司应纳营业税税额以及代扣代缴 B 公司的营业税税额，并作出相应的会计处理。

（1）A 公司应纳营业税税额＝（10 000 000＋280 000）×3%＝308 400（元）

相关会计处理如下：

①A 公司收到总承包额时：

借：银行存款 10 280 000

　　贷：主营业务收入 10 280 000

②计算应缴纳营业税时

借：营业税金及附加 308 400

　　贷：应交税费——应交营业税 308 400

③实际缴纳营业税时

借：应交税费——应交营业税 308 400

　　贷：银行存款 308 400

（2）A 公司应纳营业税税额＝（10 000 000＋280 000－1 000 000）×3%＝278 400（元）

A 公司代扣代缴 B 公司营业税＝1 000 000×3%＝30 000（元）

①A 公司收到总承包额时：

借：银行存款 1 0280 000

　　贷：主营业务收入 9 280 000

　　　　应付账款——转包款（B 公司） 1 000 000

②计算 A 公司应缴纳营业税时

借：营业税金及附加 278 400

　　贷：应交税费——应交营业税 278 400

③计算代扣代缴 B 公司营业税时

借：应付账款——应付转包款 30 000

　　贷：应交税费——代扣代缴营业税（B 公司） 30 000

④支付转包款时

借：应付账款——转包款（B 公司） 970 000

　　贷：银行存款 970 000

⑤实际缴纳营业税时

借：应交税费——应交营业税 278 400

　　应交税费——代扣代缴营业税（B 公司） 30 000

　　贷：银行存款 308 400

[例 4-10] 某星级酒店 2013 年 8 月份的收入情况如下：取得住宿费收入 500 000 元，餐饮服务收入 650 000 元，附属的卡拉 OK 歌舞厅收入 90 000 元。相关款项均已收到并存入银行。计算该酒店 8 月份应缴纳的营业税，并作出相应的会计处理。（假定当地娱乐业的营业税税率为 15%）

住宿和餐饮属于服务业，适用 5%的营业税税率；卡拉 OK 歌舞厅属于娱乐业，适用的营业税税率为 15%。

应纳营业税税额＝（500 000＋650 000）×5%＋90 000×15%＝71 000（元）

①计算应纳营业税的会计处理：

借：营业税金及附加　　　　　　　　　　　　　　　71 000
　　贷：应交税费——应交营业税　　　　　　　　　　　　71 000

②实际缴纳营业税时的会计处理

借：应交税费——应交营业税　　　　　　　　　　　71 000
　　贷：银行存款　　　　　　　　　　　　　　　　　　　71 000

三、转让无形资产营业税的账务处理

企业在转让无形资产时，按照计算的应纳营业税税额，借记"营业税金及附加"科目，贷记"应交税费——应交营业税"科目；企业实际缴纳税款时，应借记"应交税费——应交营业税"科目，贷记"银行存款"科目。

[例 4-11] 某公司将自己的一项非专利技术使用权进行转让，取得转让收入 250 000 元，款项已收到并存入银行。计算该公司应纳营业税税额并作相应会计处理。

应纳营业税税额＝250 000×5%＝12 500（元）

① 该公司取得非专利技术转让收入时：

借：银行存款　　　　　　　　　　　　　　　　　250 000
　　贷：其他业务收入　　　　　　　　　　　　　　　　250 000

② 计算应缴纳营业税时

借：营业税金及附加　　　　　　　　　　　　　　　12 500
　　贷：应交税费——应交营业税　　　　　　　　　　　12 500

③ 实际缴纳营业税时

借：应交税费——应交营业税　　　　　　　　　　　12 500
　　贷：银行存款　　　　　　　　　　　　　　　　　　12 500

四、销售不动产营业税的账务处理

对于房地产行业，销售不动产是其主营业务。因此，在发生相关业务时，应缴纳的营业税，应该借记"营业税金及附加"，贷记"应交税费——应交营业税"科目；实际缴纳营业税税款时，应借记"应交税费——应交营业税"科目，贷记"银行存款"科目。

对于房地产企业以外的其他企业来说，其销售不动产应缴纳的营业税，应借记"固定资产清理"，贷记"应交税费——应交营业税"科目；实际缴纳营业税税款时，应借记"应交税费——应交营业税"科目，贷记"银行存款"科目。

[例4-12] 某房地产开发有限公司8月份销售商品房取得收入5 000 000元，则该公司应该缴纳的营业税税额为250 000（5 000 000×5%）元，该项业务的会计处理如下：

①该公司商品房销售收入时：

借：银行存款　　　　　　　　　　　　　　5 000 000

　　贷：主营业务收入　　　　　　　　　　　　　　5 000 000

②计算应缴纳营业税时

借：营业税金及附加　　　　　　　　　　　250 000

　　贷：应交税费——应交营业税　　　　　　　　　250 000

③实际缴纳营业税时

借：应交税费——应交营业税　　　　　　　250 000

　　贷：银行存款　　　　　　　　　　　　　　　　250 000

[例4-13] 某工业企业将6年前建造的一栋旧办公楼出售，收取转让收入5 000 000元并已存入银行，转让过程中发生清理费用30 000元。这栋办公楼原值为10 000 000元，已提折旧6 000 000元。假定不考虑城市维护建设税和教育费附加，根据此项业务作出相应的会计处理。

该企业应纳营业税税额＝5 000 000×5%＝250 000（元）

①企业处置旧办公楼时的会计处理：

借：固定资产清理　　　　　　　　　　　　4 000 000

　　累计折旧　　　　　　　　　　　　　　6 000 000

　　贷：固定资产　　　　　　　　　　　　　　　10 000 000

②转让旧办公楼取得销售收入时的会计处理：

借：银行存款　　　　　　　　　　　　　　5 000 000

　　贷：固定资产清理　　　　　　　　　　　　　　5 000 000

③发生清理费用时的会计处理：

借：固定资产清理　　　　　　　　　　　　30 000

　　贷：银行存款　　　　　　　　　　　　　　　　30 000

④计算应交纳营业税时的会计处理：

借：固定资产清理　　　　　　　　　　　　250 000

　　贷：应交税费——应交营业税　　　　　　　　　250 000

⑤结转固定资产清理损益时的会计处理：

借：固定资产清理 720 000

　　贷：营业外收入 720 000

⑥实际交纳营业税时的会计处理：

借：应交税费——应交营业税 250 000

　　贷：银行存款 250 000

【课堂测试 4-3】

1. 某星级宾馆主营旅店业务，兼营餐饮业务、娱乐业务等，2013 年 4 月份发生如下经济业务：提供住宿服务取得收入 300 000 元；提供餐饮服务取得收入 400 000 元；提供娱乐业务，其中歌舞厅收入 120 000 元，烟酒饮料 30 000 元，台球收入 30 000 元，保龄球收入 50 000 元。试计算当月应纳营业税税额并作出相应的会计处理。（当地省级税务机关核定的娱乐业营业税税率为 20%）

2. 某工业企业 2013 年 5 月对外销售建筑物一幢，取得销售收入 2 500 000 元，发生清理费用 20 000 元。该建筑物的原值为 600 万元，已提折旧 400 万元。（假设只考虑营业税，不考虑其他税）。计算应缴纳的营业税税额并作出相应的会计处理。

第四节　营业税税务筹划

营业税具有一般以营业额为计税依据、按照行业设计税目和税率、计算简单等特点，其税额大小主要取决于纳税人的选定、税率的高低、计税依据的大小、税收优惠政策的使用等。营业税的税务筹划主要包括营业税纳税人的税务筹划、征税范围选择的税务筹划、计税依据的税务筹划、税收优惠的税务筹划等内容。

一、纳税人的税务筹划

在实际经营活动中，许多企业都进行混合销售行为和从事兼营业务。

对于混合销售行为，税法规定对于从事货物的生产、批发或零售的企业及个体经营者的混合销售行为，均视为销售货物，征收增值税；对于其他单位和个人的混合销售行为，视为提供营业税应税劳务，征收营业税。在实际经营活动当中，如果纳税人应税货物的销售额占总销售额的 50%以上，则其混合销售行为缴纳增值税；如果纳税人营业税应税劳务的营业收入占总销售额的50%以上，则其混合销售行为缴纳营业税。而混合销售行为涉及销售货物和营业税应税劳务是针对同一事项的，二者之间有紧密的从属关系，因此在纳税时可以通过调整货物销售额和营业税应税劳务营业额的比重，使纳税人的身份在增值税纳税人和营业税纳税人之间相互转换，选择适当的税率，降低应纳税额，进而达到税务筹划的目的。

对于营业税兼营行为，按照规定，如果纳税人兼营不同税目的营业税应税行为，应当分别核算不同税目的营业额、转让额、销售额，未分别核算营业额的，从高适用税率。如果纳税人兼营营业税应税行为和货物或非应税劳务，应当分别核算应税行为的营业额和货物的销售额，应税行为缴纳营业税，货物销售或非应税劳务缴纳增值税，未分别核算的由税务机关核定其应税行为营业额。因此，对于兼营行为的税务筹划就是要选择是否将营业额和销售额分别核算，以确定如何纳税从而达到税务筹划的目的。

[例 4-14] 某公司为空调生产企业，其主营业务是进行空调销售并同时为客户进行安装。假设该公司接到一笔不含税总价为 1 500 万元的订单，其中空调价值为 1 200 万元、安装费为 300 万元。

如果该公司与客户签订的是 1 500 万元购销合同，那么上述业务属于典型的增值税混合销售业务，则需缴纳增值税销项税额 1 500×17%＝255 万元；

如果该公司与客户分别签订两个合同：不含税总价为 1 200 万元的销售合同、金额为 300 万元的安装合同，那么前者应缴纳增值税销项税额 1 200×17%＝204 万元，后者应按照"建筑业"税目缴纳营业税 300×3%＝9 万元，合计 213 万元。

因此，在收入不变的前提下，企业合理减少了 42 万元的税收负担。

二、征税范围的税务筹划

《营业税暂行条例》及《营业税暂行条例实施细则》中，对于营业税的征税范围做出了若干"不包括"的规定，例如，"单位或者个体工商户聘用的员工为本单位或者雇主提供条例规定的劳务，不包括在内"、纳税人提供建筑业劳务时其营业额"不包括建设方提供的设备的价款"、负有营业税纳税义务的单位"不包括单位依法不需要办理税务登记的内设机构"等。企业可以通过合法改变所取得收入的性质，进行营业税征税范围筹划，以达到减少营业税的支出的目的。

[例 4-15] 某企业将其所属的一餐馆竞标出租，并事先约定承租方享有独

立的生产经营权和财务核算权。职工王某最终以年租金 60 万元获得 5 年的承租权。那么对于这项业务，该企业每年应按照"服务业-租赁业"税目缴纳营业税60×5%＝3 万元。

根据《营业税暂行条例实施细则》第十条规定，依法不需要办理税务登记的内设机构不属于负有营业税纳税义务的单位。如果承租方作为企业的内设机构来处理，不领取任何类型的营业执照也不办理税务登记，则企业向其提供各种资产所收取的各种名目的价款，均属于企业内部分配行为，不属于租赁行为。因此，如果将职工王某经营的餐馆作为内设机构来处理，则不负有营业税纳税义务。

综上所述，该企业可以将餐馆作为内设机构，仍以自己的名义对外经营，不与王某签订租赁合同，将每年上交的租金改为"管理费"项目，不办理独立的营业执照和税务登记，则餐馆出租的营业税及其附加就可以免除，从而有效降低了企业承担的税负。当然，其他相关的税费也会降低，比如城市建设维护税和教育费附加等。

三、计税依据的税务筹划

营业税一般以营业额全额为计税依据，企业应纳税额与营业额之间成正比关系，在税率不变的情况下，营业额越大则应纳税额就越多。而营业税的税率比较固定，多数情况下（娱乐业除外）一个税目使用一个税率，因此从税率的选择角度进行税务筹划可能性不大。相对而言，营业额的确认就要灵活得多。企业营业活动的流转环节越多，营业税征收次数增加，纳税人的税负越重。因此，企业可以通过分解应税营业额，或者减少纳税环节，来缩小营业税计税依据，达到合法节约税收的效果。

[例 4-16] 2009 年 9 月，A 展览企业在天津市会展中心主办商品展销会，取得摊位费等营业收入 2 800 万元，并需要向会展中心支付场地租金等费用1 200 万元。该展览公司取得的收入属于中介服务收入，应按"服务业——租赁业"税目计算缴纳营业税，其应缴纳营业税为 2 800×5%＝140 万元。筹划思路如下：

如果 A 企业修改交易方式，通知参加展销会的客户分别交费，其中展览企业对提供服务的营业收入 1 600 万元收款并为客户开具发票；会展中心对场地租金 1 200 万元租金费用收款并为客户开具发票，并与展览企业洽谈增加收款工作量的回报方式。则结果变为，该企业通过将营业额进行分解，经过形式上的转换，营业税计税依据仅为提供服务收入的 1 600 万元，另外 1 200 万元营业额无需缴税，其应缴纳营业税为 1 600×5%＝80 万元，在保证双方收入不变、参展客户和会展中心税负不变的前提条件下，企业少缴纳营业税 60 万元。对于这类存在代收或转手款项的企业，可以通过签订三方或者多方合同，减少款项的周转或代收，从而达到消除营业税重复纳税的目的。

四、税收优惠的税务筹划

按照《营业税暂行条例》的相关规定，纳税人兼营免税、减税项目的，应当分别核算免税、减税项目的营业额；未分别核算营业额的，不得免税、减税。企业在进行税务筹划时，应当注意使用法规中各种营业额优惠政策规定，依法正确核算营业税。

［例 4-17］ 某企业的经营范围涉及餐饮、住宿、旅行服务等多种业务，共有员工 80 人。该企业成立时为解决街道残疾居民的就业困难，招收了 22 名聋哑人员从事后勤工作，属于民政福利企业，因此企业在员工福利与劳保等方面的负担较重，需进行税务筹划以降低税收负担。根据现行税法规定，安置"四残"（指盲、聋、哑及肢体残疾）人员占企业生产人员 35% 以上（含 35%）的民政福利企业属于营业税"服务业"税目范围内（广告业除外）的业务暂免征收营业税。因此，该企业可以利用该减免税优惠政策进行节税，只需再招收 10名聋哑员工，就使残疾员工占企业员工比例达到 35%，符合税法关于营业税减免税项目的规定，可免征营业税，将大大降低企业的税收负担。

【课堂测试 4-4】

天津市某量贩式 KTV 于 2013 年 10 月份取得营业收入共计 150 万元，其中：90 万元属于娱乐业务收入，60 万元属于出售烟酒饮料小饰品的收入。假定该 KTV 适用的当地的营业税税率为 20%。请问：该 KTV 当月应缴纳的营业税是多少？该如何进行税务筹划？

本章小结

营业税是一个典型的流转税税种，它是对在我国境内提供应税劳务、转让无形资产或销售不动产的单位和个人就其营业额征收的一种税。营业税的征税范围一般规定为在我国境内有偿提供应税劳务、转让无形资产或者销售不动产的行为，特殊规定包括视同应税行为、混合销售行为和兼营应税行为。营业税按照行业、类别设置了包括建筑业、金融保险业、邮电通信业、文化体育业、娱乐业、服务业、转让无形资产和销售不动产等税目。实行行业差别税率，主要包括 3%、5% 的固定税率和 5%—20% 的浮动税率。营业税应纳税额的计算为计税营业额乘以营业税税率。其计税营业额一般为纳税人提供应税劳务、转让无形资产或者销售不动产向对方收取的全部价款和价外费用，但一些特殊情况下以营业额差额计税。

缴纳营业税的企业在进行相关的会计核算时，主要设置"应交税费——应交营业税"科目。该科目的借方登记企业实际已经缴纳的营业税税额，贷方登记企业按规定应该缴纳的营业税税额。期末余额在贷方，表示企业尚未缴纳的营业税税额；余额在借方，表示企业多缴纳的营业税税额。营业税的税务筹划方法主要有：纳税人的筹划、征税范围的筹划、计税依据的筹划以及税收优惠的筹划等。

篇后案例

文化创意服务营改增对企业税负的影响

西三旗的若森数字科技有限公司，是一家从事动漫作品研发的中型文化企业。当得知北京试点营业税改征增值税后，吴震特地组织公司财务部门研究公司税务变化情况，一算发现，公司税收的确有较大的减免，这让他们很是高兴。

若森数字科技财务部负责人孙女士向记者解释，若森之前一直缴纳营业税，税率为 5%。今年北京试点营业税改征增值税以后，按照相关规定，增值税税率达到了 6%。"那岂不是高出一个百分点？"孙女士笑道，如果单从税率上来看，营业税改征增值税后，税率的确提高了一个百分点。"其实不然，因为增值税是可以通过相应增值税发票抵扣的，抵扣完以后的实际纳税额度才是企业真正缴纳的额度。"孙女士解释，按照国家规定，当若森数字科技这样的动漫企业全年营业额超过 500 万元，称为一般纳税人。一般纳税人有资格通过抵扣降低实际纳税额度。

去年若森数字科技的营业额近 1 200 万元，如果按照之前只缴纳 5% 的营业税计算，那么若森需要向国家缴纳 60 万元左右的税收。改缴纳增值税以后，按照 6% 的税率，再综合各种因素计算，若森数字科技要缴纳 68 万元左右的税收。但在这个过程中，若森数字科技每年在所购进的硬件设备、办公用品、相关固定资产的时候，这一部分产品因为在购买的时候已经缴纳过税，所以不再重复征税。若森数字科技只需要从购买方那里获得相应购买货物的增值税发票，用这部分发票抵扣掉部分税收。

"我们相关抵扣的金额达到了 24 万元左右，因此实际缴纳的税收额度只有 44 万元。相较之前 60 万元的营业税，税负减少了 16 万元。"孙女士为记者计算，如果以此衡量，那么若森实际纳税率只为 4%左右，低于 5%的营业税税率。

资料来源：中国经济网

2012-8-3

核心概念

营业税（business tax）

扣缴义务人（withholding agent）

营业税应税劳务（taxable services of business tax ）

混合销售（mixed sales）

兼营行为（engaged in behavior）

营改增（reform of business tax to VAT）

转让无形资产（transfer of intangible assets）

销售不动产（sale of immovable property）

思考题

1．如何确定营业税的纳税义务人和扣缴义务人？

2．营业税的征税范围是如何规定的？

3．营业税的计税依据如何确定？

4．简述纳税人应纳营业税的会计核算。

5．营业税纳税义务发生时间如何确定？

6．营业税的税务筹划方法主要有哪些？

练习题

一、单项选择题

1．下列经营者中属于营业税纳税人的是（　　　）。

　　A．卖冰棍的个人

　　B．转让不动产的行政单位

　　C．生产集邮商品的企业

　　D．发生货物销售并负责运输所售货物的生产单位

2．下列选项当中，（　　　）属于应当在我国缴纳营业税的项目。

　　A．境外外国公司销售一项制造专利权给境内某合资企业

B. 境内某公司销售其位于美国的不动产

C. 境外外国公司为境内某企业提供修理劳务

D. 境外运输公司载运货物入境

3. 下列选项当中，应当征收营业税的是（　　　）。

A. 银行销售金银业务

B. 计算机公司销售软件一并提供软件培训服务

C. 家具厂销售家具一并提供运输服务

D. 建筑公司自建建筑物并对外销售

4. 下列选项当中，不属于营业税项目的是（　　　）。

A. 金融企业贷款取得的利息

B. 金融机构转让外汇收益

C. 融资租赁有形动产取得的收入

D. 保险公司的保费收入

5. 下列选项当中，不属于免征营业税的有（　　　）。

A. 残疾人员个人为社会提供的劳务

B. 个人转让著作权

C. 个人按市场价出租住房

D. 将土地使用权转让给农业生产者用于农业生产

6. 纳税人以 1 个月或以 1 个季度为一个纳税期的，自期满之日起（　　　）日内申报纳税。

A. 5 　　　　　　　　　　　　B. 10

C. 15 　　　　　　　　　　　　D. 30

7. 下列选项当中，关于营业额的确认说法正确的是（　　　）。

A. 建筑业的总承包人将建筑工程分包或者转包给他人的，应以总承包额为营业额

B. 金融商品买卖业务应以卖出价为营业额

C. 单位转让其购置的不动产，以其取得的全部转让收入为营业额

D. 保险业务以实际收取的保费收入为营业额

8. 某旅游企业组团到新加坡旅游，共有游客 40 人，每人收费 7 000 元，境内期间为每人支付了交通费和餐费 2 000 元；出境后由新加坡的旅游企业接团，并按每人 3 000 元付给新加坡旅游企业。则中国旅游企业应纳的营业税为（　　　）元。

A. 2 000 　　　　　　　　　　　B. 3 000

C. 4 000　　　　　　　　　　　　D. 5 000

9. 某娱乐公司经营范围包括娱乐、餐饮和其他服务。本月取得门票收入22 万元，歌舞厅收入 40 万元，游戏厅收入 10 万元。则该公司应纳的营业税为（　　）万元。（当地税务机关确定的娱乐业营业税税率为 20%）

　　A. 10　　　　　　　　　　　　B. 14.4

　　C. 10.66　　　　　　　　　　D. 12

10. 计提营业税的会计分录为（　　　）。

　　A. 借：营业税金及附加　　　　B. 借：应交税费—应交营业税

　　　　贷：应交税费—应交营业税　　　贷：银行存款

　　C. 借：应交税费—应交营业税　D. 借：银行存款

　　　　贷：营业税金及附加　　　　　贷：营业税金及附加

二、多项选择题

1. 下列经营活动中应征收营业税的有（　　）。

　　A. 某服装加工厂提供服装加工服务

　　B. 某建筑企业自建一栋建筑物并销售

　　C. 某单位将其不动产无偿赠送其他单位

　　D. 某企业将一台设备出租给其他单位使用

2. 下列选项当中，属于营业税混合销售的是（　　　）。

　　A. 培训机构提供培训服务的同时销售相关书本资料

　　B. 量贩式 KTV 提供点心、零食、烟酒、茶水

　　C. 商场销售空调并负责安装调试

　　D. 酒店提供住宿服务，同时开设商品销售部

3. 下列选项当中，关于营业税税目的说法正确的有（　　　）。

　　A. 金融经纪业务，应按照"金融保险业"征收营业税

　　B. 金融经纪业务，应按照"服务业"征收营业税

　　C. 经营游览场所，应按照"文化体育业"征收营业税

　　D. 经营游览场所，应按照"娱乐业"征收营业税

4. 下列选项当中，属于"服务业"税目的有（　　　）。

　　A. 有线电视台的广告播映

　　B. 旅游景点经营旅游游船、索道、观光电梯（电车）服务

　　C. 经央行批准的融资租赁服务

　　D. 纳税人提供无船承运业务

5. 下列经营项目采用 3%税率征收营业税的有（　　　）。

A. 游艺厅游艺项目收入 B. 建筑工程承包收入

C. 文工团演出取得   D. 税收咨询收入

6. 下列项目中免征营业税的有（ ）。

  A. 残联举办的餐饮店

  B. 残疾人员本人提供的应税劳务

  C. 养老院收取的老人入院费

  D. 养老院举办的对外餐饮业

7. 下列选项当中，符合营业税纳税义务发生时间规定的是（ ）。

  A. 纳税人销售不动产采用预收款方式的，为收到预收款当天

  B. 金融商品转让业务的纳税义务发生时间，为金融商品所有权转移之日

  C. 纳税人转让土地使用权采用预收款方式的，为土地使用权转移的当天

  D. 纳税人自建建筑物销售，为其销售自建建筑物并收讫营业额或者取得索取营业额凭据的当天

8. 下列选项当中，关于营业税的计税依据说法正确的是（ ）。

  A. 银行一般贷款业务，以其利息收入为营业额

  B. 金融商品转让业务，以其取得的转让收入为营业额

  C. 一般的代理业，以纳税人从事代理业务而向委托方实际收取的报酬作为营业额

  D. 单位转让抵债所得的不动产，以全部收入减去抵债时不动产作价的余额为营业额

9. 下列选项当中，关于营业税的规定说法正确的是（ ）。

  A. 我国公民销售其境外的房产，以其销售收入为营业额计算缴纳营业税

  B. 纳税人自建建筑物销售，分别按"建筑业"和"销售不动产"计算缴纳营业税

  C. 单位销售购进的房产，以其销售收入为营业额计算缴纳营业税

  D. 纳税人自建建筑物销售，其自建行为的计税依据按组成计税价格

10. 生产铝合金门窗的甲企业既是增值税一般纳税人，又有建筑安装资质。其承包某小区铝合金门窗工程，合同注明不含增值税货款 300 万元以及安装工程款 200 万元，其将全部安装工程转包给乙施工队，则（ ）。

  A. 甲按 300 万元销售额计算增值税销项税，200 万元安装工程款缴纳

营业税

B．甲按 300 万元销售额计算增值税销项税

C．乙按 200 万元安装工程款自行缴纳营业税

D．甲按 200 万元安装工程款扣缴乙的营业税

三、判断题

1．企业员工为本单位提供劳务，也属于营业税的征税范围。（　　　）

2．贷款、融资租赁、金融商品转让、金融经纪业务等均应按"金融保险业"计算征收营业税。（　　　）

3．电梯生产企业生产销售电梯的同时还负责电梯安装，电梯的销售额应缴纳增值税，安装费应缴纳营业税。（　　　）

4．营业税各税目均使用的是比例税率。（　　　）

5．将土地使用权转让给农业生产者用于农业生产，免征营业税。（　　　）

6．销售不动产采用预收款方式的，其纳税义务发生时间为不动产所有权转移的当天。（　　　）

7．纳税人自建建筑物对外销售，应分别按照建筑业和销售不动产征收营业税。（　　　）

8．旅行社组织旅游活动，向旅客收取费用 3 000 元/人，期间代旅客支付的交通费、餐费等费用 2 000 元/人，则营业税的计税营业额为 3 000 元/人。（　　　）

9．个人将购买年限超过 5 年的住宅对外销售，均免征营业税。（　　　）

10．纳税人销售不动产的同时一并销售附着于不动产上的固定资产，均应按照"销售不动产"征收营业税。（　　　）

四、计算题

1．某知名网站于 2013 年 8 月份，开展远程培训业务，取得培训费收入 150 万元，同时向其学员销售配套的培训教材及资料，取得收入 80 万元；将自行开发的软件（已完成国家版权局的登记手续）转让给某企业，并取得转让收入 180 万元。

要求：根据上述材料，计算该网站应缴纳的营业税。

2．甲企业为一建筑工程公司，乙企业为防水建筑材料生产企业，两家企业均具备建筑行政部门批准的建筑业施工资质。2013 年 5 月份发生如下业务：

（1）甲公司承包一项建筑工程，工程价款 1 000 万元，将其中的防水工程分包给乙企业，分包款为 100 万元，该工程当月已完工；

（2）甲公司自建商品房 5 栋，规格相同，其建造成本为 200 万元/栋，成本

利润率为 10%。甲公司将其中的 3 栋对外销售，取得销售收入共计 750 万元；1 栋作为本单位的职工宿舍；1 栋捐赠给希望工程；

（3）出租其写字楼，取得租金收入 25 万元。

要求：根据上述材料，计算甲企业 2013 年 5 月份应缴纳的营业税。

3. A 歌舞团为举办一场大型演出，与 B 演出公司签订协议，由演出公司联系演出地点并协助宣传，经 B 演出公司联系，演出地点选择在市区 C 体育馆，三方商定：A 歌舞团支付 C 体育馆场租 8 万元，由 C 体育馆负责售票，A 歌舞团支付 B 演出公司中介、宣传费 10 万元，该场演出取得门票收入共计 50 万元；当月，B 演出公司自行主办了一场超级混声演唱会，并请部分大学生帮助售票，共取得售票收入 200 万元（已扣除付给大学生售票者的费用 10 万元），演出地点仍选择在市区 C 体育馆，支付演唱会场租 8 万元。

要求：分别计算 A、B、C 三家公司应缴纳的营业税税额。

五、核算题

1. 某宾馆主营旅店业，兼营餐饮、卡拉 OK 歌舞厅等业务。2013 年 5 月取得住宿收入 250 000 元，餐饮收入 450 000 元，歌舞厅收入 100 000 元，其他服务收入 10 000 元。要求：计算该宾馆应缴纳的营业税税额，并作出相应的会计处理。

2. 某商业企业出售一旧写字楼，收取价款为 500 000 元，发生清理费用 2 000 元，该写字楼的原值为 800 000 元，已提折旧 350 000 元（暂不考虑城市维护建设税和教育费附加）。要求：根据此项业务做出相应的会计处理。

六、筹划题

某企业将其所属的一家餐厅竞标出租，其职工张某最终以每年 50 万元的租金获得了该餐厅 5 年的承租权。对于该项业务，有如下两种方案：（1）张某享有独立的生产经营权和财务核算权，需到工商管理部门进行登记注册并取得营业执照；（2）张某将该餐厅作为这家企业的内设机构来处理，不领取任何类型的营业执照也不办理税务登记。

要求：试从税务筹划的角度去分析张某应该选择哪种方式？

第五章　关税会计及筹划

关税是国际通行的税种，是各国根据本国经济和政治的需要，通过法律的形式来确定的，由海关对进出境的货物和物品征收的一种税。本章内容主要介绍关税相关的基本规定，如纳税义务人、征税对象、关税税则、税收优惠、申报缴纳等，关税完税价格及关税税额的计算，关税的会计核算以及关税税务筹划等相关内容。通过本章的学习，了解关税的概念及特点，熟悉关税的纳税人、征税对象及关税税则，了解关税的征收管理及税收优惠，掌握关税应纳税额的计算，掌握关税会计科目的设置及其核算方法，掌握关税税务筹划的基本方法。

篇前案例

监察部收到一封举报信，反映赖昌星等人与厦门海关等口岸管理部门内外勾结、大肆走私的违法犯罪问题。这封举报信引起了中央领导的高度重视，随即作出批示，决定以海关为主，中央纪委组织协调彻底查清此案。调查开始仅用十天的时间就查处走私案值达110亿元，表明此案是规模空前巨大的特大走私案。经查证，1996年以来赖昌星走私犯罪集团及其他走私犯罪分子在厦门关区走私进口成品油、植物油、汽车、香烟、化工原料、西药原料、电子机械等货物的价值高达530亿元，偷逃税款300亿元，是建国以来查处的最大的走私案。从1996年到1998年，厦门海关征收的关税、增值税等总计只有50.88亿元，而在相等的时间里，厦门关区走私偷漏的应交税款，仅被查实的就有300亿元，是厦门海关征收关税总和的六倍。那么关税到底是一种什么样的税？如何缴税？通过本章的学习我们将对该税种有相应的了解。

关税是国际通行的一个税种，它是海关根据国家制定的有关法律，对进出境货物和物品征收的一种商品税。现行的关税法律规范是以全国人民代表大会

于 2000 年 7 月修正颁布的《中华人民共和国海关法》为法律依据，以国务院于 2003 年 11 月发布的《中华人民共和国进出口关税条例》，以及由国务院关税税则委员会审定并报国务院批准作为条例组成部分的《中华人民共和国海关进出口税则》和《中华人民共和国海关入境旅客行李物品和个人邮递物品征收进口税办法》为基本法规，由负责关税政策制定和征收管理的主管部门依据基本法规拟定的管理办法和实施细则为主要内容。

关税是贯彻对外经济贸易的重要手段，它可以调节经济、促进对外贸易发展，增加国家财政收入，同时还具有价格效应，直接影响进口商品价格的高低。关税具有如下特点：

（1）征收对象是进出境的货物和物品。这里的"境"，指的是"关境"。关税只对进出关境的货物和物品征税，不进出关境的则不征税。

（2）纳税上具有一次性。按规定货物在一次性的征收关税后，就可在关境内流通，不再征收关税，这一点和其他税种是不同的。此外，关税的完税价格不包含关税，也就是说征收关税的计税依据是实际的成交价格，不包括关税在内。

（3）有较强的涉外性。关税税则的制定、税率的高低直接会影响到国际贸易的开展，同时随着世界经济的一体化发展，实施的关税政策经常与经济政策、外交政策相关联，具有涉外性。

（4）采用复式税率。我国对同一进口货物设置了优惠税率和普通税率的复式税则。复式税则是一个国家对外政策的体现，目前除个别国家外，各国普遍采用复式税则。

第一节　关税税制要素

一、纳税人和征税对象

进口货物的收货人、出口货物的发货人、进出境物品的所有人，是关税的纳税义务人。

关税的征税对象是进出境的货物和物品。货物，指的是贸易性商品；物品指的是入境旅客随身携带的行李物品、个人邮递物品、各种运输工具上的服务人员携带进口的自用物品、馈赠物品以及其他方式进境的个人物品。

二、关税税则

（一）进出口税则及其归类

进出口税则是一国政府根据国家关税政策和经济政策，通过一定的立法程序制定公布实施的进出口货物和物品应税的关税税率表。关税税则一般包括两部分内容：一是海关课征关税的规章条例、说明及附录，二是关税的税目税率表。其中，关税的税目税率表是税则的主体。关税的税率表，主要包括税则商品分类目录和税率栏两大部分。

税则归类，就是按照税则的规定，将每项具体进出口商品按其特性在税则中找出其最适合的某一个税号，即"对号入座"，以便确定其适用的税率，来计算关税税负。如果税则归类错误，则会导致关税的多征或少征，影响关税作用的发挥。因此，税则归类关系到关税政策的正确贯彻。

（二）关税的税率及其应用

1．进口关税税率

（1）税率的种类

目前，我国进口税则设有最惠国税率、协定税率、特惠税率、普通税率、关税配额税率等税率形式。对进口货物在一定期限内可以实行暂定税率。其中：

最惠国税率适用原产于与我国共同适用最惠国待遇条款的 WTO 成员方或地区的进口货物，或原产于与我国签订有相互给予最惠国待遇条款的双边贸易协定的国家或地区进口的货物，以及原产于我国境内的进口货物。

协定税率适用原产于我国参加的含有关税优惠条款的区域性贸易协定有关缔约方的进口货物。

特惠税率适用原产于与我国订有特殊优惠关税协定的国家或地区的进口货物。

普通税率适用于原产于上述国家或地区以外的其他国家或地区的进口货物，以及原产地不明的进口货物。按照普通税率征税的进口货物，经国务院关税税则委员会特别批准，可以适用最惠国税率。适用最惠国税率、协定税率、特惠税率的国家或者地区名单，由国务院关税税则委员会决定。

关税配额税率适用于部分按国家规定实行关税配额管理的进口货物，关税配额内的，适用关税配额税率。

暂定税率是部分货物在适用最惠国税率的前提下，通过法律程序暂时实施的进口税率。适用最惠国税率的进口货物有暂定税率的，应当适用暂定税率；适用协定税率、特惠税率的进口货物有暂定税率的，从低适用税率；适用普通税率的进口货物，不适用暂定税率。

（2）计征办法

目前，我国对进口商品基本上都实行从价税，计税时以进口货物的完税价格作为计税依据，以应征税额占货物完税价格的百分比作为税率，其特点是税负公平明确，易于实施。此外，我国对部分产品实行从量税、复合税和滑准税。

从量税是以进口商品的重量、长度、容量、面积等计量单位为计税依据。其特点是税额计算简便，通关手续快捷，并能起到抑制质次价廉商品或故意低瞒价格商品的进口。

复合税是对某种进口商品同时使用从价和从量计征的一种计征关税的方法。这种方法既具有从量税抑制低价商品进口的特点，又可发挥从价税税负合理、稳定的特点。

滑准税是一种关税税率随进口商品价格由高到低而由低到高设置计征关税的方法，进口商品价格越高，其进口关税税率就越低，进口商品的价格越低，其进口关税税率就越高。其特点是可保持滑准税商品的国内市场价格相对稳定，尽可能减少国际市场价格波动的影响。

2．出口关税税率

我国出口税则为一栏税率，即出口税率。国家仅对少数资源性产品及易于竞相杀价、盲目进口、需要规范出口秩序的半制成品征收出口关税。现行税则对 36 种商品计征出口关税。按照规定，出口关税设置出口税率，对于出口货物在一定期限内可以实行暂定税率。因此，适用出口税率的出口货物，有暂定税率的，应当适用暂定税率。我国对其中的 23 种商品实行 0～20% 的暂定税率。与进口暂定税率一样，出口暂定税率优先适用于出口税则中规定的出口税率。实际上，我国真正征收出口关税的商品只有 20 种，税率也较低。

3．税率的运用

按规定，进出口货物应当根据税则规定的归类原则，归入合适的税号，选择适用的税率来征税。具体规定如下：

进出口货物，应当按照纳税义务人申报进口或者出口之日实施的税率征税。

进口货物到达之前，经海关核准先行申报的，应当按照装载此货物的运输工具申报进境之日实施的税率征税。

进出口货物的补税和退税，应当按照该进出口货物原申报进口或者出口之日所实施的税率计算，特殊情况除外。

三、税收优惠

关税减免是贯彻国家关税政策的一项重要措施，具体分为法定减免税、特定减免税和临时减免税三种。

（一）法定减免税

法定减免税是我国《海关法》和《进出口条例》中明确列出的减免税，这样的减免税纳税人无须提出申请，海关按规定直接予以减免税。对于法定减免税的货物，海关一般不进行后续管理。具体如下：

1．关税税额在人民币 50 元以下的一票货物，免征关税；

2．无商业价值的广告品和货样，免征关税；

3．外国政府、国际组织无偿赠送的物资，免征关税；

4．在海关放行前损失的货物，免征关税；

5．进出境运输工具装载的途中必需的燃料、物料和饮食用品，免征关税；

6．经海关核准暂时进境或者暂时出境的货样、展览品、施工机械、工程车辆、工程船舶、供安装设备时使用的仪器和工具、电视或者电影摄制器械、盛装货物的容器以及剧团服装道具，并在 6 个月内复运出境或者复运进境，在纳税义务人向海关缴纳相当于税款的保证金或者提供担保后，可以暂不缴纳关税。

7．因故退还的中国出口货物，经海关审查属实，可予免征进口关税，但已征收的出口关税不予退还；因故退还的境外进口货物，经海关审查属实，可予免征出口关税，但已征收的进口关税不予退还。

8．下列进口货物，经海关查明属实，可酌情减免进口关税：在境外运输途中或者在起卸时，遭受损坏或者损失的；在起卸后海关放行前，因不可抗力遭受损坏或者损失的；海关查验时已经破漏、损坏或者腐烂，经证明不是保管不慎造成的。

9．法律规定减征、免征的其他货物。

（二）特定减免税

特定减免税，是国家在法定减免税之外按照国际通行准则和我国实际的情况，制定发布的有关进出口货物减免关税的政策，一般有地区、企业和用途的限制。对于特定减免税的货物，海关需要进行后续管理。

1．科教用品。对于不以营利为目的的科学研究机构和学校，在合理数量范围内进口国内不能生产的科学研究和教学用品，直接用于科学研究或者教学的，免征进口关税以及进口环节的增值税、消费税。

2．残疾人专用品。对于规定范围内的残疾人个人专用品，免征进口关税和进口环节增值税、消费税；对康复机构、福利机构、假肢厂和荣誉军人康复医院进口国内不能生产的、该规定明确的残疾人专用品，免征进口关税和进口环节增值税。

3．扶贫、慈善性捐赠物资。对境外自然人、法人或者其他组织等境外捐赠人，无偿向经国务院主管部门依法批准成立的，以人道救助和发展扶贫、慈善事业为宗旨的社会团体以及国务院有关部门和各省、自治区、直辖市人民政府捐赠的，直接用于扶贫、慈善事业的物资，免征进口关税和进口环节增值税。所称扶贫、慈善事业是指非营利的扶贫济困、慈善救助等社会慈善和福利事业。

此外，对于加工贸易产品、边境贸易进口物资、保税区进出口货物、出口加工区进出口货物、进口设备、以及特定的行业和用途均有相应的减免税政策。

（三）临时减免税

临时减免税是指上述法定减免和特定减免税以外的其他减免税，即由国务院根据《海关法》对进出口货物的特殊情况，给予特别照顾而审批的减免税。

四、申报与缴纳

（一）关税的申报

进口货物的纳税义务人应自运输工具申报进境之日起 14 日内，向货物进境地海关申报；出口货物在货物运抵海关监管区后装货的 24 小时以前，由纳税义务人向货物出境地海关申报。海关根据税则归类和完税价格计算应缴纳的关税和进口环节代征税，同时填发税款缴款书。

纳税义务人应当依法如实向海关申报，并按照海关的规定提供有关确定的完税价格，进行商品分类等所需要的资料；必要时，海关可以要求纳税义务人补充申报。如果海关对纳税义务人申报的价格有怀疑的，应当书面告知纳税义务人怀疑的理由，并要求纳税义务人在规定的期限内做出说明，并提供相关的资料。

（二）关税的缴纳

纳税义务人应当自海关填发税款缴款书之日起 15 日内，向指定银行缴纳税款。如果关税缴纳期限的最后 1 日是周末或法定节假日，则关税缴纳期限顺延至周末或法定节假日过后的第 1 个工作日。如果纳税义务人未能按期缴纳税款，则自纳税期限届满滞纳之日起，按日征收滞纳税款 0.5‰的滞纳金。

关税纳税义务人因不可抗力或者在国家税收政策调整的情形下，不能按期缴纳税款的，经海关总署批准，可以延期缴纳税款，但最长不得超过 6 个月。

（三）关税的退还

按照规定，海关多征收的税款，海关发现后应当立即退还。具体规定为：海关发现多征收的税款的，应当立即通知纳税义务人办理退税手续。纳税义务人应当自收到海关通知之日起 3 个月内办理有关的退税手续。

如果出现下列情形之一的，进出口货物的纳税义务人可以自缴纳税款之日起 1 年内，书面声明理由，连同原纳税收据向海关申请退税并加算银行同期活期存款利息，逾期不予受理：因海关误征，多纳税款的；海关核准免验进口的货物，在完税后，发现有短缺情形，经海关审查是认可的；已征出口关税的货物，因故未将其运出口，申报退关，经海关查验情况属实的。

（四）关税的补缴

如果在关税纳税义务人按海关核定的税额缴纳关税后，海关发现实际征收关税税额少于应当征收的税额时，应责令纳税义务人补缴所差税款，分为补征和追征两种情形：

由于纳税人违反海关规定造成短征关税的，称为追征。根据《海关法》规定，因纳税义务人违反规定而造成的少征或者漏征的税款，自纳税义务人应缴纳税款之日起 3 年以内可以追征，并从缴纳税款之日起按日加收少征或者漏征税款的万分之五的滞纳金。

如果是非因纳税人违反海关规定造成短征关税的，称为补征。根据《海关法》规定，进出境货物和物品放行后，海关发现少征或者漏征的税款，应当自缴纳税款或者货物、物品放行之日起 1 年内，向纳税义务人补征。

【课堂测试 5-1】

1．下列选项当中，不属于关税法定纳税义务人的有（　　）。

    A．进口货物的收货人　　　　B．进出境物品的所有人

    C．出口货物的发货人　　　　D．出口货物的代理人

2．（　　）适用原产于我国参加的含有关税优惠条款的区域性贸易协定有关缔约方的进口货物。

    A．最惠国税率　　　　　　　B．协定税率

    C．特税税率　　　　　　　　D．普通税率

3．下列选项当中，符合关税法定减免税规定的是（　　）。

    A．残疾人专用品　　　　　　B．科教用品

    C．无商业价值的广告品　　　D．慈善性捐赠物资

4．下列选项中，关于关税申报时间符合我国规定的是（　　）。

    A．进口货物自运输工具申报进境之日起 14 日内

    B．出口货物在运抵海关监管区后的装货的 12 小时以前

    C．进口货物自运输工具申报进境之日起 15 日内

    D．出口货物在运抵海关监管区后的装货的 36 小时以前

5．下列选项当中，说法正确的是（　　）。

    A．纳税义务人违反规定而造成短征关税的，自纳税义务人应缴纳税款之日起 3 年以内可以追征，并从缴纳税款之日起按日加收万分之五的滞纳金。

    B．纳税义务人违反规定而造成短征关税的，自纳税义务人应缴纳税款之日起 1 年以内可以追征，并从缴纳税款之日起按日加收万分之五的滞纳金。

    C．非因纳税义务人违反规定而造成短征关税的，应当自缴纳税款或者货物、物品放行之日起 2 年内，向纳税义务人补征。

    D．非因纳税义务人违反规定而造成短征关税的，应当自缴纳税款或者货物、物品放行之日起 3 年内，向纳税义务人补征。

第二节　关税税额计算

一、原产地规定

由于对于产自不同国家或者地区的进口货物适用的关税税率是不同的，因此需要正确确定进境货物的原产地，才能正确选择进口税则中的各栏税率。我国的原产地规定基本上采用了"全部产地生产标准"、"实质性加工标准"两种国际上通用的原产地标准。

（一）全部产地生产标准

全部产地生产标准是指进口货物"完全在一个国家内生产或制造"，即从原料到制成品的全部生产过程都在一个国家内进行的货物，则其生产或制造国即为该货物的原产国。完全在一国生产或制造的进口货物包括：

1．在该国领土或领海内开采的矿产品；

2．在该国领土上收获或采集的植物产品；

3．在该国领土上出生或饲养的活动物以及从活动物所取得的产品；

4．在该国领土上狩猎或捕捞所得的产品；

5．在该国的船只上卸下的海洋捕捞物，以及由该国船只在海上取得的其他

产品；

6. 在该国加工船上加工上述第 5 项所列物品所得的产品；

7. 在该国收集的只适用于再加工制造的废碎料和废旧物品；

8. 在该国完全使用上述 1 至 7 项所列产品加工成的制成品。

（二）实质性加工标准

实质性加工标准，是适用于确定有两个或两个以上国家参与生产或加工的产品的原产地的确定。该标准的基本原则是：经过两个或两个以上的国家加工、制造的进口货物，以最后一个对货物进行经济上可以视为实质性加工的国家作为有关货物的原产国。"实质性加工"是指产品经加工之后，其在进出口税则中四位数税号一级的税则归类已经有了改变，或者加工增值部分所占新产品总值的比例已超过 30% 及以上的情况。

篇中案例 5-1

原产地的确定

石家庄某公司从韩国进口料件，活动铅笔的整套散件，做来料加工，成品为活动铅笔，散件笔杆处印有韩国造字样，该公司在出口时，按照合同规定在包装纸箱上加印了 "Made in Korea" 字样。但是在出口通关环节，被海关查获，要求重新包装。

该公司的行为非常明显违反了我国的《进出口货物原产地条例》。根据《进出口货物原产地条例》，完全在一个国家（地区）获得的货物，以该国（地区）为原产地；两个以上国家（地区）参与生产的货物，以最后完成实质性改变的国家（地区）为原产地。因此铅笔在生产过程中发生实质性改变，应以"中国"作为原产地。出口货物发货人可以向国家质量监督检验检疫总局所属的各地出入境检验检疫机构、中国国际贸易促进委员会及其地方分会（简称签证机构），申请领取出口货物原产地证书。同时，《进出口货物原产地条例》规定，货物或者其包装上标有原产地标记的，其原产地标记所标明的原产地应当与原产地条例所确定的原产地相一致。

资料来源：根据网络资源整理

二、关税完税价格

我国现行的进出口关税基本上都是按从价计税，因此必须确定应税货物的完税价格，才能正确计算关税税额。关税完税价格是海关以进出口货物的实际成交价格为基础，经调整确定的计征关税的价格。若成交价格不能确定，完税价格则由海关依法估定。

（一）进口货物完税价格

根据《海关法》的相关规定，进口货物的完税价格由海关以货物的成交价格为基础来审查确定，并包括该货物运抵我国境内输入地点起卸前的运输及其相关费用、保险费。

1．进口货物的成交价格

进口货物的成交价格，是指卖方向我国境内销售货物时，买方为进口该货物向卖方实付、应付的并按照规定调整后的价款总额，包括直接支付的价款和间接支付的价款。进口货物的成交价应当符合下列条件：

（1）对买方处置或者使用进口货物不予限制，但法律、行政法规规定实施的限制、对货物销售地域的限制和对货物价格无实质性影响的限制除外。

（2）进口货物的成交价不得受到使该货物成交价格无法确定的条件或因素的影响。

（3）卖方不得直接或者间接获得因买方销售、处置或者使用进口货物而产生的任何收益，或者虽有收益但能够按照规定进行调整。

（4）买卖双方没有特殊关系，或者虽有特殊关系但未对成交价格产生影响。

2．成交价格的调整项目

（1）未包含在进口货物实付或者应付价格中的下列费用，应当计入完税价格：

①由买方负担的除购货佣金以外的佣金和经纪费。

②由买方负担的与该货物视为一体的容器费用。

③由买方负担的包装材料费用和包装劳务费用。

④与该货物的生产和向中华人民共和国境内销售有关的，由买方以免费或者以低于成本的方式提供并可以按适当的比例分摊的料件、工具、模具、消耗材料及类似货物的价款，以及在境外开发、设计等相关服务的费用。

⑤与该进口货物有关并作为卖方向我国销售该货物的一项条件，应当由买方直接或间接支付的特许权使用费。

⑥卖方直接或间接从买方对该货物进口后转售、处置或使用所得中获得的收益。

（2）在进口货物的价款中单独列明的下列税收、费用，不计入完税价格：

①厂房、机械、设备等货物进口后所发生的基建、安装、装配、维修和技

术服务的费用。

②货物运抵我国境内输入地点起卸之后的运输及相关费用、保险费。

③进口关税、进口环节海关代征税及其他国内税收。

[例 5-1] 某公司从国外进口原材料一批，共计 100 吨，货物以境外口岸离岸价格成交，为 15 000 元/吨。另外，买方还承担了如下费用：包装费每吨 400 元，向中介机构支付佣金每吨 1 000 元，向自己的采购代理人支付购货佣金 4 000 元。该批货物运抵我国境内输入地点起卸前的运输、保险及其他相关费用为每吨 1 600 元。进口之后又发生运输和装卸费用 500 元。计算该批原材料的关税完税价格。

关税完税价格 ＝ （15 000＋400＋1 000＋1 600）×100÷10 000

　　　　　　 ＝180（万元）

3．进口货物海关估定的完税价格。

海关进行估计时，应尽可能先使用实际成交价格，但是并不是所有的进口货物都有实际成交价格。如果进口货物的成交价格不符合上述规定的，或者成交价格不能确定的，则海关应依次以下列价格估定该货物的完税价格。

（1）相同货物成交价格估价方法。是指与货物同时或者大约同时向中华人民共和国境内销售的相同货物的成交价格。

（2）类似货物成交价格估价方法。是指与货物同时或者大约同时向中华人民共和国境内销售的类似货物的成交价格。

（3）倒扣价格估价法。是指海关以被估的进口货物、相同或类似进口货物在境内销售的价格为基础，扣除境内发生的有关费用后，估定进口货物的完税价格。该方法下，应当扣除的费用包括：该货物的同等级或同种类货物，在境内销售时的利润和一般费用及通常支付的佣金；货物运抵境内输入地点之后的运费、保险费、装卸费及其他相关费用；进口关税、进口环节税和其他与进口或销售上述货物有关的国内税。

（4）计算价格估价法。该方法下，按照下列各项的总和计算出的价格估定完税价格，主要包括：生产该货物所使用的材料成本和加工费用；与向境内出口销售同等级或同种类货物通常的利润和一般费用；该货物运抵境内输入地点起卸前的运输及相关费用、保险费。

（5）其他合理估价方法。如果上述估价都无法确定海关估价时，海关可以使用其他合理方法，根据《完税价格办法》规定的估价原则，以在境内获得的数据资料为基础估定完税价格。但不允许使用以下价格：境内生产的货物的境内售价；可供选择的价格中较高的价格；货物在出口地市场的销售价格；以计算价格方法规定的有关各项之外的价值或费用计算的价格；出口到第三国或地区的货物的销售价格；最低限价或武断虚构的价格。

4．特殊进口货物的完税价格

（1）运往境外修理的货物。运往境外修理的机械器具、运输工具或其他货物，出境时已向海关报明，并在海关规定期限内复运进境的，应当以海关审定的境外修理费和料件费为完税价格。

（2）运往境外加工的货物。运往境外加工的货物，出境时已向海关报明，并在海关规定期限内复运进境的，应当以海关审定的境外加工费和料件费，以及该货物复运进境的运输及其相关费用、保险费估定完税价格。

（3）暂时进境货物。对于经海关批准的暂时进境的货物，应当按照一般进口货物估价办法的规定，估定完税价格。

（4）租赁方式进口货物。租赁方式进口的货物中，以租金方式对外支付的租赁货物，在租赁期间以海关审定的租金作为完税价格；留购的租赁货物，以海关审定的留购价格作为完税价格；承租人申请一次性缴纳税款的，经海关同意，按照一般进口货物估价办法的规定估定完税价格。

（二）出口货物完税价格

根据《海关法》相关规定，出口货物的完税价格由海关以该货物的成交价格为基础审查确定，并应当包括货物运至我国境内输出地点装卸前的运费及相关费用、保险费。

1．出口货物的成交价格

出口货物的成交价格，是指该货物出口销售到我国境外时，卖方为出口该货物向买方直接收取和间接收取的价款总额。

但下列税收、费用不计入出口货物的完税价格：出口关税税额；在货物价款中单独列明的货物运至我国境内输出地点装卸后的运输及相关费用、保险费；出口货物的成交价格中单独列明由卖方承担的佣金。

2．出口货物海关估价方法

如果出口货物的成交价格不能确定，则由海关依次以下列价格估定该货物的完税价格：

（1）同时或大约同时向同一国家或地区出口的相同货物的成交价格；

（2）同时或大约同时向同一国家或地区出口的类似货物的成交价格；

（3）根据境内生产相同或类似货物的成本、利润和一般费用、境内发生的运输及其相关费用、保险费计算所得的价格；

（4）按照合理方法估定的价格。

（三）完税价格中的运输及相关费用、保险费的计算

1. 以一般陆运、空运、海运方式进口的货物

对于以一般陆运、空运和海运方式所进口的货物，其运费和保险费应当按照实际支付的费用计算。如果进口货物的运费无法确定或者未实际发生，则海关应当按照该货物进口同期运输行业公布的运费率（额）计算运费；进口货物的保险费则按照"货价加运费"两者总额的3‰来计算。

[例5-2] 某公司通过海运进口货物一批，经海关审定的成交价格折合人民币500万元，运抵境内输入地点起卸前的运费折合人民币2万元，保险费无法确定。计算确定该批货物的关税完税价格。

保险费＝（500＋2）×3‰＝1.51（万元）

关税完税价格＝500＋2＋1.51＝503.51（万元）

2. 以其他方式进口的货物

主要包括：邮运的进口货物，应当以邮费作为运输及其相关费用、保险费；以境外边境口岸价格条件成交的铁路或公路运输进口货物，海关应当按照货价的1%计算运输及其相关费用、保险费；作为进口货物的自驾进口的运输工具，海关在审定完税价格时，可以不另行计入运费。

3. 出口货物

对于出口货物，如果其销售价格包括离境口岸至境外口岸之间的运输、保险费的，那么该运费、保险费应当扣除。

三、应纳关税税额的计算

（一）进出口货物从价税应纳税额的计算

关税税额＝应税进（出）口货物数量×单位完税价格×税率

[例5-3] 某企业从境外进口一批化妆品，该批化妆品在国外的卖价为100万元，货物运抵我国入关前发生的运输费及相关费用、保险费共计18万元。货物报关后，该企业按规定缴纳了进口环节的增值税和消费税。货物从海关运往企业发生运输费用4万元。计算该企业应缴纳的关税税额（已知：海关关税税率为25%）。

应纳关税税额＝（100＋18）×25%＝29.5（万元）

[例5-4] 某企业从国外进口小轿车40辆，每辆小轿车的货价为15万元，运抵我国海关前发生的运输费用和保险费用无法确定。经海关核定，其他运输企业的同类业务的运输费率为2%。假定海关关税税率为60%，消费税税率为9%。计算该企业进口环节缴纳的各项税金分别是多少？

进口小轿车的运输费＝40×15×2%＝12（万元）

进口小轿车的保险费＝（40×15＋12）×3‰＝1.84（万元）

关税完税价格＝40×15＋12＋1.84＝613.84（万元）

应缴纳关税税额＝613.84×60%＝368.30（万元）

应缴纳消费税额＝（613.84＋368.30）÷（1−9%）×9%＝97.13（万元）

应缴纳增值税额＝（613.84＋368.30）÷（1−9%）×17%＝183.48（万元）

（二）进出口货物从量税应纳税额的计算

关税税额＝应税进（出）口货物数量×单位货物税额

[例 5-5] 某企业从国外进口啤酒共计 500 箱，每箱 24 瓶，每瓶 500 毫升，假定适用的关税税率为 3 元/升。计算应缴纳的关税税额。

应缴纳关税税额＝500×24×500÷1 000×3＝18 000（元）

（三）进出口货物复合税应纳税额的计算

我国目前实行的复合税都是先计征从量税，再计征从价税。

关税税额＝应税进（出）口货物数量×单位货物税额＋应税进（出）口货物数量×单位完税价格×税率

（四）滑准税应纳税额的计算

关税税额＝应税进（出）口货物数量×单位完税价格×滑准税税率

【课堂测试 5-2】

1. 下列选项当中，（　　）不应当计入进口货物关税完税价格。

    A. 由买方负担的购货佣金

    B. 由买方负担的与进口货物视为一体的容器费用

    C. 由买方负担的包装材料费用

    D. 由买方负担的包装劳务费用

2. 以境外边境口岸价格条件成交的铁路或公路运输进口货，海关应当按照货价的（　　）计算运输及其相关费用、保险费。

    A. 3‰   B. 3%   C. 1%   D. 10%

3. 下列选项当中，应计入出口货物完税价格的是（　　）。

    A. 出口关税税额

    B. 单独列明的支付给境外的佣金

    C. 货物在我国境内输出地点装载后的运输费用

    D. 货物运至我国境内输出地点装载前的保险费

4. 下列选项当中，描述不正确的是（　　）

    A. 以租金方式对外支付的租赁货物，以海关审定的租金作为完税价格

B．留购的租赁货物，以海关审定的租金作为完税价格

C．暂时进境的货物，应当按照一般进口货物估价办法的规定，估定完税价格

D．运往境外修理的货物，出境时已向海关报明，并在海关规定期限内复运进境的，应当以海关审定的境外修理费和料件费为完税价格

5．某进出口公司 2013 年 5 月份从国外进口一批机器设备共 15 台，经海关审定的成交价格为每台 8 万元，设备运抵我国天津港口起卸前的包装、运输、保险及相关费用共计 4 万元，设备的包装材料费为 6 万元，支付的购货佣金为 1.5 万元，进口后另发生运输和装卸费用 0.5 万元。假定该设备进口关税税率为 50%，则该公司应交纳的关税是（　　　）元。

A．620 000　　　　B．650 000　　　　C．657 500　　　　D．66 000

第三节　关税会计处理

一、会计账户的设置

需要缴纳关税的企业，为了全面地反映其关税的缴纳以及结余的情况，企业应主要设置"应交税费——应交关税"、"营业税金及附加"等会计科目进行核算。

"应交税费——应交关税"科目可以明确地反映出企业应缴纳和已缴纳的关税的情况。该科目的借方发生额反映企业实际上缴的进出口关税，贷方发生额反映计算出的应缴纳的进出口关税。期末，如果余额在借方，表示企业多缴的进出口关税；如果余额在贷方，则表示企业欠缴的进出口关税。企业也可以在"应交税费"科目下分别设置"应交进口关税"、"应交出口关税"两个二级明细科目。

"营业税金及附加"科目参见第 3 章消费税会计处理。

二、进口关税的账务处理

（一）工业企业进口关税的账务处理

工业企业直接从国外进口原材料或者是通过外贸企业代理进口原材料，其应支付的进口关税，一般情况下可以不通过"应交税费"科目核算，而是将应支付的关税和进口原材料的价款、国外的运费和保险费以及其他费用一并计入原材料的进口成本当中，在会计核算上，应借记"材料采购"、"原材料"等科

目，贷记"银行存款"、"应付账款"等科目。

[例 5-6] 某工业企业直接从国外进口原材料一批，该批材料的成交价格为 500 000 元，运抵我国海关前发生的运输费用和保险费用为 50 000 元，应付的进口关税为 60 000 元，材料已验收入库。（假定不考虑进口环节的其他税费）则相关的会计处理如下：

材料的采购成本＝500 000＋50 000＋60 000＝610 000（元）

①购进材料时，会计处理为：

借：材料采购　　　　　　　610 000
　　贷：银行存款　　　　　　　610 000

②材料入库，会计处理为：

借：原材料　　　　　　　　610 000
　　贷：材料采购　　　　　　　610 000

（二）外贸企业进口关税的账务处理

1．外贸企业自营进口业务关税的账务处理

根据会计制度相关规定，为完整核算外贸企业进口商品的成本，进口关税不是通过"营业税金及附加"账户核算，而是直接在"商品采购"、"在途物资"等科目中核算。也就是说外贸企业在进口商品时，应缴纳的进口关税，应借记"商品采购"等有关科目，贷记"应交税费——应交关税"科目；企业在实际缴纳关税时，应借记"应交税费——应交关税"，贷记"银行存款"等科目。

[例 5-7] 某外贸企业从国外自营进口商品一批，该批商品的成交价格折合人民币为 400 000 元，运抵我国海关前发生的运输费用和保险费用为 50 000 元，假定进口商品的关税税率为 50%，商品已验收入库。（假定不考虑进口环节的其他相关税费）则相关的会计处理如下：

关税完税价格＝400 000＋50 000＝450 000（元）

应纳关税税额＝450 000×50%＝225 000（元）

商品采购成本＝450 000＋225 000＝675 000（元）

①购进商品时，会计处理为：

借：商品采购　　　　　　　675 000
　　贷：银行存款　　　　　　　450 000
　　　　应交税费——应交关税　225 000

②实际缴纳关税时，会计处理如下：

借：应交税费——应交关税　225 000
　　贷：银行存款　　　　　　　225 000

③商品验收入库时，会计处理如下：

借：库存商品　　　　　　　　675 000

　　贷：商品采购　　　　　　　　　　675 000

2．外贸企业代理进口业务关税的账务处理

对于代理进口业务，进口企业（受托方）不负责进口业务的盈亏，只是通过收取一定手续费的形式为委托方提供代理服务。因此，代理进口业务的进口关税，由进口企业向委托方收取，实际由委托方来负担的。受托单位即使向海关缴纳了关税，也仅仅是代垫代付，将来要向委托方收回。那么，对于计算缴纳的进口关税税额，应借记"应收账款"等有关科目，贷记"应交税费——应交关税"；受托方代交进口关税时，借记"应交税费——应交关税"，贷记"银行存款"科目；收到委托方的税款时，应借记"银行存款"，贷记"应收账款"科目。

[例5-8] 某外贸企业接受一家企业的委托代理进口钢材一批，该批钢材的成交价格折合为人民币为 800 000 元，另外支付境外的运费为 10 000 元、保险费为 24 000 元，包装费及相关的代理手续费为 6 000 元，假定此类钢材的进口关税税率为 15%，上述款项均已通过银行存款支付，且钢材已经验收入库，假定不考虑进口环节的其他税费，要求计算应缴纳关税税额，并分别作出受托方和委托方相应的会计处理。

关税完税价格＝800 000＋10 000＋24 000＋6 000＝840 000（元）

应纳关税税额＝840 000×15%＝126 000（元）

商品采购成本＝840 000＋126 000＝966 000（元）

① 受托方（外贸企业）的会计处理如下

借：应收账款　　　　　　　　126 000

　　贷：应交税费——应交关税　　　　　126 000

借：应交税费——应交关税　　126 000

　　贷：银行存款　　　　　　　　　　126 000

借：银行存款　　　　　　　　126 000

　　贷：应收账款　　　　　　　　　　126 000

② 委托方的会计处理如下：

借：物资采购　　　　　　　　966 000

　　贷：银行存款　　　　　　　　　　966 000

借：原材料　　　　　　　　　966 000

　　贷：物资采购　　　　　　　　　　966 000

三、出口关税的账务处理

（一）工业企业出口关税的账务处理

工业企业在出口时，国家为了鼓励出口，扩大对外贸易，某些国家限制的出口商品除外，其他一律免征出口关税，不涉及到出口关税的会计核算。但是企业出口产品如果涉及到出口关税的会计核算，工业企业出口产品应缴纳的出口关税，在实际支付时可直接借记"营业税金及附加"，贷记"银行存款""应付账款"等科目。

[**例5-9**] 某工业企业向境外出口一批产品，经审核确定的出口完税价格为500万元，假定出口关税税率为10%。则相关的会计处理如下：

出口关税税额＝500×10%＝50（万元）

会计分录为：

借：营业税金及附加　　　500 000

　　贷：银行存款　　　　　　500 000

（二）外贸企业出口关税的账务处理

1. 外贸企业自营出口业务关税的账务处理

自营出口是外贸企业主要的出口业务，而出口关税是对销售环节征收的一种税，因此其自营出口关税应通过"营业税金及附加"账户来进行核算。当企业计算出按规定应缴纳的自营出口关税时，应借记"营业税金及附加"账户，贷记"应交税费——应交关税"科目；实际缴纳出口关税税额时，应借记"应交税费——应交关税"，贷记"银行存款"。

[**例5-10**] 某外贸进出口公司对外出口布料一批，按照海关审核确定的完税价格计算出的出口关税税额为200000元，并以银行存款支付。则相关的会计处理如下：

①按规定计算出应缴纳自营出口关税时，会计处理如下：

借：营业税金及附加　　　　　　200 000

　　贷：应交税费——应交关税　　　　200 000

②实际缴纳出口关税时，会计处理如下：

借：应交税费——应交关税　　　200 000

　　贷：银行存款　　　　　　　　　200 000

2. 外贸企业代理出口业务关税的账务处理

外贸企业代理其他单位经营出口业务，其出口盈亏由委托单位负担，代理出口企业的出口关税属于代交项目，日后应如数向委托单位收回。那么，外贸企业计算出其代缴的出口关税税额时，应借记"应收账款"账户，贷记"应交税费——应交关税"科目；实际缴纳出口关税税款时，应借记"应交税费——应交关税"科目，贷记"银行存款"科目。

[例5-11] 某外贸企业接受境内一家公司的委托，代理出口其产品一批，经海关审定的出口完税价格为 100 000 元，假定出口关税税率为 15%。则相关的会计处理如下：

出口关税税额＝100 000×15%＝15000（元）

①外贸企业计算出其代缴的出口关税时，会计处理为：

借：应收账款　　　　　　　　15 000

　　贷：应交税费——应交关税　　　　　　15 000

②以银行存款缴纳关税税款时，会计处理为

借：应交税费——应交关税　　15 000

　　贷：银行存款　　　　　　　　　　　　15 000

③向委托方收回代交税款时，会计处理为：

借：银行存款　　　　　　　　15 000

　　贷：应收账款　　　　　　　　　　　　15 000

【课堂测试5-3】

1．阳光进出口贸易公司从美国自营进口一批商品，该批商品以境外口岸离岸价格成交，为 1 200 000 元，运抵境内输入地点起卸前的运费为 80 000 元，保险费无法查明，该批货物的进口关税税率为 5%。计算阳光公司应缴纳的关税税额，并作出相应的会计处理。（不考虑进口环节的其他税费）

2．彩云进出口贸易有限公司接受某设备公司的委托，代理出口其钢材一批，经海关核定的出口完税价格为 2 000 000 元，假定出口关税税率为 15%。要求作出相应的会计处理。

第四节　关税税务筹划

关税的税务筹划主要包括税率的筹划、完税价格的筹划等。

一、税率的税务筹划

（一）零部件与产成品的税务筹划

一般情况下，关税的税率是不可变的，但是由于进口商品的不同其适用的税率是不同的。比如原材料或零部件、半成品和产成品之间的关税税率是不相同的。通常情况下，原材料或零部件的关税税率最低，半成品次之，而产成品的关税税率最高。由此，就带来了一定的税务筹划空间，企业可以考虑进口原材料或半成品，进口之后再进行加工生产，以达到降低关税税负的目的。

[例 5-12] 甲企业为国外一汽车生产企业，向中国境内的汽车销售企业乙进口小汽车 120 辆，经海关审定的小汽车的完税价格为每辆 10 万元。假设小汽车进口环节的关税税率为 25%。则甲企业进口环节应缴纳关税税额为 300（120×10×25%）万元。

该企业经过考虑进行税务筹划如下，决定在中国设立自己的汽车组装公司并进行汽车的销售业务，而进口环节由原来的小汽车改为进口散装的小汽车的零部件。假定一辆小汽车全套的零部件的价格为 7 万元，关税税率为 10%，则甲企业应缴纳的关税税额变为 84（7×120×10%）万元，关税税负减少 216 万元。事实上，进口环节的消费税和增值税也减少了，假设消费税税率为 5%，增值税税率为 17%，则：

筹划之前：

应缴纳消费税税额＝（120×10＋300）÷（1-5%）×5%＝78.95（万元）

应缴纳增值税税额＝（120×10＋300）÷（1-5%）×17%＝268.42（万元）

筹划之后：

进口环节不需要再缴纳消费税；

应缴纳增值税税额＝（120×7＋84）×17%＝157.08（万元）

当然消费税在之后的生产环节还需要缴纳，但是由于递延了纳税时间，其税负水平相对降低，仍然达到了税务筹划的目的。

（二）原产地的税务筹划

我国进口关税税率设有普通税率和优惠税率（最惠国税率、协定税率、特惠税率等）。而对于进口的同一种货物，如果其原产地不同则其适用的税率也是大不相同的。因此正确合理地运用原产地标准，也能达到税务筹划的目的，降低税负。主要有以下两种情况：

一种情况是，对于原产地和我国签订有关税互惠协议的国家和地区的进口货物，适用优惠税率征收关税；对于原产地和我国未签订关税互惠协议的国家和地区的进口货物，适用普通税率征税。因此这种情况下进行筹划的关键是尽量获得优惠税率的利益。

另一种情况是，我国关于原产地的确认采用了国际上通用的全部产地标准和实质性加工标准。全部产地标准，是指完全在一个国家内生产和制造的货物，其原产地就是其生产国，税务筹划的可能性非常小。而实质性加工标准，适用于经过多个国家加工、制造的进口货物，以最后一个对货物进行经济上可以视为实质性加工的国家作为有关货物的原产国。"实质性加工"是指产品加工后，其在进出口税则中四位数税号一级的税则归类已经有了改变，或者加工增值部分所占新产品总值的比例已超过 30% 及以上的。很显然有税务筹划的可能，关键是税目税率的改变。

［例 5-13］ 某汽车公司是一家从事跨国经营的汽车生产厂商，向其提供零配件的子公司分设在不同的国家和地区。2013 年该公司董事长决定将自己的产品打入中国市场，首批引进公司生产的最新款小汽车，共计 120 辆。该小汽车的市场销售价格为每辆 80 万元，而与此款汽车相近的其他品牌的小汽车市场销售价格为每辆 60 万元。假定小汽车的关税税率为 50%。那么该汽车公司该如何进行税务筹划？

筹划思路如下：

首先，利用原产地和中国是否签订有关的税收优惠协议来进行税收筹划，应该尽量选择优惠税率以降低税负。其次，海关对进口货物原产地的确定采用全部产地标准和实质性加工标准两种方法来确定。很明显，该汽车生产企业适用于实质性加工标准。而实质性加工标准的条件有两个，满足其一即可。第一个条件，经过多个国家加工、制造的进口货物，以最后一个对货物进行经济上可以视为实质性加工的国家作为有关货物的原产国。"实质性加工"是指产品加工后，其在进出口税则中四位数税号一级的税则归类已经有了改变。如果这家汽车生产企业在新加坡、菲律宾、韩国、马来西亚等国家都设有供应零配件的子公司，那么最终的装配厂应设在哪里？应依次考虑：选择与中国签有税收优惠协议的国家；综合考虑装配国到中国的运输条件、装配国汽车产品的出口关税和进口关税等因素；还要考虑装配国的政治情况、外汇管制等，综合做出一个最优惠的选择。第二个条件，加工增值部分所占新产品总值的比例已超过 30% 及以上，可以视为实质性加工。如果该汽车企业已经选择了没有与中国签订税收优惠协议的国家建立装配厂，而改变厂址的话成本又较高，那么该企业就可根据这条标准，将原装配厂做为半成品厂，再在已选定的国家或地区选择建立最终的装配厂，并使之装配的增值部分占到汽车总价格的 30% 以上，这样就可以享受优惠税率。综上所述，该企业应该根据其实际状况，去比较和选择最合适的地区作为进口汽车的原产地，以达到税务筹划的目的。

二、计税依据的税务筹划

关税的计税依据就是关税完税价格，在税率固定的情况下，完税价格的高低直接关系纳税人关税税负的高低。因此进出口货物和物品应该在符合法律的条件下，尽量制定合理的、较低的完税价格，以降低税负达到税务筹划的目的。

（一）进口货物完税价格的税务筹划

进口货物的完税价格由海关以货物的成交价格为基础来审查确定，并包括该货物运抵我国境内输入地点起卸前的运输及其相关费用、保险费。我国对进口货物的海关估价主要有两种情况：一是海关审查可确定的完税价格。进口商向海关申报进口货物的价格，经海关审定符合"成交价格"的要求，以此作为计算完税价格的依据，然后经海关进行货价、运保费等各项费用调整之后确定其完税价格。因此，这种情况下税务筹划的关键就是如何缩小货物的申报价格，同时又能让海关认可是正常的成交价格；二是海关估定的完税价格，经海关审查未能确定完税价格的，按照相同货物成交价格法、类似货物成交价格法、倒扣价格估价法、计算价格估价法等方法来估定完税价格。这种情况下主要是一些市场上还没有或者很少的新产品，而一般情况下其预期的市场价格要远远高于市场上现有的类似产品的价格，这就为产品进口完税价格的申报预留了空间，企业进行税务筹划就有了可能。

[例5-14] 国外某公司研发出一种新产品，目前市场上还未形成确切的价格，但是该公司已经确认这种新产品未来的市场价格要远高于目前市场上的类似产品。目前市场上类似产品的价格为80万美元，该企业预计这种新产品的市场价格为150万美元。如此一来，该企业在向海关申报进口时可以按照稍低于80万美元的价格申报，比如60万美元，如果海关认为合理，即可征税放行；如果海关认为不合理，会对其重新估价，而市场上没有相同产品的价格，海关无法按相同货物成交价格进行估价，因此最多估定的完税价格也只是80万美元。当然，不管是哪种情况，该企业都享受了税务筹划的好处。

（二）出口货物完税价格的税务筹划

出口货物的完税价格由海关以该货物的成交价格为基础审查确定，并应当包括货物运至我国境内输出地点装卸前的运费及相关费用、保险费。大多数企业在进行出口货物的关税筹划时，通常采用的方法就是降低出口货物的完税价格。但是对于企业来说降低其价格会影响企业的利润，因此通常企业在降低完税价格的同时，会在相应的国家设立自己的子公司，通过关联方交易，进行国际转让定价的筹划。

【课堂测试 5-4】

某钢铁企业急需进口一批矿石，可供选择的进口渠道有 A 和 B 两个国家。假定进口需求为 30 万吨。如果从 A 国进口，则为高品质矿石，价格为 25 美元/吨，运费总额为 25 万美元；如果从 B 国进口，则为低品质矿石，价格为 23 美元/吨，但是由于航程较远，其运费总额为 55 万美元。假定该种矿石的进口关税税率为 30%。通过税务筹划，分析确定该企业应从哪个国家进口矿石？

本章小结

关税是国际通行的一个税种，它是海关对进出境货物和物品征收的一种税。关税的征税对象是进出境的货物和物品。关税的纳税人为进口货物的收货人、出口货物的发货人以及进出境物品的所有人。我国原产地的规定采用的是国际通用的"全部产地生产标准"和"实质性加工标准"。进出境货物的关税完税价格是海关以进出口货物的实际成交价格为基础，经调整确定的计征关税的价格。若成交价格不能确定，完税价格则由海关依法估定。关税税额的计算分别有从价税、从量税、复合税和滑准税。

缴纳关税的企业在进行会计核算时，主要设置"应交税费——应交关税"科目，该科目借方发生额反映企业实际上缴的进出口关税，贷方发生额反映计算出的应缴纳的进出口关税。期末余额在借方，表示企业多缴的进出口关税；余额在贷方，则表示企业欠缴的进出口关税。企业也可以在"应交税费"账户下分别设置"应交进口关税"、"应交出口关税"两个二级账户。关税的的税务筹划方法主要有关税税率的税务筹划、关税计税依据的税务筹划等。

篇后案例

中国对美国原产汽车征报复性关税

2011 年 12 月 14 日，中国商务部发布公告称，将对美国部分进口汽车实施反倾销和反补贴措施。该公告称，商务部裁定原产于美国的排气量在 2.5 升以上的进口小轿车和越野车存在倾销和补贴，使中国相关产业受到实质损害，因此将对该类产品征收反倾销和反补贴税，税率在 2% 到 21.5% 之间，实施期限 2 年，自 2011 年 12 月 15 日起到 2013 年 12 月 14 日止。

中国与美国近期频繁出现贸易争端。此前一周美国表示将在世界贸易组织对中国提起诉讼，称中方针对美国出口肉鸡产品动用的反倾销措施是非法的。美国还有一起针对中国限制美国出口钢材的诉讼有待裁决。美国商务部最近初步裁定，中国的太阳能产品损害了美国的相关产业，将对中国企业启动"双反"调查。中国在 2009 年启动针对美国肉鸡和汽车开征反倾销关税的过程，在那之前不久，美国首次动用特保措施，其矛头指向中国输美轮胎。随后中国在世贸组织对美国限制中国出口轮胎的行动发起挑战，但最终败诉，因为世贸专家小组裁定，美方系在法律允许的范围内正确操作。

中国将对美国原产进口车征收报复性关税，这是全球两大经济体贸易摩擦的最新迹象。中国商务部昨日表示，这是为了回应美方"倾销和补贴"对中国汽车业造成的损害。此举将影响在中国畅销的多款大排量车，包括德国宝马和梅赛德斯——奔驰品牌在美国工厂制造的运动型多功能车（SUV）。2009年中国超越美国，成为世界上最大的汽车市场，在华销售的宝马和梅赛德斯在利润中占相当大一部分，这两家公司在全球销售的 SUV 都是在北美制造的。除了上述两个德国高档品牌之外，中国商务部还将矛头指向通用、福特、克莱斯勒和本田美国部门的一些车型。此举是美国与中国之间一系列法律行动的最新动作，双方都指责对方用非法的政府补贴来支持国内产业，并向对方动用紧急进口壁垒的做法发起挑战。

通过此案例，谈谈你对关税的认识。

资料来源：新华网
2012-08-06

核心概念

关税（customs duty）
关税税则（customs tariff）
完税价格（duty-paid value）
原产地（origin）
全部产地标准（all of the standard）
实质性加工标准（substantive processing standards）

思考题

1. 什么是关税？关税有何特点？
2. 关税有哪些减免税的规定？
3. 进口货物的完税价格如何确定？进口关税如何计算？
4. 出口货物的完税价格如何确定？出口关税如何计算？
5. 工业企业如何进行关税的会计处理？

6．外贸企业如何进行关税的会计处理？

7．关税的税务筹划方法有哪些？

练习题

一、单项选择题

1．关税税率随进口商品价格由高到低而由低到高设置的计征关税的方法称为（　　）。

　　A．从价税　　　　　　　　　　B．从量税

　　C．复合税　　　　　　　　　　D．滑准税

2．下列关于关税税率的表述，不正确的是（　　）。

　　A．我国进口商品绝大部分采用从价定率的征税办法

　　B．进出口货物，应当按照纳税义务人申报进口或者出口之日的税率征税

　　C．进口货物到达之前经海关核准先行申报的，应按照进口货物到达之日的税率征税

　　D．进出口货物补税和退税，应按照其原申报进口或者出口之日的税率计算

3．下列选项当中，不属于关税法定减免税的是（　　）。

　　A．扶贫、慈善性捐赠物资

　　B．关税税额在人民币 50 元以下的一票货物

　　C．无商业价值的广告品和货样

　　D．外国政府、国际组织无偿赠送的物资

4．进口货物的纳税义务人应自运输工具申报进境之日起（　　）内，向货物进境地海关申报。

　　A. 5 日　　　　　　　　　　　　B. 10 日

　　C. 14 日　　　　　　　　　　　D. 15 日

5．关税纳税义务人因不可抗力或者在国家税收政策调整的情形下，不能按期缴纳税款的，经海关总署批准，可以延期缴纳税款，但最长不得超过（　　）。

　　A. 3 个月　　　　　　　　　　B. 6 个月

　　C. 9 个月　　　　　　　　　　D. 12 个月

6．以下计入进口货物关税完税价格的项目有（　　）。

　　A．货物运抵境内输入地点后的运输费用

　　B．进口关税

C. 国内保险费

D. 卖方间接从买方对该货物的进口后使用所得中获得的收益

7. 进口货物完税价格是指货物的（　　　）。

A. 成交价格为基础的完税价格

B. 到岸价格为基础的完税价格

C. 组成计税价格

D. 实际支付价格

8. 下列选项当中,关于特殊进口货物的完税价格,说法不正确的是(　　　)。

A. 运往境外修理的货物,应当以海关审定的境外修理费和料件费为完税价格。

B. 运往境外加工的货物,应当以海关审定的境外加工费和料件费,以及该货物复运进境的运输及其相关费用、保险费估定完税价格。

C. 经海关批准的暂时进境的货物,应当按照同类货物的到岸价格为完税价格

D. 留购的租赁货物,以海关审定的留购价格作为完税价格

9. 海陆空运进口货物的保险费,应当按照实际支付的费用计算。如果进口货物的保险费无法确定或未实际发生,海关应当按照"货价加运费"两者总额的（　　）计算保险费。

A. 1‰ 　　　　　　　　　　　　　　B. 2‰

C. 3‰ 　　　　　　　　　　　　　　D. 4‰

10. 某企业从境外进口一批原材料,该批原材料国外的卖价为 200 万元,货物运抵我国入关前发生的运输费及相关费用、保险费共计 36 万元。货物报关后,该企业按规定缴纳了进口环节的增值税和消费税。货物从海关运往企业发生运输费用 8 万元。则其关税完税价格为（　　　）。

A. 200 　　　　　　　　　　　　　　B. 236

C. 244 　　　　　　　　　　　　　　D. 150

二、多项选择题

1. 关税是由海关对进出境的（　　　）征收的一种税。

A. 货物 　　　　　　　　　　　　　B. 物品

C. 无形资产 　　　　　　　　　　　D. 劳务

2. 下列选项当中,属于关税纳税人的有（　　　）。

A. 进口货物的收货人 　　　　　　　B. 出口货物的发货人

C. 进出境物品的所有人 　　　　　　D. 进出口业务的代理人

3. 我国进口税则中设有的进口关税税率，包括（　　）。

   A. 最惠国税率　　　　　　　　　B. 协定税率

   C. 特定税率　　　　　　　　　　D. 特惠税率

4. 根据我国海关法的规定，减免进出口关税的权限属于中央政府。关税减免的形式主要包括（　　）。

   A. 法定减免　　　　　　　　　　B. 特定减免

   C. 困难减免　　　　　　　　　　D. 临时减免

5. 下列选项当中，说法正确的有（　　）。

   A. 由于纳税人违反海关规定造成短征关税的，称为追征

   B. 如果是非因纳税人违反海关规定造成短征关税的，称为补征

   C. 因纳税义务人违反规定而造成少征或者漏征税款的，自纳税义务人应缴纳税款之日起 3 年以内可以追征，并从缴纳税款之日起按日加收少征或者漏征税款的万分之五的滞纳金

   D. 进出境货物和物品放行后，海关发现少征或者漏征的税款，应当自缴纳税款或者货物、物品放行之日起 1 年内，向纳税义务人补征

6. 目前，我国的原产地规定采用（　　）。

   A. 全部产地生产标准　　　　　　B. 参与性加工标准

   C. 实质性加工标准　　　　　　　D. 挂靠性加工标准

7. 下列选项当中，应当计入进口货物关税完税价格中的有（　　）。

   A. 境外的运输费　　　　　　　　B. 境外的保险费

   C. 境外的劳务包装费　　　　　　D. 境外的考察费

8. 在估定进口货物的完税价格时，应当扣除的费用包括（　　）。

   A. 同种类货物在境内销售时的利润

   B. 货物运抵境内输入地点之前的运费、保险费、装卸费及其他相关费用

   C. 货物运抵境内输入地点之后的运费、保险费、装卸费及其他相关费用

   D. 进口关税及进口环节的消费税

9. 下列选项当中，关于出口货物的完税价格，说法正确的有（　　）。

   A. 出口关税不计入完税价格

   B. 出口货物的成交价格中单独列明由卖方承担的佣金不计入完税价格

   C. 出口货物的关税完税价格包含增值税销项税额

   D. 在境内输出地点起卸前发生的运费，应包含在完税价格中

10. 某企业进口一批金银首饰，海关审定的货价为 6 500 万元人民币，运保费无法确定，海关按同类货物同程运输估定的运费为 10 万元人民币。假定该货物进口关税税率为 15%，消费税税率为 5%，下列说法正确的有（　　　）。

　　A. 关税完税价格为 6 529.53 元

　　B. 应缴纳的关税为 979.43 元

　　C. 应缴纳的消费税为 395.21 元

　　D. 应缴纳的增值税为 1 276.52 元

三、判断题

1. 中国游客出国旅行，入境时携带的随身物品，不属于关税的征税对象。（　　　）

2. 对于适用最惠国税率的进口货物，有暂定税率的，应适用暂定税率。（　　　）

3. 汶川地震时期外国政府无偿捐赠的物资，免征关税。（　　　）

4. 进口货物的纳税义务人应于运输工具申报进境之日起的 15 日内，向货物进境地海关申报。（　　　）

5. 如果进口商品采用的是滑准税，则价格越高，其进口关税税率就越低，价格越低，其进口关税税率就越高。（　　　）

6. 我国目前的原产地标准采用的是全部产地生产标准和实质性加工标准。（　　　）

7. 进口货物的买价、境外运费、由买方负担的包装费、购货佣金，均应计入进口货物的关税完税价格。（　　　）

8. 运往境外修理的货物，应以修理后进境时的到岸价格为完税价格。（　　　）

9. 出口关税，不计入出口货物的完税价格。（　　　）

10. 以境外边境口岸价格条件成交的铁路或公路运输进口货物，海关应当按照货价的 1% 计算运输及相关费用、保险费。（　　　）

四、计算题

1. 某单位进口原产于某 WTO 成员国的小轿车 20 辆，该批货物经海关审定的成交价为 31 万元/辆，运抵我国关境内输入地点起卸前的包装费、运输费、保险费和其他费用共 10 万元，支付货物在我国输入地点起卸后的运输费用 2 万元。进口关税税率为 25%。计算该单位应缴纳关税税额。

2. 某出国人员回国时带入境内 1 台应税数码摄像机，完税价格折合人民币 5000 元，适用税率 20%。计算该出国人员应纳行李和邮递物品的进口关税税额。

五、核算题

1. 某外贸进出口公司从国外自营进口商品一批，该进口商品的关税完税价格折合人民币 48 万元，进口商品的关税税率为 50%，列示该公司有关关税的会计处理（暂不考虑进口环节的其他相关税费）。

2. 某设备公司委托某外贸进出口公司进口钢材一批，该批钢材国外成交价格为 15 万美元，此外，还支付境外的运费 1 500 美元，包装费 300 美元，保险费 450 美元，代理手续费 750 美元。该钢材进口关税税率为 15%，以上款项均已通过银行存款支付，钢材已验收入库。列示有关关税税额的会计处理（假定美元兑换人民币的外汇牌价为 1:6）。

六、筹划题

某外贸进出口企业主要从事某国际知名品牌空调的销售，年销售数量为 10 000 台，每台国内的销售价格为 4 500 元，进口完税价格为 2 500 元，假定进口环节适用的关税税率为 20%，增值税税率为 17%。该企业管理层提出议案：在取得该品牌空调厂家的同意和技术协作的情况下，进口该品牌空调的电路板和发动机，进口完税价格为整机价格的 60%，假定进口环节适用的关税税率为 15%。其他配件委托国内技术先进的企业加工，并完成整机组装，所发生的成本费用为进口完税价格的 50%，购进配件及劳务的增值税税率为 17%。

要求：分析该管理层议案的经济可行性。

第六章　企业所得税会计及筹划

企业所得税是我国税收当中非常重要的税种，也是企业缴纳的最主要税种之一。企业所得税的税收优惠已经成为国家调节产业结构，促进经济发展的重要手段。也因此，关于企业所得税的税务筹划成为企业进行税务筹划的最主要关注点。本章主要介绍企业所得税的税收基本制度、企业所得税的税额计算、企业所得税的会计处理以及企业所得税的税务筹划。通过学习本章，理解和掌握企业所得税税收制度的基本内容，掌握应纳税所得额以及应纳所得税额的计算，掌握企业所得税会计的账户设置，掌握应付税款法和资产负债表债务法下企业所得税的会计处理。

篇前案例

企业发票涉税违法少交 20.7 万所得税被查处

XX 市国税第三稽查局查处了一起涉税发票违法行为，为企业规范发票使用管理敲响了警钟。在稽查过程中，该市国税第三稽查局税务人员发现，某企业在纳税年度内，曾发生预提费用 65 万元，同时，支付职工体检费 18 万元，没有取得合法有效凭证。两项费用合计 83 万元，企业在申报企业所得税纳税申报时，均未做纳税调整，造成企业实际少交企业所得税 20.7 万元。依据《中华人民共和国企业所得税法》，市国税第三稽查局对企业做出了补交企业所得税 20.7 万元，罚款 4.4 万元，交纳滞纳金 4.8 万元的处罚决定。目前，违法企业已经全额缴纳了税款、罚款及滞纳金。

请同学们思考，企业所得税应该如何计算缴纳才能避免罚款呢？

企业所得税是国家对企业在一定时期内的生产经营所得和其他所得征收的一种税。现行企业所得税法的基本规范，是 2007 年 3 月 16 日第十届全国人民代表大会第五次全体会议通过的《中华人民共和国企业所得税法》和 2007 年 11 月 28 日国务院第 197 次常务会议通过的《中华人民共和国企业所得税法实施条例》。

现行企业所得税的特点如下：（1）实行法人所得税制。我国新企业所得税实行法人所得税制，确定企业所得税的纳税人是法人，从而明确了企业所得税和个人所得税的界限。（2）体现量能负担的原则。企业所得税以所得额为课税对象，所得税的负担轻重与纳税人所得的多少有着内在联系。所得多、负担能力大的多征；所得少、负担能力小的少征；无所得、没有负担能力的不征，以体现税收公平的原则。（3）税法对税基的约束力强。企业应纳税所得额的计算应严格按照税法规定进行，如果企业的财务会计处理办法与国家税收法规抵触的，应当按照税法的规定计算纳税。（4）实行按年计算，分期预缴的征收办法。企业所得税的征收一般是以全年的应纳税所得额为计税依据的，实行按年计算、分月或分季预缴、年终汇算清缴的征收办法。（5）税负不易转嫁。企业所得税属于直接税，税负一般不易转嫁。因此，企业既是企业所得税的纳税人，也是企业所得税的负税人。

第一节　企业所得税概述

一、纳税人

企业所得税的纳税人，是指在中华人民共和国境内的企业（不包括个人独资企业、合伙企业）和其他取得收入的组织。

企业所得税的纳税人分为居民企业和非居民企业。

（一）居民企业

居民企业，是指依法在中国境内成立，或者依照外国（地区）法律成立但实际管理机构在中国境内的企业。这里的企业包括国有企业、集体企业、私营企业、联营企业、股份制企业，外商投资企业、外国企业以及有生产、经营所得和其他所得的其他组织。其中，实际管理机构，是指对企业的生产经营、人员、账务、财产等实施实质性全面管理和控制的机构。

篇中案例 6-1

企业都要缴纳企业所得税吗？

小李和小赵毕业后合伙开了一家饭店，生意不错，虽然也算企业，税务机关却说不用缴纳企业所得税，这是为什么呢？难道小李和小赵的所得就不用交税了吗？

（二）非居民企业

非居民企业，是指依照外国（地区）法律成立且实际管理机构不在中国境内，但在中国境内设立机构、场所的，或者在中国境内未设立机构、场所，但有来源于中国境内所得的企业。

这里的机构、场所，是指在中国境内从事生产经营活动的机构、场所，包括：管理机构、营业机构、办事机构；工厂、农场、开采自然资源的场所；提供劳务的场所；从事建筑、安装、装配、修理、勘探等工程作业的场所以及其他从事生产经营活动的机构、场所。另外，非居民企业委托营业代理人在中国境内从事生产经营活动的，包括委托单位或者个人经常代其签订合同，或者储存、交付货物等，该营业代理人视为非居民企业在中国境内设立的机构、场所。

二、征税对象

企业所得税的征税对象，是指企业的生产经营所得、其他所得和清算所得。具体包括销售货物所得、提供劳务所得、转让财产所得、股息红利等权益性投资所得、利息所得、租金所得、特许权使用费所得、接受捐赠所得和其他所得。

（一）居民企业的征税对象

居民企业应将来源于中国境内、境外的所得作为征税对象。因此，居民企业承担的是无限纳税义务。

（二）非居民企业的征税对象

非居民企业在中国境内设立机构、场所的，应当就其所设机构、场所取得的来源于中国境内的所得，以及发生在中国境外但与其所设机构、场所有实际联系的所得，缴纳企业所得税。因此，非居民企业承担的是有限纳税义务。

非居民企业在中国境内未设立机构、场所的，或者虽设立机构、场所但取得的所得与其所设机构、场所没有实际联系的，应当就其来源于中国境内的所得缴纳企业所得税。

上述所称实际联系，是指非居民企业在中国境内设立的机构、场所拥有的据以取得所得的股权、债权，以及拥有、管理、控制据以取得所得的财产。

（三）所得来源的确定

所得来源地的判定是企业所得税的纳税人身份选择的依据。

关于来源地的确定，规定如下：

1. 销售货物所得，按照交易活动发生地确定。

2．提供劳务所得，按照劳务发生地确定。

3．转让财产所得。（1）不动产转让所得按照不动产所在地确定。（2）动产转让所得按照转让动产的企业或者机构、场所所在地确定。（3）权益性投资资产转让所得按照被投资企业所在地确定。

4．股息、红利等权益性投资所得，按照分配所得的企业所在地确定。

5．利息所得、租金所得、特许权使用费所得，按照负担、支付所得的企业或者机构、场所所在地确定，或者按照负担、支付所得的个人的住所地确定。

6．其他所得，由国务院财政、税务主管部门确定。

三、税率

企业所得税实行比例税率。

（一）基本税率

企业所得税的基本税率为25%。适用于居民企业和在中国境内设有机构、场所且所得与机构、场所有关联的非居民企业。

（二）预提所得税率为20%。

企业所得税的预提所得税率适用于在中国境内未设立机构、场所的，或者虽设立机构、场所但取得的所得与其所设机构、场所没有实际联系的非居民企业。目前减按10%征收。

（三）优惠税率

国家为了体现产业政策扶持，对于特殊行业和企业做了减免税规定。如，对于高新技术企业，减按15%的税率征收企业所得税；对于小型微利企业，减按20%的税率征收企业所得税等。具体适用范围和规定，见"四、税收优惠"。

四、税收优惠

企业所得税是最能体现国家的税收政策扶持的税种，因此也是税收优惠最多的税种。税法规定的企业所得税的税收优惠方式包括免税、减税、加计扣除、加速折旧、减计收入、税额抵免等。

（一）法定税收优惠

1. 免税收入

企业的下列收入为免税收入：

（1）国债利息收入；

（2）符合条件的居民企业之间的股息、红利等权益性投资收益

（3）在中国境内设立机构、场所的非居民企业从居民企业取得与该机构、

场所有实际联系的股息、红利等权益性投资收益；

（4）符合条件的非营利组织的收入。

2. 农、林、牧、渔所得

企业从事农、林、牧、渔业项目的所得中，蔬菜、谷物等的种植可以免征企业所得税；花卉、茶等的种植可以减半征收企业所得税。

3. 从事国家重点扶持的公共基础设施项目投资经营的所得

企业从事国家重点扶持的公共基础设施项目的投资经营的所得，自项目取得第一笔生产经营收入所属纳税年度起，第1年至第3年免征企业所得税，第4年至第6年减半征收企业所得税。

4. 从事符合条件的环境保护、节能节水项目的所得

环境保护、节能节水项目的所得，自项目取得第一笔生产经营收入所属纳税年度起，第1年至第3年免征企业所得税，第4年至第6年减半征收企业所得税。

5. 技术转让所得

一个纳税年度内，居民企业转让技术所有权所得不超过500万元的部分，免征企业所得税；超过500万元的部分，减半征收企业所得税。

6. 高新技术企业所得

国家需要重点扶持的高新技术企业减按15%的税率征收企业所得税。

7. 小型微利企业所得

符合条件的小型微利企业，减按20%的税率征收企业所得税。

其中，小型微利是指工业企业，年度应纳税所得额不超过30万元，从业人数不超过100人，资产总额不超过3000万元；其他企业，年度应纳税所得额不超过30万元，从业人数不超过80人，资产总额不超过1000万元。同时，仅就来源于我国所得负有我国纳税义务的非居民企业，不适用此规定。

根据财税[2014]34号规定，对年应纳税所得税额低于10万元（含10万元）的小型微利企业，其所得减按50%计入应纳税所得额，按20%的税率缴纳企业所得税。

8. 加计扣除的项目

企业的下列支出，可以在计算应纳税所得额时加计扣除：

（1）开发新技术、新产品、新工艺发生的研究开发费用

研究开发费，是指企业为开发新技术、新产品、新工艺发生的研究开发费用，未形成无形资产计入当期损益的，在按照规定据实扣除的基础上，按照研究开发费用的50%加计扣除；形成无形资产的，按照无形资产成本的150%摊销。

（2）安置残疾人员及国家鼓励安置的其他就业人员所支付的工资

企业安置残疾人员所支付工资费用的加计扣除，是指企业安置残疾人员的，在按照支付给残疾职工工资据实扣除的基础上，按照支付给残疾职工工资的100%加计扣除。

9. 创投企业所得

创投企业优惠，是指创业投资企业采取股权投资方式投资于未上市的中小高新技术企业 2 年以上的，可以按照其投资额的 70%在股权持有满 2 年的当年抵扣该创业投资企业的应纳税所得额；当年不足抵扣的，可以在以后纳税年度结转抵扣。

10. 加速折旧的优惠

企业的固定资产由于技术进步等原因，确需加速折旧的，可以缩短折旧年限或者采取加速折旧的方法。

可采用以上折旧方法的固定资产是指：

（1）由于技术进步，产品更新换代较快的固定资产。

（2）常年处于强震动、高腐蚀状态的固定资产。

采取缩短折旧年限方法的，最低折旧年限不得低于规定折旧年限的 60%；采取加速折旧方法的，可以采取双倍余额递减法或者年数总和法。

11. 减计收入的优惠

企业综合利用资源，生产符合国家产业政策规定的产品所取得的收入，可以在计算应纳税所得额时减计收入。

综合利用资源，是指企业以《资源综合利用企业所得税优惠目录》规定的资源作为主要原材料，生产国家非限制和禁止并符合国家和行业相关标准的产品取得的收入，减按 90%计入收入总额。

12. 税额抵免优惠

企业购置用于环境保护、节能节水、安全生产等专用设备的投资额，可以按一定比例实行税额抵免。

税额抵免，是指企业购置并实际使用《环境保护专用设备企业所得税优惠目录》、《节能节水专用设备企业所得税优惠目录》和《安全生产专用设备企业所得税优惠目录》规定的环境保护、节能节水、安全生产等专用设备的，该专用设备的投资额的 10%可以从企业当年的应纳税额中抵免；当年不足抵免的，可以在以后 5 个纳税年度结转抵免。

篇中案例 6-2

安徽：企业参与大气污染防治可享 7 项税收优惠

安徽省国税局日前出台支持和促进大气环境保护的实施意见，企业参与大气污染防治可享受增值税、消费税、企业所得税等方面的 7 项税收优惠政策。

实施意见对企业参与大气污染防治的税收优惠政策进行梳理。其中，对销售以工业废气为原料生产的高纯度二氧化碳产品、以垃圾为燃料生产电力或者热力的自产货物实行增值税即征即退政策；对销售燃煤发电厂及各类工业企业产生的烟气、高硫天然气进行脱硫生产的副产品、利用风力生产电力的自产货物实现的增值税实行即征即退 50% 的政策。

消费税方面，电动汽车不属于消费税"小汽车"征收范围，暂不征收消费税；对用外购或委托加工收回的已税汽油生产的乙醇汽油免税。企业所得税方面，企业从事符合环保、节能节水项目的所得，自项目取得第一笔生产经营收入所属纳税年度起，第一年至第三年免征企业所得税，第四年至第六年减半征收企业所得税。

资料来源：新华网
2014-03-17

13. 民族自治地方的企业所得

民族自治地方的自治机关对本民族自治地方的企业应缴纳的企业所得税中属于地方分享的部分，可以决定减征或者免征。

14. 专项优惠

根据国民经济和社会发展的需要，或者由于突发事件等原因对企业经营活动产生重大影响的，国务院可以制定企业所得税专项优惠政策，报全国人民代表大会常务委员会备案。

（二）其他税收优惠

1. 非居民企业优惠

非居民企业减按 10% 的税率征收企业所得税。

同时，该类非居民企业下列所得免征企业所得税。

（1）外国政府向中国政府提供贷款取得的利息所得。

（2）国际金融组织向中国政府和居民企业提供优惠贷款取得的利息所得。

（3）经国务院批准的其他所得。

2. 其他有关行业的优惠

国家为了鼓励相关行业的发展，对软件产业、集成电路产业、节能服务公司、证券投资基金以及西部地区国家鼓励类产业企业等也规定了相应的优惠政策。

五、申报与缴纳

（一）纳税期限

企业所得税的纳税年度，自公历 1 月 1 日起至 12 月 31 日止。企业在一个纳税年度的中间开业，或者由于合并、关闭等原因终止经营活动，使该纳税年度的实际经营期不足 12 个月的，应当以其实际经营期为 1 个纳税年度。企业清算时，应当以清算期间作为 1 个纳税年度。

企业所得税按年计征，分月或者分季预缴，年终汇算清缴，多退少补。自年度终了之日起 5 个月内，向税务机关报送年度企业所得税纳税申报表，并汇算清缴，结清应缴应退税款。企业在年度中间终止经营活动的，应当自实际经营终止之日起 60 日内，向税务机关办理当期企业所得税汇算清缴。

（二）纳税地点

1. 居民企业

居民企业除税收法律、行政法规另有规定外，以企业登记注册地为纳税地点；登记注册地在境外的，以实际管理机构所在地为纳税地点。

居民企业在中国境内设立不具有法人资格的营业机构的，应当汇总计算并缴纳企业所得税。企业汇总计算并缴纳企业所得税时，应当统一核算应纳税所得额。除国务院另有规定外，企业之间不得合并缴纳企业所得税。

2. 非居民企业

非居民企业在中国境内设立机构、场所的，应当就其所设机构、场所取得的来源于中国境内的所得，以及发生在中国境外，但与其所设机构、场所有实际联系的所得，以机构、场所所在地为纳税地点。

非居民企业在中国境内设立两个或者两个以上机构、场所的，经税务机关审核批准，可以选择由其主要机构、场所汇总缴纳企业所得税。

非居民企业在中国境内未设立机构、场所的，或者虽设立机构、场所但取得的所得与其所设机构、场所没有实际联系的所得，以扣缴义务人所在地为纳税地点。

（三）纳税申报

企业在纳税年度内无论盈利或者亏损，都应当依照企业所得税法规定的期限，向税务机关报送预缴企业所得税纳税申报表、年度企业所得税纳税申报表、财务会计报告和税务机关规定应当报送的其他有关资料。

企业所得税按月或按季预缴的，应当自月份或者季度终了之日起 15 日内，向税务机关报送预缴企业所得税纳税申报表，预缴税款。企业在报送企业所得税纳税申报表时，应当按照规定附送财务会计报告和其他有关资料。

企业应当在办理注销登记前，就其清算所得向税务机关申报并依法缴纳企业所得税。

【课堂测试 6-1】

1. 下列属于居民企业的有（　　　）。
   A. 在福建省登记注册的企业
   B. 在日本注册但是实际管理机构在河北的日资企业
   C. 在山东注册但在中东开展工程承包的企业
   D. 在美国注册的企业在北京设立的办事处

2. 下列关于居民企业和非居民企业的说法符合企业所得税法的规定的是（　　　）。
   A. 企业分为居民企业和非居民企业
   B. 居民企业应当就其来源于中国境内、境外所得缴纳企业所得税
   C. 非居民企业在中国境内设立机构、场所，其机构、场所取得的来源于中国境内、境外所得都要缴纳企业所得税
   D. 非居民企业在中国境内设立机构、场所，只就其机构、场所取得的来源于中国境内所得缴纳企业所得税
   E. 非居民企业在中国境内未设立机构、场所的，只就其中国境内所得缴纳企业所得税

3. 下列各项中，关于企业所得税所得来源的确定正确的是（　　　）。
   A. 权益性投资资产转让所得按照投资企业所在地确定
   B. 销售货物所得，按照交易活动发生地确定
   C. 提供劳务所得，按照所得支付地确定
   D. 转让不动产，按照转让不动产的企业或机构、场所所在地确定

第二节　企业所得税的计算

企业所得税的计税依据是应纳税所得额。按照企业所得税法的规定，应纳

税所得额为企业每一个纳税年度的收入总额，减除不征税收入、免税收入、各项扣除以及允许弥补的以前年度亏损后的余额。

基本公式为：

应纳税所得额＝收入总额－不征税收入－免税收入－各项扣除－以前年度亏损

一、收入总额

（一）收入的金额

企业的收入总额是指以货币形式和非货币形式从各种来源取得的收入，包括销售货物收入，提供劳务收入，转让财产收入，股息、红利等权益性投资收益，利息收入，租金收入，特许权使用费收入，接受捐赠收入，其他收入等。

（二）收入的形式

企业取得收入的货币形式，包括现金、存款、应收账款、应收票据、准备持有至到期的债券投资以及债务的豁免等；企业以非货币形式取得的收入，包括固定资产、生物资产、无形资产、股权投资、存货、不准备持有至到期的债券投资、劳务以及有关权益等，这些非货币资产应当按照公允价值确定收入额。

（三）特殊收入的确认

1. 以分期收款方式销售货物的，按照合同约定的收款日期确认收入的实现。

2. 企业受托加工制造大型机械设备、船舶、飞机，以及从事建筑、安装、装配工程业务或者提供其他劳务等，持续时间超过 12 个月的，按照纳税年度内完工进度或者完成的工作量确认收入的实现。

3. 采取产品分成方式取得收入的，按照企业分得产品的日期确认收入的实现，其收入额按照产品的公允价值确定。

4. 企业发生非货币性资产交换，以及将货物、财产、劳务用于捐赠、偿债、赞助、集资、广告、样品、职工福利或者利润分配等用途的，应当视同销售货物、转让财产或者提供劳务。

其中，对于处置资产的问题，需要注意的是：

（1）如果资产所有权属在形式和实质上均不发生改变，可作为内部处置资产，不视同销售确认收入，相关资产的计税基础延续计算。如将资产用于生产、制造、加工另一产品；改变资产形状、结构或性能；改变资产用途如自建商品房转为自用或经营；将资产在总机构及其分支机构之间转移等。

（2）如果资产所有权属已发生改变而不属于内部处置资产，应按规定视同销售确定收入。如用于市场推广或销售；用于交际应酬；用于职工奖励或福利；用于股息分配；用于对外捐赠等。其中，属于企业自制的资产，应按企业同类资产同期对外销售价格确定销售收入；属于外购的资产，可按购入时的价格确定销售收入。

二、不征税收入和免税收入

（一）不征税收入

不征税收入主要包括：

1. 财政拨款

财政拨款是指各级人民政府对纳入预算管理的事业单位、社会团体等组织拨付的财政资金。

2. 依法收取并纳入财政管理的行政事业性收费、政府性基金

行政事业性收费是指依照法律、法规等有关规定，按照国务院规定程序批准，在实施社会公共管理，以及在向公民、法人或者其他组织提供特定公共服务过程中，向特定对象收取并纳入财政管理的费用。

政府性基金，是指企业依照法律、行政法规等有关规定，代政府收取的具有专项用途的财政资金。

3. 国务院规定的其他不征税收入

其他不征税收入，主要指企业取得的，由国务院财政、税务主管部门规定专项用途并经国务院批准的财政性资金。

财政性资金，是指企业取得的来源于政府及其有关部门的财政补助、补贴、贷款贴息，以及其他各类财政专项资金，包括直接减免的增值税和即征即退、先征后退、先征后返的各种税收，但不包括企业按规定取得的出口退税款。

值得注意的是，企业的不征税收入用于支出所形成的费用，不得在计算应纳税所得额时扣除；企业的不征税收入用于支出所形成的资产，其计算的折旧、摊销不得在计算应纳税所得额时扣除。

（二）免税收入

免税收入的内容参见本章第一节企业所得税概述中的"四、税收优惠"。

三、各项扣除金额

（一）扣除项目的范围

企业所得税法规定，企业实际发生的与取得收入有关的、合理的支出，包

括成本、费用、税金、损失和其他支出，准予在计算应纳税所得额时扣除。

1．成本，是指企业在生产经营活动中发生的销售成本、销货成本、业务支出以及其他耗费。

2．费用，是指企业每一个纳税年度为生产、经营商品和提供劳务等所发生的销售费用、管理费用和财务费用。已经计入成本的有关费用除外。

3．税金，是指企业发生的除企业所得税和允许抵扣的增值税以外的企业缴纳的各项税金及其附加。

4．损失，是指企业在生产经营活动中发生的固定资产和存货的盘亏、毁损、报废损失，转让财产损失，呆账损失，坏账损失，自然灾害等不可抗力因素造成的损失以及其他损失。

5．扣除的其他支出，是指除成本、费用、税金、损失外，企业在生产经营活动中发生的与生产经营活动有关的、合理的支出。

（二）扣除项目的扣除标准

以上扣除项目，在计算应纳税所得额时，有些项目可以据实扣除，有些项目要按规定的标准扣除。

1．工资、薪金支出

企业发生的合理的工资、薪金支出准予据实扣除。

工资、薪金支出是企业每一纳税年度支付给本企业任职或与其有雇佣关系的员工的所有现金或非现金形式的劳动报酬，包括基本工资、资金、津贴、补贴、年终加薪、加班工资，以及与任职或者是受雇有关的其他支出。

"合理的工资、薪金"，是指企业按照股东大会、董事会、薪酬委员会或相关管理机构制定的工资、薪金制度规定实际发放给员工的工资、薪金。

同时，这里的工资、薪金支出是指实际发放的工资、薪金总和，不包括企业的职工福利费、职工教育经费、工会经费以及养老保险费、医疗保险费、失业保险费、工伤保险费、生育保险费等社会保险费和住房公积金。

2．三项经费

企业发生的职工福利费、工会经费、职工教育经费按标准扣除，未超过标准的按实际数扣除，超过标准的只能按标准扣除。

（1）企业发生的职工福利费支出，不超过工资、薪金总额14%的部分准予扣除。

（2）企业拨缴的工会经费，不超过工资薪金总额2%的部分准予扣除。

（3）除国务院财政、税务主管部门另有规定外，企业发生的职工教育经费支出，不超过工资、薪金总额2.5%的部分准予扣除，超过部分准予结转以后纳税年度扣除。

3．社会保险费

企业依照国务院有关主管部门或者省级人民政府规定的范围和标准为职工缴纳的"五险一金"，即基本养老保险费、基本医疗保险费、失业保险费、工伤保险费、生育保险费等基本社会保险费和住房公积金，准予扣除。

企业为投资者或者职工支付的补充养老保险费、补充医疗保险费，在国务院财政、税务主管部门规定的范围和标准内，准予扣除。

企业依照国家有关规定为特殊工种职工支付的人身安全保险费和符合国务院财政、税务主管部门规定可以扣除的商业保险费准予扣除。

企业参加财产保险，按照规定缴纳的保险费，准予扣除。企业为投资者或者职工支付的商业保险费，不得扣除。

4．利息费用

（1）企业在生产经营活动中发生的合理的不需要资本化的借款费用，准予扣除。其中，非金融企业向金融企业借款的利息支出、金融企业的各项存款利息支出和同业拆借利息支出、企业经批准发行债券的利息支出可据实扣除；非金融企业向非金融企业借款的利息支出，不超过按照金融企业同期同类贷款利率计算的数额的部分可据实扣除，超过部分不许扣除。

（2）企业为购置、建造固定资产、无形资产和经过 12 个月以上的建造才能达到预定可销售状态的存货发生借款的，在有关资产购置、建造期间发生的合理的借款费用，应予以资本化，作为资本性支出计入有关资产的成本；有关资产交付使用后发生的借款利息，可在发生当期扣除。

5．汇兑损失

企业在货币交易中，以及纳税年度终了时将人民币以外的货币性资产、负债按照期末即期人民币汇率中间价折算为人民币时产生的汇兑损失，除已经计入有关资产成本以及与向所有者进行利润分配相关的部分外，准予扣除。

6．业务招待费

企业发生的与生产经营活动有关的业务招待费支出，按照发生额的60%扣除，但最高不得超过当年销售（营业）收入的5‰。

7．广告费和业务宣传费

企业发生的符合条件的广告费和业务宣传费支出，除国务院财政、税务主管部门另有规定外，不超过当年销售（营业）收入15%的部分，准予扣除；超过部分，准予结转以后纳税年度扣除。

同时，企业申报扣除的广告费支出应与赞助支出严格区分。

8．环境保护专项资金

企业依照法律、行政法规有关规定提取的用于环境保护、生态恢复等方面的专项资金，准予扣除。上述专项资金提取后改变用途的，不得扣除。

9．租赁费

企业根据生产经营活动的需要租入固定资产支付的租赁费，按照以下方法扣除：（1）以经营租赁方式租入固定资产发生的租赁费支出，按照租赁期限均匀扣除。（2）以融资租赁方式租入固定资产发生的租赁费支出，按照规定构成融资租入固定资产价值的部分应当提取折旧费用，分期扣除。

10．劳动保护费

企业发生的合理的劳动保护支出，准予扣除。

11．公益性捐赠支出

企业发生的公益性捐赠支出，不超过年度利润总额12%的部分，准予扣除。

公益性捐赠，是指企业通过公益性社会团体、公益性群众团体或者县级（含县级）以上人民政府及其部门，用于《中华人民共和国公益事业捐赠法》规定的公益事业的捐赠。

12．有关资产的费用

企业转让各类固定资产发生的费用，允许扣除。

企业按规定计算的固定资产折旧费、无形资产和递延资产的摊销费，准予扣除。但是对于各资产的折旧（摊销）方法和最低折旧（摊销）年限，税法做出了相应的规定：

（1）固定资产按照直线法计算的折旧，准予扣除。除国务院财政、税务主管部门另有规定外，固定资产计算折旧的最低年限如下：房屋、建筑物，为20年；飞机、火车、轮船、机器、机械和其他生产设备，为10年；与生产经营活动有关的器具、工具、家具等，为5年；飞机、火车、轮船以外的运输工具，为4年；电子设备，为3年。

（2）生产性生物资产按照直线法计算的折旧，准予扣除。生产性生物资产计算折旧的最低年限如下：林木类生产性生物资产，为10年；畜类生产性生物资产，为3年。

（3）无形资产的摊销，采取直线法计算。无形资产的摊销年限不得低于10年。作为投资或者受让的无形资产，有关法律规定或者合同约定了使用年限的，可以按照规定或者约定的使用年限分期摊销。外购商誉的支出，在企业整体转让或者清算时，准予扣除。

13．总机构分摊的费用

非居民企业在中国境内设立的机构、场所，就其中国境外总机构发生的与该机构、场所生产经营有关的费用，能够提供总机构出具的费用汇集范围、定额、分配依据和方法等证明文件，并合理分摊的，准予扣除。

14．资产损失

企业当期发生的固定资产和流动资产盘亏、毁损净损失，由其提供清查盘存资料经主管税务机关审核后，准予扣除；企业因存货盘亏、毁损、报废等原因不得从销项税金中抵扣的进项税金，应视同企业财产损失，准予与存货损失一起在所得税前按规定扣除。

15．其他扣除项目

依照有关法律、行政法规和国家有关税法规定准予扣除的其他项目。如会员费、合理的会议费、差旅费、违约金、诉讼费用等。

（三）不得扣除的项目

在计算应纳税所得额时，下列支出不得扣除：

1．向投资者支付的股息、红利等权益性投资收益款项；

2．企业所得税税款；

3．税收滞纳金；

4．罚金、罚款和被没收财物的损失；

5．超过规定标准的捐赠支出；

6．赞助支出；

7．未经核定的准备金支出；

8．企业之间支付的管理费、企业内营业机构之间支付的租金和特许权使用费，以及非银行企业内营业机构之间支付的利息，不得扣除；

9．与取得收入无关的其他支出。

其中，赞助支出是指企业发生的与生产经营活动无关的各种非广告性质支出。未经核定的准备金支出是指不符合国务院财政、税务主管部门规定的各项资产减值准备、风险准备等准备金支出。

四、亏损弥补

亏损，是指企业依照企业所得税法的规定，每一纳税年度的收入总额减除不征税收入、免税收入和各项扣除后小于零的数。税法规定，企业某一纳税年度发生的亏损可以用下一年度的所得弥补，下一年的所得不足以弥补的，可以逐年延续弥补，但最长不得超过 5 年。同时，需要注意的是，企业在汇总计算缴纳企业所得税时，其境外营业机构的亏损不得抵减境内营业机构的盈利。

五、居民企业应纳所得税额的计算

（一）查账征收

居民企业应缴纳所得税额等于应纳税所得额乘以适用税率，基本计算公式为：

应纳企业所得税额=应纳税所得额×适用税率－减免税额－抵免税额

1. 无境外所得的居民企业应纳所得税额的计算

根据计算公式可以看出，在无境外所得抵免税额的情况下，应纳税额的多少，主要取决于应纳税所得额和适用税率两个因素。在实际过程中，应纳税所得额的计算一般有两种方法。

（1）直接计算法

在直接计算法下，企业每一纳税年度的收入总额减除不征税收入、免税收入、各项扣除以及允许弥补的以前年度亏损后的余额为应纳税所得额。计算公式与前述相同，即为：

应纳税所得额=收入总额－不征税收入－免税收入－各项扣除金额－弥补亏损

（2）间接计算法

在间接计算法下，是在会计利润总额的基础上加减按照税法规定调整的项目金额后，即为应纳税所得额。计算公式为：

应纳税所得额=会计利润总额±纳税调整项目金额

[例 6-1] 某企业 2012 年收入总额为 3000 万元，其中国债利息收入为 10 万元；各项成本费用金额为 2000 万元，其中税收滞纳金 3 万元，行政罚款 2 万元；上年度发生的未弥补亏损 200 万元。

要求：计算该企业 2012 年度实际应纳的企业所得税。

应纳税所得额=3000-10-（2000-3-2）-200=795（万元）

2012 年应纳企业所得税额=795×25%=198.75（万元）

[例 6-2] 某企业为居民企业，2013 年发生经营业务如下：

（1）取得产品销售收入 4000 万元。

（2）发生产品销售成本 2600 万元。

（3）发生销售费用 770 万元（其中广告费 650 万元）；管理费用 480 万元（其中业务招待费 25 万元）；财务费用 60 万元。

（4）销售税金 160 万元（含增值税 120 万元）。

（5）营业外收入 80 万元，营业外支出 50 万元（含通过公益性社会团体向贫困山区捐款 30 万元，支付税收滞纳金 6 万元）。

（6）计入成本、费用中的实发工资总额 200 万元、拨缴职工工会经费 5 万元、发生职工福利费 31 万元、发生职工教育经费 7 万元。

要求：计算该企业 2013 年度实际应纳的企业所得税。

（1）会计利润总额＝4 000＋80－2600－770－480－60－（160-120）－50＝80（万元）

（2）广告费和业务宣传费调增所得额＝650－4 000×15%＝650－600＝50（万元）

（3）业务招待费调增所得额＝25－25×60%＝10（万元）

4 000×5‰＝20 万元＞25×60%＝15（万元）

（4）捐赠支出应调增所得额＝30－80×12%＝20.4（万元）

（5）工会经费应调增所得额＝5－200×2%＝1（万元）

（6）职工福利费应调增所得额＝31－200×14%＝3（万元）

（7）职工教育经费应调增所得额＝7－200×2.5%＝2（万元）

（8）应纳税所得额＝80＋50＋10＋20.4＋6＋1＋3＋2＝172.4（万元）

（9）2013 年应纳企业所得税额＝172.4×25%＝43.1（万元）

2. 有境外所得抵免税额的居民企业应纳企业所得税额的计算

可抵免税额，是指居民企业取得的来源于中国境外的应税所得或者非居民企业在中国境内设立机构、场所，取得发生在中国境外但与该机构、场所有实际联系的应税所得，已在境外缴纳的所得税税额，可以从其应纳税额中抵免的金额。

抵免限额为上述所得依照企业所得税法规定计算的应纳税额；超过抵免限额的可抵免税额，可以在以后 5 个年度内，用每年度抵免限额抵免当年应抵税额后的余额进行抵补。除国务院财政、税务主管部门另有规定外，该抵免限额应当分国（地区）不分项计算，计算公式为：

抵免限额＝中国境内、境外所得依照企业所得税法规定计算的应纳税总额×来源于某国（地区）的应纳税所得额÷中国境内、境外应纳税所得总额

[例 6-3] 某企业 2011 年度境内应纳税所得额为 100 万元，适用 25% 的企业所得税税率。另外，该企业分别在 A、B 两国设有分支机构（我国与 A、B 两国已经缔结避免双重征税协定），在 A 国分支机构的应纳税所得额为 50 万元，A 国税率为 20%；在 B 国的分支机构的应纳税所得额为 30 万元，B 国税率为 30%。假设该企业在 A、B 两国所得按我国税法计算的应纳税所得额和按 A、B 两国税法计算的应纳税所得额一致，两个分支机构在 A、B 两国分别缴纳了 10

万元和 9 万元的企业所得税。

要求：计算该企业汇总时在我国应缴纳的企业所得税税额。

（1）该企业按我国税法计算的境内、境外所得的应纳税额：

应纳税额=（100＋50＋30）×25%=45（万元）

（2）A、B 两国的扣除限额：

A 国扣除限额=45×［50÷（100＋50＋30）］=12.5（万元）

B 国扣除限额=45×［30÷（100＋50＋30）］=7.5（万元）

在 A 国缴纳的所得税为 10 万元，低于扣除限额 12.5 万元，可全额扣除。

在 B 国缴纳的所得税为 9 万元，高于扣除限额 7.5 万元，其超过扣除限额的部分 1.5 万元当年不能扣除。

（3）汇总时在我国应缴纳的所得税=45－10－7.5=27.5（万元）

（二）核定征收

1. 核定征收的范围

核定征收企业所得税的企业主要包括：依照法律、行政法规的规定可以不设置账簿的或者应当设置但未设置账簿的；擅自销毁账簿或者拒不提供纳税资料的；虽设置账簿，但账目混乱或者成本资料、收入凭证、费用凭证残缺不全，难以查账的；发生纳税义务，未按照规定的期限办理纳税申报，经税务机关责令限期申报，逾期仍不申报的；申报的计税依据明显偏低，又无正当理由的。

2. 核定征收的办法

核定征收的办法包括核定应税所得率和核定应纳所得税额两种。

（1）核定应税所得率

核定应税所得率的企业包括：能正确核算（查实）收入总额，但不能正确核算（查实）成本费用总额的；能正确核算（查实）成本费用总额，但不能正确核算（查实）收入总额的；通过合理方法，能计算和推定纳税人收入总额或成本费用总额的。

采用应税所得率方式核定征收企业所得税的，应纳所得税额计算公式如下：

应纳所得税额=应纳税所得额×适用税率

应纳税所得额=应税收入额×应税所得率

或：

应纳税所得额=成本（费用）支出额÷（1－应税所得率）×应税所得率

表 6-1　应税所得率的幅度标准

行业	应税所得率（%）
农、林、牧、渔业	3-10
制造业	5-15
批发和零售贸易业	4-15
交通运输业	7-15
建筑业	8-20
饮食业	8-25
娱乐业	15-30
其他行业	10-30

（2）核定应纳所得税额

纳税人不属于以上情形的，核定其应纳所得税额。

纳税人的生产经营范围、主营业务发生重大变化，或者应纳税所得额或应纳税额增减变化达到20%的，应及时向税务机关申报调整已确定的应纳税额或应税所得率。

[例 6-4] 某小型微利私营企业能准确核算收入总额，但是成本费用支出不能准确核算。经主管税务机关审定，该企业纳税年度收入总额为 100 万元，核定应税所得率为 15%。计算该企业纳税年度企业所得税额。

企业应纳税所得额=100×15%=15（万元）

企业应纳所得税额=15×20%=3（万元）

六、非居民企业应纳所得税额的计算

对于在中国境内未设立机构、场所的，或者虽设立机构、场所但取得的所得与其所设机构、场所没有实际联系的非居民企业的所得，企业所得税额计算公式为：

企业所得税应纳税额=应纳税所得额×适用税率

其中，应纳税所得额按照下列方法计算：（1）股息、红利等权益性投资收益和利息、租金、特许权使用费所得，以收入全额为应纳税所得额。（2）转让财产所得，以收入全额减除财产净值后的余额为应纳税所得额。（3）其他所得，参照前两项规定的方法计算应纳税所得额。

非居民企业因会计账簿不健全，资料残缺难以查账，或者其他原因不能准确计算并据实申报其应纳税所得额的，税务机关有权采取一定的方法核定其应纳税所得额。

【课堂测试 6-2】

1. 下列支出，允许在税前扣除的有（　　）。

    A. 对广告部门支付的广告性支出　　B. 对联营单位的赞助支出

    C. 行政罚款支出　　　　　　　　　D. 税收的滞纳金

2. 某企业 2012 年发生亏损 8 万元，2013 年盈利 13 万元，该企业 2013 年应纳企业所得税额为（　　）万元。

    A. 3.25　　　　　B. 1.35　　　　　C. 1.25　　　　　D. 2

3. 某生产企业为居民企业，2012 年实际发生的工资支出 100 万元，职工福利费支出 15 万元，职工培训费用支出 4 万元，2012 年该企业计算应纳税所得额时，应调增应纳税所得额（　　）万元。

    A. 1　　　　　　B. 1.5　　　　　C. 2　　　　　D. 2.5

4. 某商贸企业 2012 年销售收入情况如下：开具增值税专用发票的收入 2000 万元，开具普通发票的金额 936 万元。企业发生管理费用 110 万元（其中：业务招待费 20 万元），发生的销售费用 600 万元（其中：广告费 300 万元、业务宣传费 180 万元），发生的财务费用 200 万元，准予在企业所得税前扣除的期间费用为（　　）万元。

    A. 850　　　　　B. 842　　　　　C. 844　　　　　D. 902

5. 某企业 2012 年度境内所得应纳税所得额为 400 万元，在全年已预缴税款 25 万元，来源于境外某国税前所得 100 万元，境外实纳税款 20 万元，该企业当年汇算清缴应补（退）的税款为（　　）万元。

    A. 50　　　　　B. 60　　　　　C. 70　　　　　D. 80

第三节　企业所得税会计的税会差异

所得税会计是研究如何处理企业按照会计准则计算的税前会计利润与按照税法计算的应纳税所得额之间差异的会计理论与方法。

税前会计利润与应纳税所得额之间的差异有两类：一类是永久性差异，一类是暂时性差异。

一、永久性差异

永久性差异是指会计准则与税法在计算收益、费用或损失时的口径不同，所产生的税前会计利润与应纳税所得额之间的差异。这种差异在本期发生，并不在以后各期转回，所以不影响其他会计期间。永久性差异有如下四类：

（1）可免税收入：有些项目的收入，会计上列为收入，但税法则不作为应纳税所得额。例如，企业购买国库券的利息收入，依法免税，所以不确认应纳税所得额，但会计列为投资收益纳入利润总额。这些项目应在会计利润的基础上调减从而得到应纳税所得额。

（2）不可扣除的费用或损失：有些支出在会计上应列为费用或损失，但税法上不予认定。这些项目主要有两种情况：一种是范围不同，即会计上作为费用或损失的项目，在税法上不作为扣除项目处理。如违法经营的罚款和被没收财物的损失等。另一种是标准不同，即有些在会计上作为费用或损失的项目，税法上可作为扣除项目，但规定了计税开支的标准限额，超限额部分在会计上仍列为费用或损失，但税法不允许抵减应纳税所得额。如利息支出，会计上可在费用中据实列支，但税法规定向非金融机构借款的利息支出，高于按照金融机构同类、同期贷款利率计算的数额部分，不准扣减应纳税所得额等。这些项目应在会计利润的基础上调增从而得到应纳税所得额。

（3）非会计收入而税法规定作为收入征税：有些项目，在会计上并非收入，但税法则作为收入征税。如企业发生销售退回与折让，未取得合法凭证，税法上不予认定，仍按销售收入征税等。这些项目应在会计利润的基础上调增从而得到应纳税所得额。

（4）非会计费用而税法规定作为费用扣除：有些项目，在会计上并非费用，但税法则作为费用扣除。如企业为开发新技术、新产品、新工艺发生的研究开发费用，未形成无形资产计入当期损益的，在按照规定据实扣除的基础上，按照研究开发费用的50%加计扣除。这些项目应在会计利润的基础上调减从而得到应纳税所得额。

二、暂时性差异

暂时性差异是指资产、负债的账面价值与其计税基础不同产生的差额。

（一）资产、负债的计税基础

1. 资产的计税基础

资产的计税基础，是指企业收回资产账面价值过程中，计算应纳税所得额时按照税法规定可以自应税经济利益中抵扣的金额，即某一项资产在未来期间计税时按照税法规定可以税前扣除的金额。用公式表示如下：

资产的计税基础＝未来可税前列支的金额

资产在某一资产负债表日的计税基础＝资产成本－以前期间已税前列支

的金额

通常情况下，资产在取得时其入账价值（账面价值）与其计税基础是相同的。但在后续计量过程中因企业会计准则规定与税法规定不同，使得资产的账面价值与计税基础之间产生了暂时性差异。

[例 6-5] A 企业 2010 年 12 月购入一项环保设备的原价为 1000 万元，使用年限为 10 年，会计处理时按直线法计提折旧，而该项环保设备税法规定可以按双倍余额递减法计提折旧，会计和税法都规定净残值为 0。2012 年底，企业对该项设备计提了 80 万元的固定资产减值准备。

该项设备 2012 年底的账面价值为=$1000-1000\div10\times2-80=720$（万元）

该项设备 2012 年底的计税基础为 $1000-1000\div10\times2-$（$1000-1000\div10\times2$）$\div10\times2=640$（万元）

二者之间的暂时性差异为 80 万元，该差异在未来期间会增加企业的应纳税所得额和应交所得税。

[例 6-6] A 企业当期为开发新技术发生研究开发支出计 2000 万元，其中研究阶段支出 400 万元，开发阶段符合资本化条件前发生的支出为 400 万元，符合资本化条件后至达到预定用途前发生的支出为 1200 万元。

A 企业当期发生的研究开发支出中，按照会计准则规定应予费用化的金额为 800 万元，形成无形资产的成本为 1200 万元，即无形资产的账面价值为 1200 万元。

A 企业当期发生的 2000 万元研究开发支出，按照税法规定可在当期税前扣除的金额为 1200（800+800×50%）万元。所形成无形资产在未来期间可予税前扣除的金额为 1800（1200+1200×50%）万元，其计税基础为 1800 万元。

二者形成暂时性差异 600 万元，该差异在未来期间会减少企业的应纳税所得额和应交所得税。

[例 6-7] 2011 年 10 月 20 日，A 公司自证券市场购入股票一支，支付价款 1600 万元，作为交易性金融资产核算。2011 年 12 月 31 日，该股票市价为 1760 万元。

由于该项交易性金融资产的期末市价为 1760 万元，其按照会计准则规定进行核算时在 2011 年资产负债表日的账面价值为 1760 万元。

而税法规定交易性金融资产在持有期间的公允价值变动不计入应纳税所得额，其在 2011 年资产负债表日的计税基础应维持原取得成本不变，即为 1600 万元。

二者之间产生了 160 万元的暂时性差异，该差异在未来期间会增加企业的应纳税所得额和应交所得税。

[例6-8]A公司2012年购入原材料成本为4000万元，因部分生产线停工，当年未领用任何该原材料，至2012年底的资产负债表日考虑到该原材料的市价及用其生产产成品的市价情况，估计其可变现净值为3200万元。假定该原材料在2012年的期初余额为0。

该项原材料因期末可变现净值低于其成本，应计提存货跌价准备金额＝4000-3200＝800万元，计提该存货跌价准备后，该项原材料的账面价值为3200万元。

而按照税法规定，计提的资产减值准备不允许税前扣除，该项原材料的计税基础应维持原取得成本4000万元不变。

二者之间产生了800万元的暂时性差异，该差异会减少企业在未来期间的应纳税所得额和应交所得税。

2. 负债的计税基础

负债的计税基础是指负债的账面价值减去未来期间按照税法规定计算应纳税所得额时可予抵扣的金额。用公式表示如下：

负债的计税基础＝负债的账面价值－未来可税前列支的金额

通常情况下，负债的确认与偿还不会影响企业的损益，也不会影响其应纳税所得额，未来期间计算应纳税所得额时按照税法规定可予抵扣的金额为0，计税基础即为账面价值。如企业的短期借款、应付账款等。但是，某些情况下，负债的确认可能会影响企业的损益，进而影响不同期间的应纳税所得额，使得其计税基础与账面价值之间产生差额，如按照会计规定确认的某些预计负债。

[例6-9]甲企业2012年因销售产品承诺提供3年的保修服务，在当年度利润表中确认了400万元的销售费用，同时确认为预计负债，当年度未发生任何保修支出。

该项预计负债在甲企业2012年12月31日资产负债表中的账面价值为400万元。

按照税法规定，与产品售后服务相关的费用在实际发生时允许税前扣除。因此该项负债的计税基础＝账面价值-未来期间计算应纳税所得额时按照税法规定可予抵扣的金额，未来期间计算应纳税所得额时按照税法规定可予抵扣的金额为400万元，该项负债的计税基础＝400万元－400万元＝0。

二者之间产生了400万元的暂时性差异，该差异会减少企业在未来期间的应纳税所得额和应交所得税。

[例6-10]A公司于2011年12月20日自客户收到一笔合同预付款，金额

为 2000 万元，因不符合收入确认条件，将其作为预收账款核算。

该预收账款在 A 公司 2011 年 12 月 31 日资产负债表中的账面价值为 2000 万元。

而按照税法规定，该项预收款符合收入确认的条件，应计入取得当期的应纳税所得额计算交纳所得税。由于该项负债相关的经济利益已在取得当期计算交纳所得税，未来期间按照会计准则规定应确认收入时，不再计入应纳税所得额，即其于未来期间计算应纳税所得额时可予税前扣除的金额为 2000 万元，因此该项负债的计税基础＝账面价值 2000 万-未来期间计算应纳税所得额时按照税法规定可予抵扣的金额 2000 万＝0。

二者产生了 2000 万元暂时性差异，该差异会减少企业在未来期间的应纳税所得额和应交所得税。

（二）暂时性差异的类型

暂时性差异是指资产或负债的账面价值与其计税基础之间的差额。按照暂时性差异对未来期间应税金额的影响，可将暂时性差异分为应纳税暂时性差异和可抵扣暂时性差异。

应纳税暂时性差异是指在确定未来收回资产或清偿负债期间的应纳税所得额时，将导致产生应税金额的暂时性差异。如［例 6-5］、［例 6-7］

可抵扣暂时性差异，是指在确定未来收回资产或清偿负债期间的应纳税所得额时，将导致产生可抵扣金额的暂时性差异。如［例 6-6］、［例 6-8］、［例 6-9］、［例 6-10］。

由上可知，资产的账面价值大于其计税基础或者负债的账面价值小于其计税基础的，产生应纳税暂时性差异；资产的账面价值小于其计税基础或者负债的账面价值大于其计税基础的，产生可抵扣暂时性差异。

同时，有两个特殊的暂时性差异，需要留意：

（1）未作为资产、负债确认的项目产生的暂时性差异。某些交易或事项发生以后，因为不符合资产、负债的确认条件而未体现为资产负债表中的资产或负债，但按照税法规定能够确定其计税基础的，其账面价值与计税基础之间的差异也构成暂时性差异。如企业发生的符合条件的广告费和业务宣传费支出，除另有规定外，不超过销售收入 15%的部分准予扣除；超过部分准予向以后纳税年度结转扣除。该类费用在发生时按照会计准则规定即计入当期损益，不形成资产负债表中的资产。但按照税法规定可以确定其计税基础，两者之间的差异也形成暂时性差异。

（2）可抵扣亏损及税款抵减产生的暂时性差异。按照税法规定允许用以后年度的所得弥补的可抵扣亏损及可结转以后年度的税款抵减，按照可抵扣暂时性差异的原则处理。

【课堂测试 6-3】

1. 某项机器设备原始成本为 200 万元，2013 年 12 月 31 日，其账面价值为 100 万元，计税的累计折旧为 120 万元。则该设备 2013 年 12 月 31 日的计税基础是（   ）万元。

  A. 80   B. 100   C. 90   D. 50

2. 某企业因某项事件预先确认了 50 万元的预计负债，计入当期损益，但是税法规定，需在该项费用实际发生后才准予税前扣除，则该项负债的计税基础为（   ）万元。

  A. 100   B. 0   C. 50   D. 25

3. 企业应纳税暂时性差异的产生应确认为（   ），并计入所得税费用。

  A. 递延所得税资产   B. 管理费用

  C. 递延所得税负债   D. 销售费用

4. 下列情况会形成可抵扣暂时性差异的有（   ）。

  A. 一项资产的账面价值为 200 万元，计税基础为 150 万元

  B. 一项资产的账面价值为 200 万元，计税基础为 250 万元

  C. 一项负债的账面价值为 200 万元，计税基础为 150 万元

  D. 一项负债的账面价值为 200 万元，计税基础为 250 万元

第四节　企业所得税的会计处理

一、应付税款法下的会计处理

（一）应付税款法的概念

应付税款法是将本期税前会计利润与应纳税所得额之间的差异均在当期确认所得税费用。目前我国《小企业会计准则》要求采用应付税款法对企业所得税进行核算。

应付税款法下，本期所得税费用按照本期应纳税所得额与适用的所得税税率计算，即本期所得税费用=本期应交所得税=应纳税所得额×适用的所得税税率。

暂时性差异产生的影响所得税的金额在会计报表上不反映为一项负债或

资产，即本期发生的暂时性差异与本期发生的永久性差异同样处理。

（二）账户设置

采用应付税款法核算时，需要设置两个账户："所得税费用"和"应交税费——应交所得税"。

"所得税费用"账户属于损益类账户，核算企业按规定从当期损益中扣除的所得税费用的金额。该科目借方反映从当期损益中扣除的所得税，贷方反映期末转入"本年利润"科目的所得税金额。期末，结转后本账户无余额。

"应交税费——应交所得税"，用来专门核算企业交纳的企业所得税。该账户贷方反映企业应纳税所得额按规定税率计算出的应当缴纳的企业所得税税额；借方反映企业实际缴纳的企业所得税税额。该科目贷方余额表示企业应交而未交的企业所得税税额；借方余额表示企业多缴应退还的企业所得税税额。

（三）账务处理

期末，企业计提所得税时，按照应纳税所得额乘以适用税率的金额，借记"所得税费用"，贷记"应交税费——应交所得税"。实际缴纳所得税时，按实际缴纳的金额，借记"应交税费——应交所得税"，贷记"银行存款"。期末结转所得税费用时，借记"本年利润"，贷记"所得税费用"。

[**例 6-11**] 2012 年 12 月 2 日，甲公司购买并交付使用设备一台，价款 500000元，预计使用 5 年，预计净残值为零，税法规定按 10 年计提折旧。甲公司按直线法计提折旧。2013 年年末，经计算甲公司实现利润 100000 元，适用所得税税率为 25%。按应付税款法进行 2013 年甲公司有关所得税的核算。

甲公司会计处理如下：

1. 计提所得税费用：

　　企业应纳税所得额：100000+500000÷5-500000÷10=150000（元）

　　应交所得税=150000×25%=37 500（元）

　　借：所得税费用　　　　　　　　37 500

　　　　贷：应交税费——应交所得税　　37 500

2. 上交所得税时：

　　借：应交税费——应交所得税　37 500

　　　　贷：银行存款　　　　　　　　37 500

3. 期末，结转所得税费用

　　借：本年利润　　　　　　　　37 500

　　　　贷：所得税费用　　　　　　　37 500

二、资产负债表债务法下的会计处理

（一）资产负债表债务法的概念

资产负债表债务法是纳税影响会计法中的一种具体方法。纳税影响会计法是指企业确认暂时性差异对所得税的影响金额，按照当期应交的所得税和暂时性差异对所得税影响金额的合计，确认为当期所得税费用的方法。在具体运用纳税影响会计法核算时，有两种可供选择的方法，即递延法和债务法。我国《企业会计准则》中要求企业采用资产负债表债务法。

资产负债表债务法是从资产负债表出发，通过比较资产负债表上列示的资产、负债按照企业会计准则规定确定的账面价值与按照税法规定确定的计税基础，对于两者之间的差额分别应纳税暂时性差异与可抵扣暂时性差异，确认相关的递延所得税负债与递延所得税资产，并在此基础上确定每一期间利润表中的所得税费用。

所得税费用＝当期所得税＋递延所得税

当期所得税＝当期应交所得税＝应纳税所得额×适用的所得税税率

递延所得税＝（期末递延所得税负债－期初递延所得税负债）－（期末递延所得税资产－期初递延所得税资产）

递延所得税负债期末数＝当期应纳税暂时性差异×适用所得税税率

递延所得税资产期末数＝当期可抵扣暂时性差异×适用所得税税率

（二）所得税会计核算的一般程序

采用资产负债表债务法核算所得税的情况下，企业一般应于每一资产负债表日进行所得税的核算。企业进行所得税核算一般应遵循以下程序：

1. 确认资产、负债的账面价值

首先，确定资产负债表中除递延所得税资产和递延所得税负债以外的其他资产和负债项目的账面价值。其中资产、负债的账面价值，是指企业按照相关会计准则的规定进行核算后在资产负债表中列示的金额。

2. 确认资产、负债的计税基础

按照准则中对于资产和负债计税基础的确定方法，以适用的税收法规为基础，确定资产负债表中有关资产、负债项目的计税基础。

3. 确认暂时性差异

比较资产、负债的账面价值与其计税基础，对于两者之间存在差异的，分析其性质，除准则中规定的特殊情况外，分别确认应纳税暂时性差异与可抵扣暂时性差异。

4. 确认递延所得税资产和递延所得税负债

将应纳税暂时性差异和可抵扣暂时性差异乘以适用的所得税税率，确定资产负债表日递延所得税负债和递延所得税资产的应有金额，并与期初递延所得税负债和递延所得税资产的余额相比，确定当期应予进一步确认的递延所得税资产和递延所得税负债金额或应予转销的金额，作为构成利润表中所得税费用的递延所得税。

5. 确认当期所得税

按照适用的税法规定计算确定当期应纳税所得额，将应纳税所得额与适用的所得税税率计算的结果确认为当期应交所得税，作为利润表中应予确认的所得税费用中的当期所得税。

6. 确定所得税费用

利润表中的所得税费用包括当期所得税和递延所得税两个组成部分，企业在计算确定了当期所得税和递延所得税后，两者之和（或之差），就是利润表中的所得税费用。

（三）账户设置

在资产负债表债务法下进行会计处理，需要设置"所得税费用"、"递延所得税资产"、"递延所得税负债"、"应交税费——应交所得税"等账户进行核算。

"所得税费用"账户核算企业根据所得税准则确认的应从当期利润总额中扣除的所得税费用，并按照"当期所得税费用"、"递延所得税费用"进行明细核算。期末，应将该账户的余额转入"本年利润"科目，结转后本账户无余额。

"递延所得税资产"账户核算企业根据所得税准则确认的可抵扣暂时性差异产生的所得税资产，并按照可抵扣暂时性差异的具体项目进行明细核算。借方登记递延所得税资产的增加，贷方登记递延所得税资产的减少。该账户期末借方余额反映企业已确认的递延所得税资产的余额。根据税法规定可用以后年度税前利润弥补的亏损及税款抵减产生的所得税资产，也在该账户核算。

"递延所得税负债"账户核算企业根据所得税准则确认的应纳税暂时性差异产生的所得税负债，并按照应纳税暂时性差异的具体项目进行明细核算。该账户期末贷方余额反映企业已确认的递延所得税负债的余额。

"应交税费——应交所得税"账户的核算同应付税款法。

（四）账务处理

资产负债表日，企业按照税法规定计算确定的当期应交所得税，借记"所得税费用——当期所得税费用"科目，贷记"应交税费——应交所得税"科目。

资产负债表日，企业根据所得税准则应予确认的递延所得税资产，借记"递延所得税资产"科目，贷记"所得税费用——递延所得税费用"等科目。本期应确认的递延所得税资产大于其账面余额的，应按其差额确认；本期应确认的递延所得税资产小于其账面余额的差额，作相反的会计分录。另外，如果资产负债表日预计未来期间很可能无法获得足够的应纳税所得额用以抵扣可抵扣暂时性差异的，按原已确认的递延所得税资产中应减记的金额，借记"所得税费用——当期所得税费用"等科目，贷记"递延所得税资产"科目。

资产负债表日，企业根据所得税准则应予确认的递延所得税负债：借记"所得税费用——递延所得税费用"等科目，贷记"递延所得税负债"科目。本期应予确认的递延所得税负债大于其账面余额的，应按其差额确认；应予确认的递延所得税负债小于其账面余额的，作相反的会计分录。企业根据税收优惠政策向税务部门申请获得退回的所得税，无论是在资产负债表日以后、财务报告批准报出日之前收到，还是在财务报告批准报出日之后收到，一律应在实际收到时冲减收到当期的所得税费用，即借记"银行存款"科目，贷记"所得税费用——当期所得税费用"科目。

资产负债表日，企业结转所得税费用，借记"本年利润"科目，贷记"所得税费用（当期所得税费用、递延所得税费用）"科目。

企业缴纳所得税时，借记"应交税费——应交所得税"科目，贷记"银行存款"科目。

[例 6-12] A 公司 2010 年度利润表中利润总额为 2400 万元，该公司适用的所得税税率为 25%。递延所得税资产及递延所得税负债不存在期初余额。与所得税核算有关的交易和事项中，会计处理与税收处理存在差别的有：

（1）2010 年 1 月开始计提折旧的一项固定资产，成本为 1200 万元，使用年限为 10 年，净残值为 0，会计处理按双倍余额递减法计提折旧，税收处理按直线法计提折旧。假定税法规定的使用年限及净残值与会计规定相同。

（2）向关联企业捐赠现金 400 万元。假定按照税法规定，企业向关联方的捐赠不允许税前扣除。

（3）期末持有的交易性金融资产成本为 600 万元，公允价值为 1200 万元。税法规定，以公允价值计量的金融资产持有期间市价变动不计入应纳税所得额。

（4）违反环保规定应支付罚款 200 万元。

（5）期末对持有的存货计提了 60 万元的存货跌价准备。

A 公司 2010 年资产负债表相关项目金额及其计税基础如表 6-2 所示：

表6-2 2010年资产负债表相关项目暂时性差异计算表 单位：元

项目	账面价值	计税基础	差异	
			应纳税暂时性差异	可抵扣暂时性差异
存货	16 000 000	16 600 000		600 000
固定资产：				
固定资产原价	12 000 000	12 000 000		
减：累计折旧	2 400 000	1 200 000		
减：固定资产减值准备	0	0		
固定资产账面价值	9 600 000	10 800 000		1 200 000
交易性金融资产	12 000 000	6 000 000	6 000 000	
其他应付款	2 000 000	2 000 000		
总计			6 000 000	1 800 000

解析：

1. 计算2010年度A企业当期所得税

应纳税所得额＝24 000 000＋1 200 000＋4 000 000－6 000 000＋2 000 000＋600 000＝25 800 000元

应交所得税＝25 800 000×25%＝6 450 000元

2. 计算2010年度A企业递延所得税

递延所得税资产＝1 800 000×25%＝450 000（元）

递延所得税负债＝6 000 000×25%＝1 500 000（元）

递延所得税＝1 500 000－450 000＝1 050 000（元）

3. 计算2010年度A企业所得税费用

所得税费用＝6 450 000＋1 050 000＝7 500 000（元）

4. A企业所得税费用的会计处理如下：

借：所得税费用　　　　　　　　　　　　7 500 000

　　递延所得税资产　　　　　　　　　　　450 000

　　贷：应交税费——应交所得税　　　　　　　　6 450 000

　　　　递延所得税负债　　　　　　　　　　　　1 500 000

[例6-13] 假定A公司2011年当期应交所得税为924万元。资产负债表中有关资产、负债的账面价值与其计税基础相关资料如表6-3所示，除所列项目外，其他资产、负债项目不存在会计和税收的差异。

表 6-3　　2011 年资产负债表相关项目暂时性差异计算表　　　　　　单位：元

项目	账面价值	计税基础	差异	
			应纳税暂时性差异	可抵扣暂时性差异
存货	32 000 000	33 600 000		1 600 000
固定资产：				
固定资产原价	12 000 000	12 000 000		
减：累计折旧	4 320 000	2 400 000		
减：固定资产减值准备	400 000	0		
固定资产账面价值	7 280 000	9 600 000		2 320 000
交易性金融资产	10 400 000	5 000 000	5 400 000	
预计负债	2 000 000	0		2 000 000
总计			5 400 000	5 920 000

1. 计算 2011 年度 A 企业当期所得税

当期所得税＝当期应交所得税＝9 240 000（元）

2. 计算 2011 年度 A 企业递延所得税

（1）期末递延所得税负债（5 400 000×25%）　1 350 000

　　　期初递延所得税负债　　　　　　　　　　1 500 000

　　　递延所得税负债减少　　　　　　　　　　　 150 000

（2）期末递延所得税资产（5 920 000×25%）　1 480 000

　　　期初递延所得税资产　　　　　　　　　　　 450 000

　　　递延所得税资产增加　　　　　　　　　　1 030 000

递延所得税＝－150 000－1 030 000＝－1 180 000（元）

3. 计算 2011 年度 A 企业所得税费用

所得税费用＝9 240 000－1 180 000＝8 060 000（元）

　　借：所得税费用　　　　　　　　　　　　8 060 000

　　　　递延所得税资产　　　　　　　　　　1 030 000

　　　　递延所得税负债　　　　　　　　　　　150 000

　　　　贷：应交税费——应交所得税　　　　　　9 240 000

　　另外，直接计入所有者权益的交易或事项，如可供出售金融资产公允价值的变动，使相关的资产、负债的账面价值与计税基础之间形成暂时性差异的，应按照准则规定确认递延所得税资产或递延所得税负债，并计入"资本公积——其他资本公积"；因企业合并产生的应纳税暂时性差异或可抵扣暂时性差异的影响，在确认递延所得税负债或递延所得税资产的同时，相关的递延所得税费用（或收益），一般应调整在企业合并中应予确认的商誉。

【课堂测试 6-4】

1. 某企业 2012 年度利润总额为 500 万元，其中国债利息收入为 25 万元。假定当年按税法核定的全年业务招待费的扣除标准为 300 万元，实际发生的业务招待费为 320 万元。假定该企业无其他纳税调整项目，适用的所得税税率为 25%，该企业 2012 年应纳所得税金额为（　　　）万元。

　　A. 125　　　　　　　B. 118.75　　　　　　C. 123.75　　　　　　D. 126.25

2. 采用资产负债表债务法核算所得税的情况下，使当期所得税费用增加的有（　　　）。

　　A. 本期应交的所得税

　　B. 本期发生的暂时性差异所产生的递延所得税负债

　　C. 本期转回原确认的递延所得税资产

　　D. 本期转回原确认的递延所得税负债

　　E. 本期发生的暂时性差异所产生的递延所得税资产

第五节　企业所得税税务筹划

一、企业组织形式的税务筹划

我国的企业所得税实行的是法人所得税制，企业不同的组织形式会对税负产生不同的影响。

公司在设立分支机构时，有两种选择：设立子公司或者设立分公司。如果选择设立子公司，由于子公司是独立法人，其将作为独立的纳税义务人单独缴纳企业所得税。如果子公司盈利，母公司亏损，其利润不能并入母公司，造成盈亏不能相抵多交企业所得税的结果；反之亦然。如果选择设立分公司，由于分公司不是独立法人，其利润并入母公司汇总缴纳企业所得税，具有盈亏相抵的作用，能降低总公司整体的税负。因此，公司在设立分支机构时，要做好所得税的纳税筹划，合理选择企业组织形式。比如，在企业初创期，有限的收入不足抵减大量支出，一般应设为分公司，而能够迅速实现盈利的企业一般应设为法人。另外，具有法人资格的子公司，在符合"小型微利企业"的条件下，还可以减按 20% 的税率缴纳企业所得税。

[例 6-14] 某母公司为贸易企业，为了打造专业化经营队伍，2012 年末将一个业务部门分离出去，成立一个独立核算的子公司 A 或分公司 A。2013 年，母公司盈利 70 万，子公司经营亏损 100 万，所得税税率为 25%。试对两种组

织形式的企业税负进行比较。

方案一：成立一个子公司

母公司应交所得税：70×25%=17.5（万元）

子公司 A 当年亏损，无须缴纳企业所得税

集团整体税负：17.5 万元

方案二：成立一个分公司

集团整体税负为 0

二、税率的税务筹划

企业所得税法规定的企业所得税税率有四档，即：基准税率 25% 与三档优惠税率 10%、15% 和 20%。企业可以在设立时合理规划企业性质、类型，使企业适用较低的税率，从而减轻税负。

（一）设立自主创新型高新技术企业

企业所得税法明确规定：国家需要重点扶持的高新技术企业，减按 15% 的税率征收企业所得税。因此，企业应该加大科技研发的投入，加强自主创新，并争取认定为高新技术企业，适用 15% 的企业所得税率。这既符合企业的发展要求，又符合企业所得税法的立法精神。

（二）小型微利企业

企业所得税法规定，符合条件的小型微利企业，减按 20% 的税率征收企业所得税。因此，小型企业在设立时首先需认真规划企业的规模和从业人数，规模较大或人数较多时，可考虑设立为两个或多个独立的纳税企业。

（三）非居民企业的设立

企业所得税法第四条规定，未在中国境内设立机构、场所的非居民企业取得的来源于中国境内的所得，以及非居民企业取得的来源于中国境内但与其在中国境内所设机构、场所没有实际联系的所得，适用税率为 20%，且目前减按 10% 的税率征收企业所得税。因此，仅有股息、租金等间接所得的非居民企业在境内不应设机构场所，或取得的间接所得应尽量不与其境内机构、场所发生联系，以享受 10% 的优惠税率。

三、计税依据的税务筹划

（一）应税收入的筹划

1. 缩小应税收入

缩小应税收入主要考虑及时剔除不该认定为应税收入的项目，或设法增加

免税收入。在实践中具体采取的方法有：（1）对销货退回及折让，应及时取得有关凭证并作冲减销售收入的账务处理，以免虚增收入。（2）多余的周转资金，用于购买政府公债，其利息收入可免交企业所得税；或者将多余的周转资金直接投资于其他居民企业，取得的投资收益也可免交企业所得税。

2. 推迟收入确认时间

推迟收入的实现时间，以获得资金的时间价值。企业所得税法中，明确规定了收入确认的时点，这就为收入的税务筹划提供了依据和空间。比如，让被投资方推迟作出利润分配决定的日期，就可以推迟股息、红利等权益性投资收益的确认时间；推迟实际收到捐赠资产的日期，就可以推迟接受捐赠收入确认时间；推迟企业分得产品的日期，就可以推迟采取产品分成方式取得收入的确认时间。推迟收入的确认时间，无疑会推迟缴纳企业所得税，相当于企业从税务局那里取得了一笔无息贷款，使企业获得了资金的时间价值。

（二）扩大成本费用

税法对企业所得税的费用扣除项目做了非常详细的规定。有些可以据实扣除，有些不予扣除，有些则规定了扣除限额。同时，对于超过限额的部分，有些可以结转以后年度扣除，有些则不予扣除。企业应结合税法的具体规定合理安排各期支出，使发生的成本费用尽量多的得到扣除。另外对于税法规定可以加计扣除的项目，应尽量达到加计扣除的条件，从而扩大税前可扣除的成本费用。

[例6-15] A企业2011年度实现产品销售收入8000万元，"管理费用"中列支业务招待费150万元，"销售费用"中列支广告费、业务宣传费合计1250万元，税前会计利润总额为100万元。试计算企业应纳所得税额并拟进行税务筹划。

筹划前：

由于业务招待费按发生额150万的60%和销售收入的5‰孰低原则扣除，所以扣除额为40万元（8000万元×5‰）。企业发生的广告费和业务宣传费合计共1250万元，按不超过当年销售收入的15%只能扣除1200万元（8000万元×15%）。

该企业应纳税所得额=100＋（150-40）＋（1250-1200）=260（万元）

企业应纳所得税额=260万元×25%=65（万元）

筹划后：

若A企业将其下设的销售部门注册成一个独立核算的销售公司。先将产品以7500万元的价格销售给销售公司，销售公司再以8000万元的价格对外销售，

A 企业与销售公司发生的业务招待费分别为 90 万元和 60 万元，广告费和业务宣传费分别为 900 万元、350 万元。假设 A 企业的税前利润为 40 万元，销售公司的税前利润为 60 万元。两企业分别缴纳企业所得税。

A 企业应纳税所得额=40+（90-7500×5‰）=92.5（万元）

A 企业应纳企业所得税额=92.5 万元×25%=23.125（万元）

销售公司应纳税所得额=60+（60-60×60%）=84（万元）

销售公司应纳企业所得税额=84 万元×25%=21（万元）

因此，整个利益集团总共应纳企业所得税为 44.125 万元（23.125 万元+21 万元），相较税务筹划前节省所得税 20.875 万元（65 万元-44.125 万元）。

设立独立核算的销售公司除了可以获得节税收益外，对于扩大整个利益集团产品销售市场，规范销售管理均有重要意义，但也会因此增加一些管理成本。纳税人应根据企业规模的大小以及产品的具体特点，兼顾成本与效益原则，从长远利益考虑，决定是否设立独立纳税单位。

[例 6-16] 某企业 2010 年和 2011 年预计会计利润分别为 100 万元和 150 万元，企业所得税率为 25%，该企业为提高其产品知名度及竞争力，树立良好的社会形象，决定向贫困地区捐赠 40 万元。现提出三套方案，第一套方案是 2010 年底通过省级民政部门捐赠给贫困地区；第二套方案是 2011 年底通过省级民政部门捐赠给贫困地区；第三套方案是 2010 年底通过省级民政部门捐赠 12 万元，2011 年初通过省级民政部门捐赠 28 万元。

分析：

方案一：该企业 2010 年通过省级民政部门向贫困地区捐赠 40 万元，只能在税前扣除 12 万元（100×12%），超过 12 万元的那 28 万元不得在税前扣除，当年应纳企业所得税为 32 万元 [（100+40-100×12%）×25%]。

方案二：该企业 2011 年通过省级民政部门向贫困地区捐赠 40 万元，则可在税前扣除 18 万元（150×12%），超过 18 万元的那 22 万元不得在税前扣除，当年应纳企业所得税为 43 万元 [（150+40-150×12%）×25%]。

方案三：该企业分两年进行捐赠，2010 年底通过省级民政部门捐赠 12 万元，2011 年初通过省级民政部门捐赠 28 万元。2010 年可在税前扣除 12 万元，用足了扣除限额，2011 年最多可在税前扣除 30 万元，捐赠的 28 万元可被全额扣除。2010 年应纳企业所得税为 25 万元 [（100+12-100×12%）×25%]，2011 年应纳企业所得税为 37.5 万元 [（150+28-28）×25%]。

通过比较，该企业采取第三种方案最好。方案三与方案二相比可以节税 5.5 万元（22×25%），与方案一比较可节税 7 万元（28×25%）。

[**例 6-17**] B 企业一生产流水线原值为 40 万元，预计残值率为 3%，折旧年限为 5 年，每年不扣除该项折旧的税前利润均为 100 万元，所得税率为 25%。试问分别采用平均年限法、双倍余额递减法、年数总和法计提折旧时，哪一种方法最佳？

首先，先计算各种折旧法下的年折旧额。

表 6-4　各种折旧方法下的年折旧额　单位：元

折旧方法 ＼ 折旧额	第 1 年折旧额	第 2 年折旧额	第 3 年折旧额	第 4 年折旧额	第 5 年折旧额	5 年总折旧额
直线法	77600	77600	77600	77600	77600	388000
双倍余额递减法	160000	96000	57600	37200	37200	388000
年数总和法	129333	103467	77600	51733	25867	388000

然后计算，扣除折旧的税前利润和所得税额。

表 6-5　各种折旧方法下的税前利润及所得税额　单位：元

年份	直线法			双倍余额递减法			年数总和法		
	折旧额	税前利润	所得税额	折旧额	税前利润	所得税额	折旧额	税前利润	所得税额
1	77600	922400	230600	160000	840000	210000	129333	870667	217666.75
2	77600	922400	230600	96000	904000	226000	103467	896533	224133.25
3	77600	922400	230600	57600	942400	235600	77600	922400	230600
4	77600	922400	230600	37200	962800	240700	51733	948267	237066.75
5	77600	922400	230600	37200	962800	240700	25867	974133	243533.25
合计	388000	4612000	1153000	388000	4612000	1153000	388000	4612000	1153000

可见采用加速折旧法（双倍余额递减法、年数总和法）在折旧年限内的最初几年内，由于提取了较多的折旧，因而使所得税的数额相对减少，可达到节税目的，但在以后几年所得税额会逐渐增加。加速折旧法在初始年份的节税作用等于企业获得了一笔无息贷款，采用加速折旧法，可以使企业加速对设备的更新、促进技术进步，从而给企业带来良性循环。

但并非所有情况都适合用加速折旧法，比如：税收减免期、亏损弥补期等，不宜使用加速折旧。

[**例 6-18**] 某股份有限公司计划筹措 1000 万元资金用于某高科技产品生产线的建设，相应制定了 A、B、C 三种筹资方案。假设该公司的资本结构（负债筹资与权益筹资的比例）如下，三种方案的借款年利率都为 8%，企业所得税税率为 25%，三种方案的息税前利润都为 100 万元。

A 方案：全部 1000 万元资金都采用权益筹资方式，即向社会公开发行股票，每股计划发行价格为 2 元，共计 500 万股。

B 方案：采用负债筹资与权益筹资相结合的方式，向银行借款融资 200 万元，向社会公开发行股票 400 万股，每股计划发行价格为 2 元。

C 方案：采用负债筹资与权益筹资相结合的方式，但二者适当调整，向银行借款 600 万元，向社会公开发行股票 200 万股，每股计划发行价格为 2 元。

分析：

表 6-6　三种方案的利润率计算表

项目	A	B	C
负债资本额（万元）	0	200	600
权益资本额（万元）	1000	800	400
负债比例	0	20%	60%
（负债资本/总资本）			
息税前利润（万元）	100	100	100
利息（万元）	0	16	48
税前利润（万元）	100	84	52
所得税税额	25	21	13
税后利润（万元）	75	63	39
税前投资收益率	10%	10.5%	13%
（税前利润/权益资本）			
税后投资收益率	7.5%	7.88%	9.75%
（税后利润/权益资本）			

从以上可以看出，随着负债筹资比例的提高，企业应纳所得税税额呈递减趋势，税后投资收益率呈递增趋势，从而显示了负债筹资的节税效应。

在上述三种方案中，方案 C 无疑是最佳的税收筹划方案。

四、利用税收优惠的税务筹划

企业所得税法的税收优惠目前以行业优惠为主，区域优惠为辅。主要体现在对高科技企业的税收优惠、农林牧渔业项目的所得优惠、国家重点扶持的公共基础设施优惠、环境保护节能节水项目优惠、技术转让所得优惠、研究开发费用的加计扣除优惠、环境保护、节能节水、安全生产等专用设备投资抵免优惠、创业投资企业投资抵扣税收优惠、技术进步加速折旧优惠、资源综合利用优惠等方面。这就要求企业在投资规划时，要充分考虑生产经营方向是否会有税收优惠，并积极创造条件，充分利用这些税收优惠，达到国家税收优惠的政策鼓励效果，同时节省税收。

【课堂测试 6-5】

某公司根据税法规定，可以享受自项目取得第一笔生产经营收入的纳税年度起，第一年至第三年免征企业所得税，第四年至第六年减半征收企业所得税的优惠政策。该公司原计划于 2008 年 11 月份开始生产经营，当年预计会有亏损，从 2009 年度至 2014 年度，每年预计应纳税所得额分别为 100 万元、500 万元、600 万元、800 万元、1200 万元和 1800 万元。请计算从 2008 年度到 2014 年度，该公司应当缴纳多少企业所得税，并提出企业所得税纳税筹划方案。

本章小结

企业所得税是国家对企业在一定时期内的生产经营所得和其他所得征收的一种税。企业所得税的纳税人，是指在中华人民共和国境内的企业（不包括个人独资企业、合伙企业）和其他取得收入的组织，分为居民企业和非居民企业。企业所得税的征税对象，是指企业的生产经营所得、其他所得和清算所得。企业所得税实行比例税率，基本税率为 25%。企业所得税是最能体现国家的税收政策扶持的税种，因此也是税收优惠最多的税种。税法规定的企业所得税的税收优惠方式包括免税、减税、加计扣除、加速折旧、减计收入、税额抵免等。

企业所得税的计税依据是应纳税所得额。按照企业所得税法的规定，查账征收的企业应纳税所得额为企业每一个纳税年度的收入总额，减除不征税收入、免税收入、各项扣除以及允许弥补的以前年度亏损后的余额。基本公式为：应纳税所得额=收入总额−不征税收入−免税收入−各项扣除−以前年度亏损；核定征收的企业具体征收方法包括核定应税所得率和核定应纳所得税额两种。

所得税会计是研究如何处理企业按照会计准则计算的税前会计利润与按照税法计算的应纳税所得额之间差异的会计理论与方法。税前会计利润与应纳税所得额之间的差异有两类：一类是永久性差异，一类是暂时性差异。企业所得税的会计处理方法包括应付税款法和纳税影响会计法。应付税款法是将本期税前会计利润与应纳税所得额之间的差异均在当期确认所得税费用。采用应付税款法核算时，需要设置两个账户："所得税费用"和"应交税费——应交所得税"。纳税影响会计法是指企业确认暂时性差异对所得税的影响金额，按照当期应交的所得税和暂时性差异对所得税影响金额的合计，确认为当期所得税费用的方法。在具体运用纳税影响会计法核算时，有两种可供选择的方法，即递延法和债务法。我国《企业会计准则》中要求企业采用资产负债表债务法。

资产负债表债务法是从资产负债表出发，通过比较资产负债表上列示的资产、负债按照企业会计准则规定确定的账面价值与按照税法规定确定的计税基础，对于两者之间的差额分别应纳税暂时性差异与可抵扣暂时性差异，确认相关的递延所得税负债与递延所得税资产，并在此基础上确定每一期间利润表中的所得税费用。在资产负债表债务法下进行会计处理，需要设置"所得税费用"、"递延所得税资产"、"递延所得税负债"、"应交税费——应交所得税"等账户进行核算。

篇后案例

17 项服务支持山东高新小企业

资金由专门银行贷款，技术成果由政府帮助转化，市场前景都由政府提供帮助打探，甚至在校学生创业也可以获得"休学"支持。19 日从山东省科技厅获悉，该省出台鼓励各地高新区科技型小微企业发展的 17 条意见，内容包含金融、政策以及人才等领域支持，其中在 2015 年前，各地国家高新区都将建立科技银行，并建成 30 个公共技术创新服务平台。

在税收方面，获得认定高新技术小企业将获得政府 15% 的企业所得税减免，一年内技术转让所得 500 万元的部分，免征企业所得税，超出部分减半征收。而自 2013 年 8 月 1 日起，对增值税、营业税纳税人中月销售额不超过 2 万元的企业或非企业性单位，暂免征收税款。

到 2015 年，将争取每个国家高新区至少建立 1 家科技支行，1 家注册资本 1 亿元以上的创业投资机构，1 家注册资本 1 亿元以上的科技融资担保机构。在银行贷款方面，每年将有 100 家小微企业贷款利率上浮水平不高于同期基准利率的 20%，上浮部分也由科技厅贴息支持。在贷款担保方面，山东省将以省科技融资担保公司为平台，放大担保授信额度，贷款利率上浮水平不高于同期基准利率的 20%。

该省将支持省内高端人才为小微企业开展技术指导。在知识产权层面，技术人员可以按照至少 50%、最多 70% 的比例折算为技术股份，并允许高校、科研院所等机构科研人员兼职从事科技创业、科技成果转化活动，其收入归个人所有。

对于在校大学生，该省甚至鼓励在鲁高等院校允许全日制在校学生休学创业。其中，创办科技型企业的学生，可按相关规定计算学分。

资料来源：齐鲁晚报
2014-03-21

主要术语

企业所得税（enterprise income tax ）
居民企业（resident enterprise）
非居民企业（non-resident enterprise）
税收优惠（tax preference）
应纳税所得额（taxable income）
资产负债表债务法（balance sheet approach）

思考题

1. 简述企业所得税的特点。
2. 简述企业所得税的居民企业和非居民企业的区别。
3. 简述企业所得税的征税对象。
4. 简述收入总额、不征税收入和免税收入的内容。
5. 简述企业所得税扣除项目的规定。
6. 简述会计利润与应纳税所得额的差异。
7. 简述资产负债表债务法的核算原理。

练习题

（一）单项选择题

1. 下列各项中，不属于企业所得税纳税人的企业是（　　　）。
    A. 在外国成立但实际管理机构在中国境内的企业
    B. 在中国境内成立的外商独资企业
    C. 在中国境内成立的个人独资企业
    D. 在中国境内未设立机构.场所，但有来源于中国境内所得的企业
2. 企业为开发新技术、新产品、新工艺发生的研究开发费用，未形成无形资产计入当期损益的，在按照规定据实扣除的基础上，按照研究开发费用的（　　）加计扣除。
    A. 10%　　　　　B. 20%　　　　　　C. 50%　　　　　　D. 100%
3. 现行企业所得税法规定，企业应当自年度终了之日起（　　），向税务机关报送年度企业所得税申报表，并汇算清缴税款。
    A. 15 日内　　　B. 60 日内　　　　C. 4 个月内　　　D. 5 个月内
4. 根据《企业所得税法》的规定，企业所得税的征收办法是（　　　）。

  A. 按月征收   B. 按年计征，分月或分季缴纳

  C. 按季征收   D. 按季计征，分月预缴

 5. 计算应纳税所得额时，在以下项目中，不超过规定比例的部分准予扣除，超过部分，准予在以后纳税年度结转扣除的项目是（ ）。

  A. 职工福利费   B. 工会经费

  C. 职工教育经费   D. 社会保险费

 6. 企业所得税法规定，无形资产的摊销年限不得（ ）。

  A. 低于 5 年   B. 高于 5 年

  C. 低于 10 年   D. 高于 10 年

 7. 某服装厂 2013 年毁损一批库存成衣，账面成本 20 000 元，成本中外购比例 60%，该企业的损失得到税务机关的审核和确认，在所得税前可扣除的损失金额是（ ）。

  A. 23 400 元   B. 22 040 元

  C. 21 360 元   D. 20 000 元

 8. 企业某一纳税年度发生的亏损可以用下一年度的所得弥补，下一年的所得不足以弥补的，可以逐年延续弥补，但最长不得超过（ ）年。

  A. 3   B. 5   C. 8   D. 10

 9. 将本期税前会计利润与应纳税所得额之间的差异均在当期确认所得税费用的方法是（ ）。

  A. 应付税款法   B. 纳税影响会计法

  C. 递延法   D. 债务法

 10.（ ）账户核算企业根据所得税准则确认的可抵扣暂时性差异的所得税影响金额。

  A. 递延所得税资产   B. 递延所得税负债

  C. 应交税费   D. 所得税费用

（二）多项选择题

 1. 关于企业所得税的优惠政策哪些说法是错误的（ ）。

  A. 企业购置并使用规定的环保、节能节水、安全生产等专用设备，该设备投资额的 40%可以从应纳税所得额中抵免

  B. 创投企业从事国家需要扶持和鼓励的创业投资，可以按投资额的 70%在当年应纳税所得额中抵免

  C. 企业综合利用资源生产符合国家产业政策规定的产品取得的收入，可以在计算应纳税所得额的时候减计收入 10%

　　D. 企业安置残疾人员，所支付的工资，按照残疾人工资的 50%，加计
　　　扣除

2. 以下属于企业所得税收入不征税的项目有（　　　）。

　　A. 企业根据法律、行政法规等有关规定，代政府收取的具有专项用途
　　　的财政资金

　　B. 居民企业直接投资于其他居民企业取得的投资收益

　　C. 企业取得的，经国务院批准的国务院财政、税务主管部门规定专项
　　　用途的财政性资金

　　D. 国债利息收入

3. 下列项目中，应计入应纳税所得额的有（　　　）。

　　A. 非金融企业让渡资金使用权的收入

　　B. 因债权人原因确实无法支付的应付款项

　　C. 国债利息收入

　　D. 将自产货物用于职工福利

4. 可在所得税前扣除的税金包括（　　　）。

　　A. 增值税　　　　B. 消费税　　　　C. 营业税　　　　D. 出口关税

5. 以下可在所得税前列支的保险费用为（　　　）。

　　A. 政府规定标准的基本养老金支出

　　B. 政府规定标准的补充医疗保险基金支出

　　C. 职工家庭保险费用支出

　　D. 企业货物保险支出

6. 在计算应纳税所得额时，不得从收入总额中扣除的项目有（　　　）。

　　A. 资本性支出　　　　　　　　B. 收益性支出

　　C. 税收滞纳性　　　　　　　　D. 自然灾害造成的损失

7. 在计算应纳税所得额时，以下哪些是不允许扣除的（　　　）。

　　A. 被没收的财产损失　　　　　B. 计提的固定资产减值准备

　　C. 迟纳税款的滞纳金　　　　　D. 行政罚款

8. 以下各项中，最低折旧年限为 4 年的固定资产是（　　　）。

　　A. 家具　　　　B. 小汽车　　　　C. 运输大卡车　　　D. 电子设备

9. 根据规定，纳税人有下列情形（　　　）之一的，税务机关可以核定征收
企业所得税。

　　A. 依照法律、行政法规的规定可以不设置账簿的

　　B. 纳税人拒不提供纳税资料的

C. 纳税人有偷税、漏税前科的

D. 申报的计税依据明显偏低，又无正当理由的

10. 纳税影响会计法又可以分为（　　　）。

A. 递延法　　　　B. 债务法　　　　C. 习惯法　　　　D. 比例法

（三）判断题

1. 在计算企业的应纳税所得额时，企业的不征税收入用于支出所形成的费用或者财产，不得扣除。（　　）

2. 在中国境内设有机构、场所且所得与机构、场所有关联的非居民企业可以采用预提所得税的方法征收所得税。（　　）

3. 居民企业承担无限纳税义务，就来源于中国境内、境外的全部所得纳税；非居民企业承担有限纳税义务，一般只就来源于中国境内的所得纳税。（　　）

4.《中华人民共和国企业所得税法》所称已在境外缴纳的所得税税额，是指企业来源于中国境外的所得依照中国境外税收法律以及相关规定应当缴纳并已经实际缴纳的企业所得税性质的税款。（　　）

5. 按照企业所得税法的规定，创业投资企业的所有创业投资，可以按投资额的一定比例抵扣应纳税所得额。（　　）

6. 按照企业所得税法的规定，企业在一个纳税年度中间开业，或者终止经营活动，使该纳税年度的实际经营期不足十二个月的，应当以企业开业之日起满一个自然年度止为一个纳税年度。（　　）

7. 企业发生的职工教育经费的支出，不超过工资薪金总额的 2%的部分，准予税前扣除，超过的部分，准予在以后纳税年度结转扣除。（　　）

8. 某企业 2012 年度计提并发放的工资薪金总额 300 万元，发生职工教育经费 9 万元，允许当年税前扣除的职工教育经费为 7.5 万元，1.5 万元不得扣除，也不得结转以后年度进行扣除。（　　）

9. 按照企业所得税法的规定，企业发生的与生产经营活动有关的业务招待费支出，按照发生额的 60%扣除，但最高不得超过当年销售（营业）收入的 3‰。（　　）

10. 按照企业所得税法的规定，企业发生的符合条件的广告费和业务宣传费支出，除国务院财政、税务主管部门另有规定外，不超过当年销售（营业）收入 15%的部分，准予扣除；超过部分，广告费准予在以后纳税年度结转扣除，业务宣传费则不得在以后纳税年度结转扣除。（　　）

11. 按照企业所得税法的规定，企业发生的捐赠支出，不超过年度利润总额 12%的部分，准予扣除。（　　）

（四）计算题

1. 某厂 2013 年收入总额为 2000 万元，其中到期国债利息收入 10 万元，财政拨款 20 万元，符合税法规定的各项扣除额为 900 万元，1—11 月已缴纳企业所得税 120 万元。计算该厂应汇算清缴的企业所得税。

2. 某企业为居民企业，纳税年度生产经营状况如下：

（1）取得产品销售收入总额 1000 万元，已扣除折扣销售 20 万元，销售额与折扣额在一张发票上注明。

（2）准予扣除的产品销售成本为 640 万元。

（3）发生产品销售费用 80 万元，其中广告费用 25 万元；管理费用 120 万元，其中业务招待费 12 万元；不需资本化的借款利息 40 万元，其中 20 万元为向非金融机构借款发生的利息，年利率为 5.5%，同期金融机构贷款年利率为 5%。

（4）应缴纳的增值税税额为 30 万元，其他销售税费 80 万元。

（5）营业外支出 14 万元，其中通过县政府向山区某农村义务教育捐款 5 万元，直接向遭受自然灾害的学校捐款 2 万元，缴纳税收滞纳金 4 万元。

要求：计算企业应纳所得税，写出过程。

（五）核算题

1. 某企业于 2010 年 12 月 20 日购入某项设备，取得成本为 800 万元，会计上采用年限平均法计提折旧，使用年限为 10 年，净残值为零，因该资产常年处于强震动状态，计税时按双倍余额递减法计提折旧，使用年限及净残值与会计相同。企业适用的所得税税率为 25%。假定企业不存在其他会计与税收处理的差异。计算并确认该企业 2011 年 12 月 31 日和 2012 年 12 月 31 日关于该项目递延所得税的会计处理。

2. 甲公司 2011 年利润表中利润总额为 3000 万元，该公司适用的所得税税率 25%。递延所得税资产及递延所得税负债不存在初期余额。与所得税核算有关情况和发生的有关交易或事项中，会计处理与税收处理存在的差别有：

（1）2011 年 1 月开始计提折旧的一项固定资产，成本为 1500 万元，使用年限为 10 年，净残值为 0，会计处理按双倍余额递减法计提折旧，税收处理按直线法计提折旧。税法规定的使用年限及净残值规定相同。

（2）向关联企业捐赠现金 500 万元。按照税法规定，企业向关联方的捐赠不允许税前扣除。

（3）当期取得作为交易性金融资产核算的股票投资成本为 800 万元，2011 年 12 月 31 日的公允价值为 1 200 万元。税法规定，以公允价值计量的金融资产持有期间市价变动不计入应纳税所得额。

（4）违反环保法规定应支付罚款 250 万元。

（5）期末对持有的存货计提了 75 万元的存货跌价准备。

计算应交所得税金额，并作出相关会计处理。

（六）筹划题

某连锁经营企业，国内共设有十家营业机构，2013 年其中七家机构盈利，盈利金额为 800 万元；另外三家机构亏损，亏损金额为 200 万元。如何根据其纳税身份（即设立具有独立法人资格的营业机构或是不具有法人资格的分公司）进行企业所得税税务筹划。

第七章　个人所得税会计及筹划

个人所得税是世界各国普遍开征的一个税种，是国家参与个人收入分配、调节贫富差距的重要手段。本章主要介绍个人所得税相关的基本规定，个人所得税税额的计算，个人所得税的会计核算以及个人所得税税务筹划等相关内容。通过本章的学习，了解个人所得税的概念及作用，熟悉个人所得税相关税制要素的基本内容，理解并掌握个人所得税税额的计算原理和方法，掌握个人所得税会计科目的设置以及核算方法，掌握个人所得税税务筹划的基本方法。

篇前案例

中秋节发放月饼是否要扣缴个人所得税？

中秋节，不少单位把月饼当作福利发给员工。2009 年中秋节前夕，南京市地税部门接到一些市民的电话，咨询如果企业给员工发放月饼以及代用券等中秋节物品，应该如何代扣代缴个人所得税。

"单位发放月饼等任何实物均应并入工资薪金所得扣缴个人所得税。"南京市地税部门相关人士告诉记者，根据《中华人民共和国个人所得税法实施条例》规定，个人取得的应纳税所得，包括现金、实物和有价证券或其他形式的经济利益。而所得为实物的，应当按照取得的凭证上所注明的价格计算应纳税所得额；无凭证的实物或者凭证上所注明的价格明显偏低的，由主管税务机关参照当地的市场价格核定应纳税所得额。因此，单位、企业在发放实物或其他有价证券给员工时，应当按照税法的规定并入员工的工资薪金所得计算扣缴个人所得税。

此消息一出，网上一片哗然。很多网友认为，中秋节发月饼，是企业对其职工节日上的慰问，是一种充满人情味的举动。如果连一年发一次月饼这样的福利都要扒拉一下子，是不是太不近人情了？"中秋发月饼要扣缴个人所得税"是否合乎法律，是否合乎情理？

那么，企业发放月饼是否应该缴纳个人所得税？个人所得税到底是个什么样的税种？如何征收？本章将为大家讲解个人所得税征收相关的内容。

资料来源：新华网
2009-05-15

个人所得税是对个人（即自然人）取得的各类应税所得作为征税对象而征收的一种所得税，它是政府利用税收对个人的收入进行调节的一种手段。从世界范围看，个人所得税的征收模式主要有三种：一是分类征收制，也就是对于纳税人不同来源、不同性质的所得项目，分别规定不同的税率征税；二是综合征收制，也就是对纳税人全年的各项所得进行汇总，就其所得总额进行征税；三是混合征收制，是对纳税人不同来源、不同性质的人所得先分别按照不同的税率征税，然后将全年的各项所得进行汇总征税。目前，我们国家个人所得税的征收采用的是第一种模式，即分类征收制。

我国个人所得税对各项应税所得，分别适用不同的税率、费用减除标准和计税方法，体现了国家不同的税收政策，因此个人所得税具有其他税种无法替代的重要作用：

1. 增加财政收入。个人所得税是以纳税人的各项所得作为征税对象，应税所得几乎包括了纳税人的全部所得，因此个人所得税涉税范围广，同时计税方法简便，为增加我国的财政收入提供了保障。

2. 调节个人收入。我国的个人所得税有相关的费用扣除标准，我国主要采用定额扣除和定率扣除两种方法。费用扣除标准的规定，使得低收入者在一般情况下可以免缴个人所得税，有利于保障低收入者的收入水平。

3. 缓解社会分配不均。近些年来，我国城乡居民之间、不同地区之间、不同行业之间收入差距扩大，这不仅影响社会的稳定，而且还会影响我国经济的发展，而个人所得税是缓解社会分配不均的有效手段。

4. 促进我国经济发展。自我国正式开征个人所得税以来，个人所得税收入逐年递增，已成为我国征收的重要税种之一。个人所得税能够调节社会经济的发展速度，被看作是经济的"内在稳定器"。

第一节　个人所得税税制要素

一、纳税人

我国个人所得税的纳税义务人，包括中国公民、个体工商业户、个人独资企业、合伙企业投资者、在中国有所得的外籍人员（包括无国籍人员，下同）和香港、澳门、台湾地区同胞。为体现国家不同的税收征税主权，上述纳税义务人可分为居民纳税人和非居民纳税人，分别承担不同的纳税义务。

（一）纳税义务人判定标准

居民纳税人和非居民纳税人的判定有住所和居住时间两个标准。

所谓的住所标准，是指因户籍、家庭、经济利益关系，而在中国境内的习惯性居住。这里所说的习惯性居住，是指个人因学习、工作、探亲等原因消除之后，没有理由在其他地方继续居留时，所要回到的地方，而不是指实际居住或在某一个特定时期内的居住地。

所谓的时间标准，是指在中国境内居住满1年，这里的1年是指在一个纳税年度（即公历1月1日起至12月31日止，下同）内，在中国境内居住满365日。在计算居住天数时，如果存在临时离境，则应视为在华居住，不扣减其在华居住的天数。这里所说的临时离境，是指在一个纳税年度内，一次不超过30日或者多次累计不超过90日的离境。

上述两个标准，具有相同的法律效力，纳税人只要满足其一，就可判定为居民纳税人；如果二者均不具备，则判定为非居民纳税人。

（二）纳税义务人的具体判定

1. 居民纳税人的判定。居民纳税义务人负有无限纳税义务，其应纳税所得无论是来源于中国境内还是中国境外，都要在中国缴纳个人所得税。根据税法规定，居民纳税义务人是指在中国境内有住所，或者无住所而在中国境内居住满1年的个人。主要包括以下两类：一是在中国境内定居的中国公民和外国侨民。但不包括虽具有中国国籍，却并没有在中国大陆定居，而是侨居海外的华侨和居住在香港、澳门、台湾的同胞；二是从公历1月1日起至12月31日止，居住在中国境内的外国人、海外侨胞和香港、澳门、台湾同胞。如果在一个纳税年度内，一次离境不超过30日，或者多次离境累计不超过90日的，仍应被视为全年在中国境内居住，从而判定为居民纳税义务人

2. 非居民纳税人的判定。非居民纳税义务人承担有限纳税义务，即仅就其来源于中国境内的所得，向中国缴纳个人所得税。根据规定，非居民纳税义务人是指不符合居民纳税义务人判定标准（条件）的纳税义务人，即习惯性居住地不在中国境内，而且不在中国居住，或者在一个纳税年度内，在中国境内居住不满1年的个人。在现实生活中，习惯性居住地不在中国境内的个人，只有外籍人员、华侨或香港、澳门和台湾同胞。因此，非居民纳税义务人，实际上只能是在一个纳税年度中，没有在中国境内居住，或者在中国境内居住不满1年的外籍人员、华侨或香港、澳门、台湾同胞。

居民纳税人和非居民纳税人的判定标准，详见表7-1。

二、征税对象

个人所得税的征税对象是纳税人在中国境内和境外所取得的各项应税所得。主要包括以下内容：

（一）工资、薪金所得

工资、薪金所得，是指个人因任职或者受雇而取得的工资、薪金、奖金、年终加薪、劳动分红、津贴、补贴以及任职或者受雇有关的其他所得。其中：

年终加薪、劳动分红不分种类和取得情况，一律按工资、薪金所得课税。津贴、补贴等则有例外。根据税法规定，下列所得不属于工资、薪金所得的征税范围，不予征税。

表 7-1 居民与非居民纳税人的划分

纳税义务人	判定标准	税收管辖权	应税所得
居民纳税人	二者满足其一： （1）在中国境内有住所的个人； （2）在中国境内无住所，而在中国境内居住满一年的个人。	负有无限纳税义务	境内所得 境外所得
非居民纳税人	二者均不满足： （1）在中国境内无住所且不居住的个人； （2）在中国境内无住所且居住不满一年的个人。	负有有限纳税义务	境内所得

这些项目具体包括：独生子女补贴；执行公务员工资制度未纳入基本工资总额的补贴、津贴差额和家属成员的副食品补贴；托儿补助费；差旅费津贴、误餐补助（这里的误餐补助是指按照财政部规定，个人因公在城区、郊区工作，不能在工作单位或返回就餐的，根据实际误餐顿数，按规定的标准领取的误餐费。单位以误餐补助名义发给职工的补助、津贴不能包括在内）。

奖金，是指所有具有工资性质的奖金，免税奖金的范围在税法中另有规定。

篇中案例 7-1

"五险一金"是否需要缴纳个人所得税？

学习了个人所得税的征税范围后，王同学提出了一个问题，单位给员工缴纳的"五险一金"（即基本养老保险、基本医疗保险、失业保险、工伤保险、生育保险和住房公积金）也是职工薪酬的一种形式，是否需要缴纳个人所得税呢？

解答：根据规定，企事业单位按照规定的缴费比例或办法实际缴付的基本养老保险费、基本医疗保险费和失业保险费，免征个人所得税；个人按照规定的缴费比例或办法实际缴付的基本养老保险费、基本医疗保险费和失业保险费，允许在个人应纳税所得额中扣除。企事业单位和个人超过规定的比例和标准缴付的基本养老保险费、基本医疗保险费和失业保险费，应将超过部分并入个人当期的工资、薪金收入，计征个人所得税。

根据《住房公积金管理条例》，单位和个人分别在不超过职工本人上一年度月平均工资12%的幅度内，其实际缴存的住房公积金允许在个人应纳税所得额中扣除。单位和职工个人缴存住房公积金的月平均工资不得超过职工工作地所在设区城市上一年度职工月平均工资的3倍，具体标准按照各地有关规定执行。单位和个人超过上述规定比例和标准缴付的住房公积金，应将超过部分并入个人当期的工资、薪金收入，计算缴纳个人所得税。

根据《工伤保险条例》和生育保险相关规定，工伤保险和生育保险由单位缴纳、个人不缴。对单位按规定缴纳的工伤保险、生育保险，不涉及个人所得税。

（二）个体工商户的生产、经营所得

个体工商户的生产、经营所得具体包括：个体工商户从事工业、手工业、建筑业、交通运输业、商业、饮食业、服务业、修理业及其他行业取得的所得；个人经政府有关部门批准，取得执照，从事办学、医疗、咨询以及其他有偿服务活动取得的所得；以及上述个体工商户和个人取得的与生产、经营有关的各项应税所得。

此外，以下各项所得也应按照"个体工商户的生产、经营所得"项目计征个人所得税：一是个人因从事彩票代销业务而取得所得；二是从事个体出租车运营的出租车驾驶员取得的收入；三是个人独资企业、合伙企业的个人投资者以企业资金为本人、家庭成员及其相关人员支付与企业生产经营无关的消费性支出及购买汽车、住房等财产性支出，视为企业对个人投资者利润分配，并计入投资者个人的生产经营所得，按本项目计征个人所得税；四是其他个人从事个体工商业生产、经营取得的所得。

个体工商户和从事生产、经营的个人，取得与生产、经营活动无关的其他各项应税所得，应分别按照其他应税项目的有关规定，计算征收个人所得税。

（三）对企事业单位的承包经营、承租经营所得

对企事业单位的承包经营、承租经营所得，是指个人承包经营或承租经营

以及转包、转租取得的所得。承包项目可分多种，如生产经营、采购、销售、建筑安装等各种承包。转包包括全部转包或部分转包。

（四）劳务报酬所得

劳务报酬所得，是指个人独立从事非雇佣的各种劳务所取得的报酬。具体内容包括：设计、装潢、安装、制图、化验、测试、医疗、法律、会计、咨询、讲学、新闻、广播、翻译、审稿、书画、雕刻、影视、录音、录像、演出、表演、广告、展览、技术服务、介绍服务、经纪服务、代办服务以及其他劳务等29 项劳务所得。

在实际操作过程当中，对于一项所得可能出现难以判定其应该属于工资、薪金所得，还是属于劳务报酬所得的情况。那么，二者的区别在于：工资、薪金所得是属于非独立个人劳务活动，即由于任职、受雇而得到的报酬；而劳务报酬所得，则是个人独立从事各项劳务而取得的报酬。

（五）稿酬所得

稿酬所得，是指个人因其作品以图书、报刊形式出版、发表而取得的所得。而对于不以图书、报刊形式出版、发表的翻译、审稿、书画所得则归为劳务报酬所得。

（六）特许权使用费所得

特许权使用费所得，是指个人提供专利权、商标权、著作权、非专利技术以及其他特许权的使用权而取得的所得。提供著作权的使用权取得的所得，不包括稿酬所得。

（七）利息、股息、红利所得

利息、股息、红利所得，是指个人拥有债权、股权而取得的利息、股息、红利所得。其中：利息是指个人拥有债权而取得的利息，包括存款利息、贷款利息和各种债券的利息，但国债和国家发行的金融债券利息除外。股息、红利是指个人拥有股权取得的股息、红利。

此外，除个人独资企业、合伙企业以外的其他企业的个人投资者，如果以企业资金为本人、家庭成员及其相关人员支付与企业生产经营无关的消费性支出及购买汽车、住房等财产性支出，则视为企业对个人投资者的红利分配，依照"利息、股息、红利所得"项目计征个人所得税。

（八）财产租赁所得

财产租赁所得，是指个人出租建筑物、土地使用权、机器设备、车船以及其他财产取得的所得。对于个人所取得的财产转租收入，也属于本项目的征税范围，是转租人的财产租赁所得，由财产转租人缴纳个人所得税。

（九）财产转让所得

财产转让所得，是指个人转让有价证券、股权、建筑物、土地使用权、机器设备、车船以及其他财产取得的所得。这里个人进行的财产转让主要是指个人财产所有权的转让。

（十）偶然所得

偶然所得，是指个人得奖、中奖、中彩以及其他偶然性质的所得。偶然所得应缴纳的个人所得税税款，一律由发奖单位或机构代扣代缴。

（十一）经国务院财政部门确定征税的其他所得

除上述列举的各项个人应税所得外，由国务院财政部门确定的其他应征税的个人所得。对于个人所得难以界定其应纳税所得项目的，由主管税务机关确定。

三、税率

目前，我国个人所得税主要采用超额累进税率和比率税率两种形式。具体如下：

（一）超额累进税率

超额累进税率主要包括七级超额累进税率和五级超额累进税率。

1. 七级超额累进税率

工资、薪金所得，适用七级超额累进税率，税率为 3～45%。详见表 7-2。

表 7-2　工资、薪金所得个人所得税税率表

级数	全月含税应纳税所得额	全月不含税应纳税所得额	税率	速算扣除数
1	不超过 1 500 元的	不超过 1 455 元的	3%	0
2	超过 1 500-4 500 元的部分	超过 1 455-4 155 元的部分	10%	105
3	超过 4 500-9 000 元的部分	超过 4 155-7 755 元的部分	20%	555
4	超过 9 000-35 000 元的部分	超过 7 755-27 255 元的部分	25%	1 005
5	超过 35 000-55 000 元的部分	超过 27 255-41 255 元的部分	30%	2 755
6	超过 55 000-80 000 元的部分	超过 41 255-57 505 元的部分	35%	5 505
7	超过 80 000 元的部分	超过 57 505 元的部分	45%	13 505

注：本表所称全月含税应纳税所得额和全月不含税应纳税所得额，是指依照税法的规定，以每月收入额减除费用 3 500 元后的余额或者再减除附加减除费用后的余额。

2. 五级超额累进税率

个体工商户的生产、经营所得和对企事业单位的承包经营、承租经营所得，适用五级超额累进税率。税率为 5～35%。详见表 7-3。

表 7-3 个体工商户的生产、经营所得和对企事业单位的承包经营、承租经营所得个人所得税税率表

级数	全年含税应纳税所得额	全年不含税应纳税所得额	税率	速算扣除数
1	不超过 15 000 元的	不超过 14 250 元的	5%	0
2	超过 15 000-30 000 元的部分	超过 14 250-27 750 元的部分	10%	750
3	超过 30 000-60 000 元的部分	超过 27 750-51 750 元的部分	20%	3 750
4	超过 60 000-100000 元的部分	超过 51 750-79 750 元的部分	30%	9 750
5	超过 100 000 元的部分	超过 79 750 元的部分	35%	14 750

注：本表所称全年含税应纳税所得额和全年不含税应纳税所得额，对个体工商户的生产、经营所得来源，是指以每一纳税年度的收入总额，减除成本、费用、相关税费以及损失后的余额；对企事业单位的承包经营、承租经营所得来源，是指以每一纳税年度的收入总额，减除必要费用后的余额。

（二）比例税率

劳务报酬所得、稿酬所得、特许权使用费所得、利息股息红利所得、财产租赁所得、财产转让所得、偶然所得等均适用 20% 的比例税率。但是，这些应税所得还有一些特殊规定，主要包括：

1. 劳务报酬所得。劳务报酬所得，适用 20% 的比例税率。但是对于劳务报酬所得一次收入畸高的，按规定实行加成征收，具体办法由国务院规定。所谓的"劳务报酬所得一次收入畸高"，是指个人一次取得劳务报酬，其扣除相关费用之后的应纳税所得额超过 20 000 元。所谓的加成征收，是指在 20% 税率计算税额的基础上再加征一部分税额。具体如下：

对于应纳税所得额超过 20 000-50 000 元的部分，按税法规定计算应纳税额后再按照应纳税额加征五成，则其实际税率为 30% [20%×（1＋50%）]；超过 50 000 元的部分，加征十成，则其实际税率为 40%。因此，劳务报酬所得实际上适用的税率如表 7-4 所示：

表 7-4 劳务报酬所得个人所得税税率表

级数	每次应纳税所得额	税率	速算扣除数
1	不超过 20 000 元的部分	20%	0
2	超过 20 000-50 000 元的部分	30%	2 000
3	超过 50 000 元的部分	40%	7 000

注：本表所称每次应纳税所得额，是指每次收入额减除费用 800 元（每次收入额不超过 4 000 元时）或者减除 20% 的费用（每次收入额超过 4 000 元时）后的余额。

2. 稿酬所得。按税法规定，对于稿酬所得给予了适当的优惠照顾。也就是说，稿酬所得在适用 20% 比例税率计算应纳税额基础上，再减征 30%。因此，

其实际税率为 14% [20%×（1－30%）]。

3．财产租赁所得。对于个人出租住房取得的所得减按 10% 的税率征收个人所得税。

4．自 2008 年 10 月 9 日起暂免征收储蓄存款利息的个人所得税。

四、税收优惠

个人所得税是一种分配手段，同时也是体现国家政策的一种工具。《个人所得税法》对有关的项目给予了减税免税的优惠。

（一）免征个人所得税的优惠

1．省级人民政府、国务院部委和中国人民解放军军以上单位，以及外国组织、国际组织颁发的科学、教育、技术、文化、卫生，体育、环境保护等方面的奖金，免征个人所得税。

2．国债和国家发行的金融债券利息。其中，国债利息是指个人持有中华人民共和国财政部发行的债券而取得的利息所得；国家发行的金融债券利息，是指个人持有经国务院批准发行的金融债券而取得的利息所得。

3．按照国家统一规定发给的补贴、津贴。该补贴、津贴指的是按照国务院规定发给的政府特殊津贴和国务院规定免纳个人所得税的补贴、津贴。

4．福利费、抚恤金、救济金。福利费，是指根据国家有关规定，从企事业单位、国家机关、社会团体提留的福利费或者工会经费中支付给个人的生活补助费；救济金，是指国家民政部门支付给个人的生活困难补助费。

5．保险赔款。

6．军人的转业安置费、复员费。

7．按照国家统一规定发给干部、职工的安家费、退职费、退休工资、离休工资、离休生活补助费。

8．依照我国有关法律规定应予免税的各国驻华使馆、领事馆的外交代表、领事官员和其他人员的所得。

9．中国政府参加的国际公约以及签订的协议中规定免税的所得。

10．关于发给见义勇为者的奖金问题。对乡、镇（含乡、镇）以上人民政府或经县（含县）以上人民政府主管部门批准成立的有机构、有章程的见义勇为基金或者类似性质组织，奖励见义勇为者的奖金或奖品，经主管税务机关核准，免征个人所得税。

11．企业和个人按照省级以上人民政府规定的比例提取并缴付的住房公积金、医疗保险金、基本养老保险金、失业保险金，不计入个人当期的工资、薪金收入，免予征收个人所得税。超过规定的比例缴付的部分计征个人所得税。

个人领取原提存的住房公积金、医疗保险金、基本养老保险金时，免予征收个人所得税。

12．经国务院财政部门批准的免税的所得。

（二）减征个人所得税的优惠

有下列情形之一的，经批准可以减征个人所得税：

1．残疾、孤老人员和烈属的所得。

2．因严重自然灾害造成重大损失的。

3．其他经国务院财政部门批准减税的。

（三）暂免征收个人所得税的优惠

1．外籍个人以非现金形式或实报实销形式取得的住房补贴、伙食补贴、搬迁费、洗衣费。

2．外籍个人按合理标准取得的境内、境外出差补贴。

3．外籍个人取得的探亲费、语言训练费、子女教育经费等，经当地税务机关审核批准为合理的部分。

4．外籍个人从外商投资企业取得的股息、红利所得。

5．个人举报、协查各种违法、犯罪行为而获得的奖金。

6．个人转让自用达 5 年以上，并且是唯一的家庭生活用房取得的所得。

五、申报与缴纳

个人所得税的纳税办法，有自行申报纳税和代扣代缴两种。

（一）自行申报纳税

自行申报纳税，是由纳税人自行在税法规定的纳税期限内，向税务机关申报取得的应税所得项目和数额，如实填写个人所得税纳税申报表，并按照税法规定计算应纳税额，据此缴纳个人所得税的一种方法。

1．自行申报纳税的适用范围。凡有下列情形之一的，纳税人必须自行向税务机关申报所得并缴纳税款：

（1）年所得 12 万元以上的。

（2）从中国境内两处或者两处以上取得工资、薪金所得的。

（3）从中国境外取得所得的。

（4）取得应税所得，没有扣缴义务人的。

（5）国务院规定的其他情形。

2．自行申报纳税的期限

（1）年所得 12 万元以上的纳税人，在纳税年度终了后 3 个月内向主管税务机关办理纳税申报。

（2）个体工商户的生产、经营所得应纳的税款，分月预缴的，纳税人在每月终了后 15 日内办理纳税申报；分季预缴的，纳税人在每个季度终了后 15 日内办理纳税申报；纳税年度终了后，纳税人在 3 个月内进行汇算清缴，多退少补。

（3）纳税人年终一次性取得对企事业单位的承包、承租经营所得的，自取得所得之日起 30 日内办理纳税申报；在 1 个纳税年度内分次取得承包、承租经营所得的，在每次取得所得后的次月 15 日内申报预缴；纳税年度终了后 3 个月内汇算清缴，多退少补。

（4）从中国境外取得所得的纳税人，在纳税年度终了后 30 日内向中国境内主管税务机关办理纳税申报。

（5）除以上规定的情形外，纳税人取得其他各项所得须申报纳税的，在取得所得的次月 15 日内向主管税务机关办理纳税申报。

3．自行申报纳税的地点

申报纳税地点一般应为收入来源地的税务机关。

（1）在中国境内有任职、受雇单位的，向任职、受雇单位所在地主管税务机关申报。

（2）在中国境内有两处或者两处以上任职、受雇单位的，选择并固定向其中一处单位所在地主管税务机关申报。

（3）在中国境内无任职、受雇单位，年所得项目中有个体工商户的生产、经营所得或者对企事业单位的承包、承租经营所得的，向其中一处实际经营所在地主管税务机关申报。

（4）在中国境内无任职、受雇单位，年所得项目中无生产、经营所得的，向户籍所在地主管税务机关申报。

4．自行申报纳税的方式

个人所得税的申报纳税方式主要有本人直接申报纳税、委托他人代为申报纳税以及采用邮寄方式申报纳税 3 种。

（二）代扣代缴纳税

代扣代缴，是指按照税法规定负有扣缴税款义务的单位或者个人，在向个人支付应纳税所得时，应计算应纳税额，从其所得中扣除并缴入国库，同时向税务机关报送扣缴个人所得税报告表。这是一种有利于控制税源、防止漏税和逃税的方法。

1．扣缴义务人。凡支付个人应纳税所得的企事业单位、机关、社团组织、军队、驻华机构、个体户等单位或者个人，为个人所得税的扣缴义务人。但是不包括外国驻华使领馆和联合国及其他依法享有外交特权和豁免的国际组织驻华机构。

2．代扣代缴的范围。扣缴义务人向个人支付下列所得，应代扣代缴个人所得税：工资、薪金所得；对企事业单位的承包经营、承租经营所得；劳务报酬所得；稿酬所得；特许权使用费所得；利息、股息、红利所得；财产租赁所得；财产转让所得；偶然所得；以及经国务院财政部门确定征税的其他所得。

扣缴义务人向个人支付应纳税所得（包括现金、实物和有价证券）时，不论纳税人是否属于本单位人员，均应代扣代缴其应纳的个人所得税税款。

3．代扣代缴纳税的期限。扣缴义务人每月所扣的税款，应当在次月 7 日内缴入国库，并向主管税务机关报送《扣缴个人所得税报告表》、代扣代收税款凭证和每一纳税人的支付个人收入明细表以及税务机关要求报送的其他有关资料。

【课堂测试 7-1】

1．个人书画展卖画取得的收入属于（　　　）。
　　A．工资、薪金所得　　　　　　B．稿酬所得
　　C．劳务报酬所得　　　　　　　D．个体户生产、经营所得

2．下列选项当中，应当按照工资、薪金项目征收个人所得税的是（　　　）。
　　A．劳动分红　　　　　　　　　B．独生子女补贴
　　C．托儿补助费　　　　　　　　D．差旅费津贴

3．下列选项当中，免征个人所得税的是（　　　）
　　A．劳动分红　　　　　　　　　B．国债利息
　　C．因自然灾害造成的损失　　　D．残疾人员的所得

4．根据税法规定，不扣减在华居住天数的临时离境的是（　　　）
　　A．一次离境不超过 45 天　　　B．一次离境不超过 90 天
　　C．多次累计离境不超过 180 天　D．多次累计离境不超过 90 天

5．年所得 12 万元以上的纳税人，在纳税年度终了后（　　　）内向主管税务机关办理纳税申报。
　　A．1 个月　　　　　　　　　　B．3 个月
　　C．15 天　　　　　　　　　　 D．1 个季度

第二节　个人所得税税额计算

一、应纳税所得额的计算

个人所得税的计税依据就是纳税人的应纳税所得额。由于个人所得税的应税项目不同，同时取得某项所得所需费用也不相同，因此，需要按不同的应税项目分项计算纳税人的应纳税所得额。某项应税项目的应纳税所得额，就是以该项应税项目的收入额减去税法规定的该项费用减除标准后的余额。即：

应纳税所得额＝收入额－费用扣除

（一）收入额的确定

按照税法规定，个人所得税的征税方法如下三种：

1．按年计征。如个体工商户的生产经营所得、对企事业单位承包、承租经营所得。

2．按月计征。如工资、薪金所得。

3．按次计征，如劳务报酬所得，稿酬所得，特许权使用费所得，利息、股息、红利所得，财产租赁所得，偶然所得和其他所得等 7 项所得。

需要注意的是，在按次征收情况下，费用的扣除依据每次应纳税所得额的大小，分别规定了定额和定率两种标准。关于"次"的规定具体如下：

（1）劳务报酬所得。分两种情况：

①属于只有一次性收入的，以每次提供劳务取得该项收入为一次。例如接受客户委托完成设计图纸。

②属于同一事项连续取得收入的，以 1 个月内取得的收入为一次。例如某教师与一培训学校签订协议，半年内完成教学任务，每周一次讲授，每次报酬 1 000 元。在计算其劳务报酬时，应视为同一事项的连续性收入，以其 1 个月内取得的收入为一次计征个人所得税。

（2）稿酬所得。以纳税人每次出版、发表其作品取得的收入为一次。具体又可细分为如下几种情形：

①同一作品再版取得的所得，应视作另一次稿酬所得计征个人所得税。

②同一作品在报刊上连载取得收入的，以连载完成之后取得的所有收入合并作为一次，计征个人所得税。

③同一作品先在报刊上连载，然后再出版，或者先出版，然后再在报刊上

连载的，应视为两次稿酬所得征税。也就是说连载看作是一次，出版看作是另一次。

④同一作品在出版和发表时，如果是以预付稿酬或分次支付稿酬等形式取得的稿酬收入，则应合并计算为一次。

⑤同一作品出版、发表后，如果因添加印数而追加稿酬的，应与以前出版、发表时取得的稿酬合并计算为一次，计征个人所得税。

（3）特许权使用费所得。以纳税人的某项使用权的一次转让所取得的收入为一次。具体情况还包括：

①如果纳税人同时拥有多项特许权利，或者一项特许权利多次向他人提供，这时，对于特许权使用费所得的"次"的界定，应明确为每一项使用权的每次转让所取得的收入为一次。

②如果纳税人该次特许权利转让取得的收入是分笔支付的，则应将各笔收入相加，合并作为一次的收入，计征个人所得税。

（4）财产租赁所得，以1个月内取得的租金收入作为一次。

（5）利息、股息、红利所得，以支付利息、股息、红利时取得的收入为一次。

（6）偶然所得、其他所得，以每次收入为一次。

（二）费用扣除标准

1．工资、薪金所得。以每月收入额减除费用3 500元后的余额为应纳税所得额。

这里3 500元的费用减除标准对于所有纳税人都是普遍适用的。但是，考虑到外籍人员和在境外工作的中国公民的生活水平相较于国内公民要高，同时考虑到我国汇率的变化的影响。为不加重他们的负担，现行税法对这部分纳税人做出了附加减除费用的照顾，具体适用范围和标准如下所述规定：

适用范围包括：在中国境内的外商投资企业和外国企业中工作取得工资、薪金所得的外籍人员；应聘在中国境内的企事业单位、社会团体、国家机关中工作取得工资、薪金所得的外籍专家；在中国境内有住所而在中国境外任职或者受雇取得工资、薪金所得的个人；财政部确定的取得工资、薪金所得的其他人员。

附加减除费用标准为：上述范围内人员每月工资、薪金所得在减除3 500元费用的基础上，再减除1 300元，即费用扣除标准为4 800元。

华侨和香港、澳门、台湾同胞参照上述附加减除费用标准执行。

2．个体工商户的生产、经营所得。以每一纳税年度的收入总额，减除成本、费用以及损失后的余额，为应纳税所得额。如果从事生产经营的纳税人未能提供完整、准确的纳税资料，不能正确计算应纳税所得额的，由主管税务机关核定其应纳税所得额。

此外，个人独资企业的投资者以全部生产经营所得为应纳税所得额；合伙企业的投资者按照合伙企业的全部生产经营所得和合伙协议约定的分配比例，确定应纳税所得额，协议未约定分配比例的，以全部生产经营所得和合伙人数量平均计算每个投资者的应纳税所得额。这里的生产经营所得，包括企业分配给投资者个人的所得和企业当年留存的所得（利润）。

3. 对企事业单位的承包经营、承租经营所得。以每一纳税年度的收入总额，减除必要费用后的余额，为应纳税所得额。每一纳税年度的收入总额，是指纳税义务人按照承包经营、承租经营合同（或协议）规定分得的经营利润和工资、薪金性质的所得；减除必要费用，是指按月减除 3 500 元（即 42 000 元/年）。

4. 劳务报酬所得、稿酬所得、特许权使用费所得、财产租赁所得。费用减除时分两种情形：如果每次收入不超过 4 000 元的，减除费用 800 元；如果每次收入 4 000 元以上的，减除 20%的费用，减除费用后的余额为其应纳税所得额。

5. 财产转让所得。是以转让财产取得的收入额减除财产原值和合理费用后的余额，为应纳税所得额。其中：合理费用，是指卖出财产时按规定支付的有关费用。

允许减除的财产原值是指：有价证券，其原值为买入价以及买入时按规定缴纳的有关费用；建筑物，其原值为建造费或者购进价格以及其他有关税费；土地使用权，其原值为取得土地使用权所支付的金额、开发土地的费用以及其他有关税费；机器设备、车船，其原值为购进价格、运输费、安装费以及其他有关费用；其他财产，其原值参照以上方法确定，如果纳税人没有提供完整准确的财产原值凭证，不能正确计算财产原值的，由主管税务机关核定其财产原值。

6. 利息股息红利所得、偶然所得和其他所得。此三项无费用扣除，以每次收入额为其应纳税所得额。

综上所述，计算个人所得税的费用减除标准如下表所示：

表 7-5　个人所得税应纳税所得额费用减除标准

应税项目	扣除标准
工资、薪金所得	3 500 元/月或 4 800 元/月
个体工商户的生产、经营所得	生产经营中的成本、费用及损失
对企事业单位的承包经营、承租经营所得	必要费用（3 500 元/月）
劳务报酬所得、稿酬所得、特许权使用费所得、财产租赁所得	每次收入≤4000 元：扣 800 元；每次收入＞4000 元：扣 20%
财产转让所得	财产原值和合理费用
利息股息红利所得、偶然所得和其他所得	无费用扣除

（三）应纳税所得额的其他规定

1．个人将其所得通过中国境内的社会团体、国家机关向教育和其他社会公益事业以及遭受严重自然灾害地区、贫困地区捐赠，按规定，捐赠额未超过纳税义务人申报的应纳税所得额 30%的部分，可以从其应纳税所得额中扣除。

个人通过非营利的社会团体和国家机关向农村义务教育的捐赠，准予在缴纳个人所得税前的所得额中全额扣除。

2．个人的所得（不含偶然所得和经国务院财政部门确定征税的其他所得）用于资助非关联的科研机构和高等学校研究开发新产品、新技术、新工艺所发生的研究开发经费，经主管税务机关确定，可以全额在下月（工资、薪金所得）或下次（按次计征的所得）或当年（按年计征的所得）计征个人所得税时，从应纳税所得额中扣除，不足抵扣的，不得结转抵扣。

3．个人取得的应纳税所得，包括现金、实物和有价证券。

二、工资、薪金所得应纳税额的计算

（一）工资、薪金所得应纳税额计算

工资、薪金所得应纳税额计算适用七级超额累进税率。其计算公式如下：

应纳税所得额＝每月工资、薪金收入额－3 500 元（或 4 800 元）

应纳所得税额＝应纳税所得额×适用税率-速算扣除数

[例 7-1] 某职工 2013 年 10 月取得含税工资收入 4 500 元。假定该职工不适用附加减除费用的规定，计算该职工本月应纳个人所得税税额。

应纳税所得额＝4 500－3 500＝1 000（元），所以适用的税率为 3%。

应纳所得税额＝1 000×3%-0＝30（元）

[例 7-2] 某外籍人员是在天津一家外商投资企业工作的技术顾问（假定为非居民纳税人），于 2013 年 10 月取得该企业发放的含税工资收入 16500 元。

假定该职工适用附加减除费用的规定，要求计算该外籍人员应纳个人所得税税额。

应纳税所得额＝16 500－4 800＝11 700（元）

所以，适用的税率为25%，速算扣除数为1 005，

应纳所得税额＝11 700×25%-1 005＝1 920（元）

（二）个人取得年终一次性奖金应纳税额的计算

所谓的全年一次性奖金，是指行政机关、企事业单位等扣缴义务人根据其全年经济效益和对雇员全年工作业绩的综合考核情况，向雇员发放的一次性奖金。一次性奖金还包括年终加薪、实行年薪制和绩效工资办法的单位根据考核情况兑现的年薪和绩效工资。对于纳税人所取得全年一次性奖金，应单独作为一个月的工资、薪金所得计算纳税，并由扣缴义务人于发放时代扣代缴，具体计税办法如下：

1. 如果在发放年终一次性奖金的当月，雇员当月工资薪金所得高于（或等于）税法规定的费用扣除额，将雇员当月内取得的全年一次性奖金，除以12个月，按所得商数确定适用的税率和速算扣除数。计算公式如下：

应纳所得税额＝雇员当月取得全年一次性奖金×适用税率-速算扣除数

2. 如果在发放年终一次性奖金的当月，雇员当月工资薪金所得低于税法规定的费用扣除额，应将全年一次性奖金减除"雇员当月工资薪金所得与费用扣除额的差额"之后的余额，再按照上述办法确定全年一次性奖金的适用税率和速算扣除数。计算公式如下：

应纳所得税额＝（雇员当月取得全年一次性奖金-雇员当月工资薪金所得与费用扣除额的差额）×适用税率-速算扣除数

此外，在一个纳税年度内，对每一个纳税人，该计税办法只允许采用一次。实行年薪制和绩效工资的单位，个人取得年终兑现的年薪和绩效工资按上述规定执行。对于雇员取得的除全年一次性奖金以外的其他各种名目奖金，如半年奖、季度奖、加班奖、先进奖、考勤奖等，一律与当月工资、薪金收入合并，按税法规定缴纳个人所得税。

[例7-3] 中国公民王某2013年度在我国境内取得1-12月每月的工资为3200元，12月31日领取单位发放的一次性年终奖金收入（含税）30000元。要求计算：（1）对于王某取得的一次性年终奖金应缴纳的个人所得税是多少？（2）如果王某每月工资为4000元，则其领取的一次性奖金应纳个人所得税是多少？

（1）选择适用的税率和速算扣除数：

[30 000-（3 500-3 200）]÷12＝2 475

根据七级累进税率，适用的税率和速算扣除数分别为 10%、105。

应纳所得税额＝[30 000-（3 500-3 200）]×10%-105＝2 865（元）

（2）选择适用的税率和速算扣除数：

30 000÷12＝2 500

根据七级累进税率，适用的税率和速算扣除数分别为 10%、105。

应纳所得税额＝30 000×10%-105＝2895（元）

（三）企业年金应纳税额的计算

此外，关于企业年金，即在政府强制实施公共养老金（或国家养老金）制度之外，企业及其员工按照规定，根据自身经济实力在依法参加基本养老保险的基础之上，自愿建立的一种补充性养老保险。2013 年 12 月国家税务总局对企业年金、职业年金的个人所得税处理做出了最新规定。具体如下①：（1）企业和事业单位根据国家有关政策规定的办法和标准，为在本单位任职或者受雇的全体职工缴付的企业年金或职业年金单位缴费部分，在计入个人账户时，个人暂不缴纳个人所得税；（2）个人根据国家有关政策规定缴付的年金个人缴费部分，在不超过本人缴费工资计税基数的 4%标准内的部分，暂从个人当期的应纳税所得额中扣除；（3）超过前两项规定的标准缴付的年金单位缴费和个人缴费部分，应并入个人当期的工资、薪金所得，依法计征个人所得税。税款由建立年金的单位代扣代缴，并向主管税务机关申报解缴；（4）企业年金个人缴费工资计税基数为本人上一年度月平均工资。月平均工资按国家统计局规定列入工资总额统计的项目计算。月平均工资超过职工工作地所在设区城市上一年度职工月平均工资 300%以上的部分，不计入个人缴费工资计税基数。职业年金个人缴费工资，计税基数为职工岗位工资和薪级工资之和。职工岗位工资和薪级工资之和超过职工工作地所在设区城市上一年度职工月平均工资 300%以上的部分，不计入个人缴费工资计税基数。

三、生产、经营所得应纳税额的计算

（一）个体工商户的生产、经营所得应纳税额的计算

根据税法规定，个人独资企业和合伙企业的生产经营所得，和个体工商户的生产经营所得按相同的税率缴纳个人所得税。对于个体工商户、个人独资企

---

① 财政部，人力资源社会保障部，国家税务总局：《关于企业年金，职业年金个人所得税有关问题的通知》，2013 年 12 月 6 日

业和合伙企业的生产、经营所得，根据其经营管理、会计核算水平，其个人所得税应纳税额的计算主要有查账征收法和核定征收法两种方法。

1．查账征收法下应纳税额的计算

个体工商户生产、经营所得应纳税额的计算适用五级超额累进税率。实行查账征收法的纳税人，其生产、经营所得应纳税额的计算公式为：

应纳税所得额＝全年收入总额-成本、费用及损失

应纳所得税额＝应纳税所得额×适用税率-速算扣除数

这里需要指出的是：

（1）全年收入总额，是指纳税人从事生产经营及其有关的活动所取得的各项销售收入、提供劳务收入等。

（2）个体工商户业主、个人独资企业和合伙企业投资者本人的费用扣除标准统一确定为 42 000 元/年，即 3 500 元/月。

但是，个人独资企业和合伙企业投资者及其家庭发生的生活费用不允许在税前扣除。投资者及其家庭发生的生活费用与企业生产经营费用混合在一起，并且难以划分的，全部视为投资者个人及其家庭发生的生活费用，不允许在税前扣除。

（3）个体工商户、个人独资企业和合伙企业向其从业人员实际支付的合理的工资、薪金支出，允许在税前据实扣除。

（4）个体工商户、个人独资企业和合伙企业拨缴的工会经费、发生的职工福利费、职工教育经费支出分别在工资薪金总额 2%、14%、2.5%的标准内据实扣除。

（5）个体工商户、个人独资企业和合伙企业每一纳税年度发生的广告费和业务宣传费用不超过当年销售（营业）收入 15%的部分，可据实扣除；超过部分，准予在以后纳税年度结转扣除。

（6）个体工商户、个人独资企业和合伙企业每一纳税年度发生的与其生产经营业务直接相关的业务招待费支出，按照发生额的 60%扣除，但最高不得超过当年销售（营业）收入的 5‰。

（7）在生产、经营期间借款利息支出，凡能提供合法证明的，不高于按金融机构同类、同期贷款利率计算的数额的部分，准予扣除。

（8）个体工商户和从事生产、经营的个人，取得与生产、经营活动无关的各项应税所得，应分别适用各应税项目的规定计算征收个人所得税。

（9）企业计提的各种准备金不得扣除。

[例 7-4] 某小型公司为一个体工商户，会计核算水平较为健全。2013 年

度取得全年营业收入总额为 250 000 元，准予在税前扣除的成本、费用及相关税金共计 135 000 元。本年度已预缴个人所得税 10 000 元。要求计算该个体工商户 2013 年度应补缴的个人所得税。

全年应纳税所得额＝250 000-135 000-42 000＝73 000（元）

根据五级累进税率，适用的税率是 30%，速算扣除数是 9750。

全年应纳所得税额＝73 000×30%-9 750＝12 150（元）

2013 年度应当补缴的个人所得税＝12 150-10 000＝2 150（元）

2．核定征收法下应纳税额的计算

核定征收方式，具体包括定额征收、核定应税所得率征收以及其他合理的征收方式。这里主要介绍核定应税所得率征收的方式。

实行核定应税所得率征收方式的，应纳所得税额的计算公式如下：

应纳税所得额＝收入总额×应税所得率

或　　　　　　　＝成本费用支出额÷（1-应税所得率）×应税所得率

应纳所得税额＝应纳税所得额×适用税率

应税所得率的具体规定详见表 7-6。

[例 7-5]某餐饮企业为个人独资企业，由于其未按国家规定设置账簿等，因此成本费用无法确定。2013 年度取得的餐饮收入共计 300 000 元。当地规定的应税所得率为 15%。计算该餐饮企业 2013 年度应纳个人所得税。

应纳税所得额＝300 000×15%＝45 000（元）

根据五级累进税率，适用的税率是 20%，速算扣除数是 3 750。

应纳所得税额＝45 000×20%-3 750＝5 250（元）

表 7-6　个人所得税应税所得率表

行业	应税所得率
工业、交通运输业、商业	5%－20%
建筑业、房地产开发业	7%－20%
饮食服务业	7%－25%
娱乐业	20%－40%
其他行业	10%－30%

注意：实行核定征税的投资者，不能享受个人所得税的优惠政策。

（二）对企事业单位的承包经营、承租经营所得应纳税额的计算

对企事业单位的承包经营、承租经营所得适用的是五级超额累进税率，其个人所得税应纳税额的计算公式如下：

应纳税所得额＝纳税年度收入总额－必要费用

应纳所得税额＝应纳税所得额×适用税率－速算扣除数

这里需要说明，对企事业单位的承包经营、承租经营所得，以每一纳税年度的收入总额，减除必要费用后的余额为应纳税所得额。在一个纳税年度中，承包经营或者承租经营期限不足 1 年的，以其实际经营期为纳税年度。

[**例 7-6**] 张某于 2013 年 1 月 1 日与某企业单位签订承包合同，承包经营一家快餐店，承包期为 3 年。合同规定每年结算一次，上缴一部分承包费后，盈亏均归张某。2013 年度取得承包经营利润 100 000 元，按合同规定上缴承包费 30 000 元。计算张某 2013 年度应缴纳的个人所得税。

应纳税所得额＝100 000－30 000-3 500×12＝28 000（元）

应纳所得税额＝28 000×10%-750＝2 050（元）

四、劳务报酬等八项所得应纳税额的计算

1. 劳务报酬所得应纳税额的计算

对于劳务报酬所得，其个人所得税应纳税额的计算公式如下：

①每次收入不足 4 000 元的：

应纳所得税额＝应纳税所得额×适用税率

　　　　　　　＝（每次收入额－800）×20%

②每次收入在 4 000 元以上的：

应纳所得税额＝应纳税所得额×适用税率

　　　　　　　＝每次收入额×（1－20%）×20%

③每次收入的应纳税所得额超过 20 000 元的：

应纳所得税额＝应纳税所得额×适用税率－速算扣除数

　　　　　　　＝每次收入额×（1－20%）×适用税率－速算扣除数

[**例 7-7**] 工程师孙某为某企业设计一套电脑操作程序，取得 30 000 元的报酬。计算孙某应纳个人所得税税额。

应纳所得税额＝30 000×（1－20%）×30%－2 000＝5 200（元）

2. 稿酬所得应纳税额的计算

对于稿酬所得，其个人所得税应纳税额的计算公式如下：

①每次收入不足 4000 元的：

应纳所得税额＝应纳税所得额×适用税率×（1－30%）

　　　　　　　＝（每次收入额－800）×20%×（1－30%）

　　　　　　　＝（每次收入额－800）×14%

②每次收入在 4000 元以上的：

$$应纳所得税额＝应纳税所得额×适用税率×（1-30\%）$$
$$＝每次收入额×（1-20\%）×20\%×（1-30\%）$$
$$＝每次收入额×（1-20\%）×14\%$$

[例 7-8] 某作家 2013 年出版一篇长篇小说，取得稿酬 8 000 元。同年该小说在某报刊进行连载，取得稿酬 3 500 元。计算其应纳个人所得税税额。

出版应纳所得税额＝8 000×（1-20\%）×20\%×（1-30\%）＝896（元）

连载应纳所得税额＝（3 500-800）×20\%×（1-30\%）＝378（元）

合计应纳个人所得税额＝896＋378＝1 274（元）

3. 特许权使用费所得应纳税额的计算

对于特许权使用费所得，其个人所得税应纳税额的计算公式如下：

①每次收入不足 4000 元的：

$$应纳所得税额＝应纳税所得额×适用税率$$
$$＝（每次收入额-800）×20\%$$

②每次收入在 4000 元以上的：

$$应纳所得税额＝应纳税所得额×适用税率$$
$$＝每次收入额×（1-20\%）×20\%$$

[例 7-9] 李某转让其一项非专利技术取得收入 80000 元。计算李某应纳个人所得税税额。

应纳所得税额＝80000×（1-20\%）×20\%＝12800（元）

4. 财产租赁所得应纳税额的计算

对于财产租赁所得，在计算个人所得税应纳税额时，同样也是如果每次收入不超过 4 000 元，则定额减除费用 800 元；每次收入在 4 000 元以上，定率减除 20\%的费用。但是在财产租赁过程中，还有一些特殊费用可以扣除：一是纳税人在财产租赁过程中缴纳的税金和教育费附加；二是纳税人负担的其出租财产实际开支的修缮费用，并能够提供有效、准确的凭证。允许扣除的修缮费用，以每次 800 元为限。一次扣除不完的，准予在下一次继续扣除，直到扣完为止。因此，其个人所得税应纳税额的计算公式如下：

①每次收入不超过 4 000 元的：

应纳税所得额＝每次收入额-准予扣除项目-修缮费用（800 元为限）-800 元

应纳所得税额＝应纳税所得额×适用税率（20\%）

②每次收入超过 4 000 元的：

应纳税所得额＝[每次收入额-准予扣除项目-修缮费用（800 元为限）]×

（1－20%）

　　应纳所得税额＝应纳税所得额×适用税率（20%）

　　需要注意的是，财产租赁所得适用 20%的比例税率，但是对于个人按市场价格出租的居民住房取得的所得，自 2001 年 1 月 1 日起暂减按 10%的税率征收个人所得税。

　　[**例 7-10**]李某于 2013 年 1 月份将自有的面积 145 平米的公寓按市场价出租，每月取得租金收入 2 600 元，3 月份发生修理费用 900 元，有维修部门的正式收据，计算李某 2013 全年租金收入的应纳税额（不考虑财产租赁过程中的其他税费）。

　　3 月份应纳所得税额＝（2 600-800-800）×10%＝100（元）

　　4 月份应纳所得税额＝（2 600-100-800）×10%＝170（元）

　　其他 10 个月应纳所得税额＝（2 600-800）×10%＝180（元）

　　全年应纳所得税额＝180×10＋100＋170＝2070（元）

　　5. 财产转让所得税额的计算

　　对于财产转让所得，其个人所得税应纳税额的计算公式如下：

　　应纳所得税额＝应纳税所得额×适用税率

　　　　　　　　＝（收入总额－财产原值－合理税费）×20%

　　[**例 7-11**]李某自建房屋一栋，房屋造价为 120 000 元，支付其他相关的费用 20 000 元。房屋建成后李某将其转让，取得转让收入 220 000 元，在房屋转让过程中支付相关的税费 16 000 元。计算李某应纳个人所得税税额。

　　应纳所得税额＝[220 000－（120 000＋20 000）－16 000]×20%

　　　　　　　　＝12 800（元）

　　6. 利息股息红利所得、偶然所得及其他所得应纳税额的计算

　　利息股息红利所得、偶然所得及其他所得在计算个人所得税时均无费用扣除，其应纳税额的计算公式如下：

　　应纳所得税额＝应纳税所得额×适用税率

　　　　　　　　＝每次收入额×20%

　　[**例 7-12**]王某因持有某上市公司股票，取得该上市公司 2013 年度分配的红利 5 000 元。购买中国福利彩票，取得中奖收入 30 000 元，王某领奖时拿出其中的 5 000 元通过教育部门向希望小学捐赠。计算王某应缴纳的个人所得税。

　　红利所得应纳所得税额＝5 000×20%＝1 000（元）

　　偶然所得应纳所得税额＝（30 000-5 000）×20%＝5 000（元）

五、境外所得的税额扣除

对于纳税人的境外所得在进行征税时，一般情况下其境外所得已在来源国家或者地区缴纳。基于国家之间对同一所得应避免双重征税的原则，同时维护我国的税收权益，我国税法做出如下规定：纳税义务人从中国境外取得的所得，准予其在应纳税额中扣除已在境外缴纳的个人所得税税额。但扣除额不得超过该纳税义务人境外所得依照我国税法规定计算的应纳税额。

具体方法如下：一是关于境外实缴税款，税法所说的已在境外缴纳的个人所得税税额，是指纳税义务人从中国境外取得的所得，依照该所得来源国家或者地区的法律应当缴纳并且实际已经缴纳的税额；二是抵免限额的确定。准予抵免（扣除）的实缴境外税款最多不能超过境外所得按照我国税法计算的抵免限额（应纳税额）。纳税义务人从中国境外取得的所得，区别不同国家或者地区和不同应税项目，依照我国税法规定的费用减除标准和适用税率计算的应纳税额；同一国家或者地区内不同应税项目，依照我国税法计算的应纳所得税额之和，为该国家或者地区的扣除限额。

如果纳税义务人在中国境外实际已经缴纳的个人所得税税额，低于按上述规定计算出扣除限额的，应当在中国缴纳差额部分的税款；超过扣除限额的，其超过部分不得在本纳税年度的应纳税额中扣除，但是可以在以后纳税年度的该国家或者地区扣除限额的余额中补扣，补扣期限最长不得超过5年。

[例7-13] 某居民纳税人王某2013年从A国取得的应税收入有：（1）受雇于A国一公司取得工资薪金收入66 000元（5 500元/月）；（2）出版著作一部，取得稿酬收入17 000元。这两项收入已经在A国缴纳个人所得税1 800元。经核查，其境外完税凭证准确无误。计算王某境外所得在我国应补缴的个人所得税。

工资薪金所得，每月的费用减除为4 800元。适用七级超额累进税率。

其抵免限额＝（5 500-4 800）×3%×12＝252（元）

稿酬收入应减除20%的费用

其抵免限额＝17 000×（1-20%）×20%×（1-30%）＝1 904（元）

应补缴的个人所得税＝252＋1 904－1 800＝356（元）

【课堂测试7-2】

1. 下列稿酬所得中，不应合并为一次所得计征个人所得税的是（　　）。

　　A. 同一作品在报刊上连载，分次取得的稿酬

　　B. 同一作品再版取得的稿酬

    C. 同一作品出版社分三次支付的稿酬

    D. 同一作品出版后加印而追加的稿酬

2. 下列应税所得在计算个人所得税时，采用定额和定率相结合扣除费用的是（   ）。

    A. 工资薪金所得

    B. 个体工商户的生产经营所得

    C. 劳务报酬所得

    D. 偶然所得

3. 中国公民王某 2013 年 12 月取得工资收入 4800 元，年终一次性奖金 40000 元，则王某当月应缴纳的个人所得税是（   ）元。

    A. 3934   B. 9245   C. 10685   D. 10865

4. 某高校教师 2013 年 2 月编写一本教材并出版，获得稿酬 4500 元。2013 年 9 月因追加印数取得稿酬 500 元。该教师应纳个人所得税为（   ）元。

    A. 560   B. 405   C. 650   D. 504

5. 某演艺明星参加演出取得表演收入 60000 元，参加有奖销售取得中奖收入 2000 元。则其应纳个人所得税为（   ）元。

    A. 12200   B. 12400   C. 12600   D. 12800

第三节 个人所得税会计处理

    个人所得税有自行申报和代扣代缴两种纳税办法，二者分别适用不同的核算方法。对于代扣代缴纳税的，只有扣缴义务人在为纳税人代付税款时，需要进行会计处理；而对于自行申报纳税的，个人不需要进行会计处理，但个体工商户除外。

一、会计账户的设置

    个人所得税的核算需要设置"应交税费"一级会计科目进行核算。如果属于代扣代缴的情形，则应设置"应交税费——代扣代缴个人所得税"明细科目进行核算；如果属于纳税人自行申报的情形，则应设置"应交税费——应交个人所得税"明细科目进行核算。上述科目的贷方余额表示当期应缴未缴的个人所得税税额，借方余额则表示多缴的个人所得税税额。

二、代扣代缴个人所得税的账务处理

（一）代扣代缴工资、薪金个人所得税的账务处理

企业在代扣代缴个人所得税时，按照计算出的应纳个人所得税税额，借记"应付职工薪酬"科目，贷记"应交税费——代扣代缴个人所得税"科目；上缴代扣代缴个人所得税税款时，应借记"应交税费——代扣代缴个人所得税"科目，贷记"银行存款"等科目。

[例 7-14] 某企业员工赵某，于 2013 年 8 月份取得工资收入 5 500 元。则该企业为赵某代扣代缴的工资薪金个人所得税税额为 95 元[(5 500-3 500)×10%－105]。其会计处理如下：

该企业在代扣代缴个人所得税时，会计处理为：

借：应付职工薪酬 5 500
　　贷：应交税费——代扣代缴个人所得税 95
　　　　银行存款 5 405

该企业上交代扣代缴税款时，会计处理为：

借：应交税费——代扣代缴个人所得税 95
　　贷：银行存款 95

（二）承包、承租生产经营所得个人所得税的账务处理

承包、承租生产经营主要有以下两种情形：

1. 承包、承租人对企业经营成果没有所有权，仅仅是按照合同或者协议的规定取得一定所得的，其所得额应按照工资、薪金所得项目征收个人所得税，适用 3%～45%的七级超额累进税率。这种情况下的会计处理方法与工资薪金所得扣缴个人所得税的方法相同。

2. 承包、承租人按照合同或者协议的规定，只向发包方、出租方支付一定的费用后，企业的经营成果就归其所有，其所得额按照对企事业单位的承包、承租经营所得项目适用 5%～35%的五级超额累进税率进行征税。这种情况下，由承包、承租人自行申报缴纳个人所得税，发包、出租方不作扣缴所得税的会计处理。

[例 7-15] 张某与某事业单位签订承包合同承包经营招待所，按照合同规定，承包期为 1 年，张某全年上交该事业单位 30 000 元，剩余所得归张某所有。张某全年实现利润 180 000 元。则张某应纳个人所得税额为：

应纳税所得额＝180 000－30 000－12×3 500＝108 000（元）

应纳所得税额＝108 000×35%－14 750＝23 050（元）

发包、出租方收到张某的承包费时，应作会计处理如下：

借：银行存款　　　　　　　　30 000

　　贷：其他业务收入　　　　　　　　30 000

张某自行申报纳税，不需要做会计处理。

（二）支付劳务报酬、特许权使用费、稿费、财产租赁费、股息红利等代扣代缴个人所得税的账务处理

企业支付给个人的劳务报酬、特许权使用费、稿费、财产租赁费、股息红利等，一般应该由支付单位作为扣缴义务人向纳税人代扣代缴税款，并计入该企业的有关期间费用的账户。也就是说，企业在支付劳务报酬等费用时，应借记"管理费用"、"销售费用"、"财务费用"等科目，贷记"应交税费——代扣代缴个人所得税""库存现金"等科目。企业实际缴纳税款时，应借记"应交税费——代扣代缴个人所得税"科目，贷记"银行存款"等科目。

[例7-16] 某高级工程设计师为一公司提供设计服务，一次性取得劳务报酬60 000元，该设计师应缴纳的个人所得税额如下：

应纳所得税额＝60 000×（1－20%）×30%－2 000＝12 400（元）

该公司扣缴个人所得税相应的会计账务处理如下

该公司计提扣缴个人所得税时：

借：管理费用　　　　　　　　60 000

　　贷：应交税费——代扣代缴个人所得税　　　12 400

　　　　库存现金　　　　　　　　　　　　　47 600

该公司实际上交扣缴的个人所得税时：

借：应交税费——代扣代缴个人所得税　　12 400

　　贷：银行存款　　　　　　　　　　　　　12 400

三、自行申报个人所得税的账务处理

纳税人自行申报缴纳个人所得税时，除个体工商户外，个人不需要做会计处理。对于个体工商户来说，应以其纳税年度的收入总额，扣除规定的成本、费用、损失等之后的余额作为应纳税所得额。在会计核算较为健全的情况下，个体工商户缴纳的个人所得税应该从其留存收益中支付。因此，计算应缴纳个人所得税款时，应借记"留存收益"科目，贷记"应交税费——应交个人所得税"科目。实际上缴税款时，借记"应交税费——应交个人所得税"，贷记"银行存款"等。

[例7-17] 某个体工商户主要经营服装批发业务，2013年度全年实现销售

收入共计 200 000 元，按规定允许扣除的成本、销售税金及附加以及其他允许扣除的费用共计 90 000 元。该个体工商户平时并未预缴个人所得税。则其 2013 年度全年应纳个人所得税额为：

应纳所得税额＝（200 000－90 000）×35%－14 750＝23 750（元）

相应的会计处理如下：

计算应缴纳个人所得税时：

借：留存收益　　　　　　　　　　　23 750
　　贷：应交税费——应交个人所得税　　　　　23 750

实际上交税款时：

借：应交税费——应交个人所得税　　23 750
　　贷：银行存款　　　　　　　　　　　　　23 750

【课堂测试 7-3】

1. 王某为某企业员工，2013 年 9 月取得工资收入共计 5 000 元。请做出企业代扣代缴王某个人所得税的会计分录。

2. 某个体工商户主要经营餐饮业务，2013 年度全年实现销售收入共计 300 000 元，按照税法规定允许税前扣除的成本、销售税金及附加，以及其他允许扣除的费用，共计 100 000 元，该个体工商户平时不会预缴个人所得税。试作出相关的会计分录。

第四节　个人所得税税务筹划

个人所得税的税务筹划主要包括个人所得税纳税人的税务筹划、计税依据和税率的税务筹划、税收优惠政策的税务筹划等内容。

一、纳税人的税务筹划

（一）通过纳税人身份的转变进行税务筹划

根据我国税法规定，个人所得税的纳税人按照住所和居住时间两个标准可以分为居民纳税人和非居民纳税人，而两类纳税人负有不同的纳税义务。居民纳税人负有无限纳税义务，其来源于中国境内和境外的应纳税所得，都要在中国缴纳个人所得税；而非居民纳税义务人承担有限纳税义务，仅就其来源于中国境内的所得，向中国缴纳个人所得税。因此，纳税人应该正确的把握这一尺度，通过纳税人身份的转变合法地进行税务筹划，以达到降低税负的目的。

对在中国境内无住所的外籍人士，其纳税义务轻重取决于在中国境内居住时间的长短，可以划分为居住 5 年以上、1 年~5 年、90 天（或 183 天）~1 年、90 天（或 183 天）以下这 4 个时间范围，其税负有较大差异。因此，外籍人士应该把握好这几个时间界限，通过合理安排居住时间来减轻个人所得税的税收负担。

如果外籍人士是长期在华居住，要避免离境期间由中国境外企业或雇主支付的工资、薪金所得，及境外财产转让、租赁收入等其他境外收入在中国境内缴纳个人所得税，则自己应尽量避免在中国境内连续居住 5 年时间，也就是在连续 5 年时间内的某一年度内要安排一次超过 30 天或多次累计超过 90 天的离境；如果确实工作需要在中国境内连续居住 5 年以上，也应在这以后任意某个年度内（最好在第 5 年）安排一次超过 30 天或多次累计超过 90 天的离境，以终止这个 5 年期限，使其在当年及以后连续 5 年时间内，只需要自己来源于中国的那部分收入才缴纳个人所得税。

如果外籍人士是短期来华，应尽量将自己在中国境内的居住时间控制在 90 天（或 183 天）之内，则在中国境内期间由境外企业支付的工资、薪金所得可以免予在境内纳税。

[例 7-18] 2013 年 1 月，美国某公司经济师 A 先生到中国境内分公司参加项目。A 先生于 2013 年自总公司领取薪金共 96 000 元，在中国期间回国休探亲假 35 天，回国述职 60 天。由于其离境时间累计超过 90 天，因此判定其属于非居民纳税义务人，其应税所得则无需在中国境内缴纳所得税。那么 A 先生就合法地利用了其"非居民纳税人"的身份，共节约在中国境内应缴纳的个人所得税税款 12×[（96 000÷12-4 800）×10%-105]=2 580 元。

（二）通过个体工商户和个人独资企业的转换进行税务筹划

根据税法规定，个人独资企业的生产经营所得和个体工商户的生产经营所得按相同的税率缴纳个人所得税。通常情况下，其应纳税所得额越少则对应的税率就越低，因而其税负也就越低。因此纳税人可以利用通过个体工商户和个人独资企业的转换，应纳税所得额进行分解，进而达到税务筹划的目的。

[例 7-19] 天津市居民李某开设了一家经营水暖器材的公司，注册为个体工商户营业执照，公司由其妻子负责经营管理，李某同时承接一些安装维修的工程。2013 年度销售水暖器材取得的应纳税所得额为 5 万元，李某承接的安装维修工程取得的应纳税所得额为 2.5 万元。试计算其应纳个人所得税税额，并进行适当的税务筹划。

筹划思路如下：

筹划之前，该公司的生产经营所得应按照个体工商户的生产经营所得缴纳个人所得税，

应纳所得税额＝（5＋2.5）×10 000×30%-9 750＝12 750（元）

由于承担的税负较重，经过考虑之后，李某和妻子决定成立两个个人独资企业，李某的企业主要负责安装维修工程，而其妻子的企业主要负责水暖器材的销售。如此一来，假定其收入不变，则其应缴纳的个人所得税额为：

应纳所得税额＝[5×10 000×20%-3 750]　＋[2.5×10 000×10%-750]　＝8 000（元）

由上述计算，经过税务筹划之后，其个人所得税减少 4 750 元。

二、计税依据和税率的税务筹划

（一）通过分割应税所得进行筹划

我国的个人所得税采用的是分类征收的方式，将个人所得划分为工资薪金所得、劳务报酬所得、稿酬所得、个体工商户生产经营所得等 11 项。其中工薪薪金所得、个体工商户的生产经营所得以及对企事业单位的承包承租经营所得采用的是超额累进税率；而劳务报酬虽然是比例税率，但实际上对收入畸高的采用加成征收，所以实质上是三级累进税率。这些类型的应税所得，通过合理地分割个人的应税所得，降低其计税依据和适用的税率，可以达到降低税负的效果。

1．分割工资薪金所得

对于企业来说，提供工资薪金是其吸引优秀人才的基本办法，我国工薪所得采用的是七级超额累进税率，工薪越高，缴纳税额就越多，会影响员工的可支配收入水平。因此企业应该合理选择工薪的支付方式，以提高员工的消费水平。这种筹划思路就是采用均衡收入法，是在员工收入既定的前提下，使其各个纳税期的工薪所得尽量均衡，不要出现大起大落的情况。在我国现行的政策环境下，除了增加交通费、培训费等非货币性支出以降低应纳税所得额之外，企业最为节税的工薪发放方法就是月工资和年终奖分开发放，同时保持月工资尽量均衡发放。将员工的年薪分为工资和年终奖两部分来分别发放，这样年终奖除 12 个月再确定税率，更容易获得更低的计税档次，可以大幅度减少纳税额；同时可以通过测算后使员工每个月的工资尽量一致，不要忽高忽低，以避开高税率临界点，适用较低的税率，从而可以减少纳税额。企业应准确划分好月工资和年终一次性奖金的比例，要么降低每月工资加到年终奖当中，要么降低年终奖，分摊到每个月的工资里去。当然这样的操作要以企业发放给员工的工资

和年终奖的多少来进行权衡和确定。一般情况下，当月工资和年终一次性奖金的比例调整到两者的个人所得税税率较为接近时节税效果比较明显。

[例7-20] 王某是公司新聘任的高级管理人员，公司对其给予了60万元的年薪。工薪发放形式主要有以下方案：

方案一：年薪60万元，全年12个月平均发放，每月发放50 000元；

方案二：以奖金形式发放，每月工资45 000元，年终奖60 000元；

试从税务筹划角度考虑，如何才能达到节税目的？

方案一下的税负分析：

应纳所得税额＝[（50 000-3 500）×30%-2 755]×12＝134 340（元）

方案二下的税负分析：

每月工资应纳所得税额＝（45 000－3 500）×30%-2 755＝9 695（元）

全年工资应纳所得税额＝9 695×12＝116 340（元）

年终奖金应纳个人所得税为：60 000÷12＝5 000元，适用的个人所得税税率为20%，速算扣除数为555，因此：

年终奖金应纳个人所得税额＝60 000×20%-555＝11 445（元）

全年个人所得税合计＝116 340＋11 445＝127 785（元）

由上述计算可以看出，方案二下将工资和年终奖分开发放能达到节税的目的。

事实上，在工资和年终奖之间进行比例调整也能进一步降低税负。比如，将月工资改为28 000元，全年工资为336 000元，而年终奖金为264 000元，如此一来，全年收入仍为600 000元，而其应纳个人所得税税额为：

全年工资收入应纳个人所得税额＝[（28 000-3 500）×25%-1 005]×12＝61 440（元）

年终奖应纳个人所得税额为：264 000÷12＝22 000元，适用的个人所得税税率为25%，速算扣除数为1 005，因此：

年终奖金应纳个人所得税额＝264 000×25%-1 005＝64 995（元）

全年个人所得税合计＝61 440+64 995＝126 435（元）

综上所述，王某应缴纳的个人所得税又进一步降低。

2．分割劳务报酬所得

劳务报酬所得实行按次征税，名义上为20%的比例税率，实则为三级累进税率，当每次收入不超过4 000元的，扣除费用800元；每次收入超过4 000元的，扣除20%的费用。因此，通过分割计税依据，一方面，若能使每次收入低于4 000元的，那么将相对减少计税依据；另一方面，还可以防止一次收入畸高，避免被加成征收，同样也可以达到减轻纳税人税收负担的目的。

[例 7-21] 孙某为一高级设计师，2013 年 6 月为客户提供装潢设计服务，共取得收入 60 000 元。那么，根据现行个人所得税法规定，此项收入应属于劳务报酬所得，可先扣除 20%的费用，再按照适用税率及速算扣除数计算应纳税额。

应纳所得税额＝60 000×（1－20%）×30%－2 000＝12 400（元）

若该设计师进行税务筹划，比如在符合税法规定的前提下将该业务分拆为 4 项业务：客厅装潢设计、厨房卫浴装潢设计、卧室装潢设计，而每项业务的收费均为 20 000 元，合计为 60 000 元，那么：

应纳所得税额＝20 000×（1－20%）×20%×3＝9 600（元）

通过分割应纳税所得额，降低计税依据，从而减少税负 2 800 元。

（二）通过选择不同的所得形式进行税务筹划

由于个人所得税采用分类征收制，11 项所得分别纳税，这样的话，同一笔收入被归入不同的所得时，纳税人的税收负担是不一样的，进而为纳税人进行纳税筹划提供给了可能。

在这方面比较典型的就是工资薪金所得与劳务报酬所得。工资薪金所得适用的是 3%～45%的七级超额累进税率，而劳务报酬所得实质上适用的是 20%、30%、40%三级超额累进税率。很明显，相同水平的收入按工资薪金所得和劳务报酬所得所计算出来的应纳税额是不一样的。因此，在符合规定的前提下，将工资、薪金所得与劳务报酬所得分开、合并或者相互转化，可以达到节税的目的。通常情况下，如果应纳税所得额较低，则工资薪金的税率要低于劳务报酬，将应税所得按工资薪金所得可以降低税负；如果应纳税所得额较高时，按劳务报酬所得计算税负较低。

[例 7-22] 于先生长期担任某公司的高级技术顾问，他与该企业约定的报酬为每年 60 000 元，按月领取，即 5 000 元/月。那么，如果于先生和企业签订的是劳动合同，则其收入应按劳务报酬缴纳个人所得税，则其每月应缴纳的个人所得税额为：

应纳所得税额＝5 000×（1－20%）×20%＝800（元）

由于于先生与该企业有稳定的长期的合作关系，假如他与企业协商，签订的是招聘合同，那么其报酬的性质应为工资薪金所得，则其每月应缴纳的个人所得税额为：

应纳所得税额＝（5 000-3 500）×3%＝450（元）

通过上述计算，由于其报酬性质不同，其应纳税额降低 350 元。

（三）通过费用转移进行筹划

在现代社会中，有一些不可避免的日常开支，比如住房支出、交通支出、培训支出等已成为现代人必不可少的支出，如果由纳税人自行负担则不能在其应纳税所得额中扣除；而如果由支付报酬方来支付，则一方面可以作为支付报酬方的费用在企业所得税前扣除，另一方面纳税人的收入在没有下降的前提下，减少了个税负担，可谓一举两得。比如企业在政策规定范围内，购买或租赁住房提供给员工居住，给职工提供培训学习的机会，提供劳务取得报酬的人要求企业提供餐饮服务、报销交通费、提供办公用具等。

［例 7-23］ 周某为一高级工程师，2013 年 6 月承接一项劳务，从天津到广州为某企业提供一项工程设计，双方签订合同并作出规定：该公司支付给周某的设计费用为 60 000 元，其往返路费、住宿餐饮等费用均由周某自行解决，假定周某的路费、住宿餐饮费用等共计 10 000 元。试从税务筹划的角度对周某的该项收入纳税情况给予相应的建议。

筹划思路如下：

筹划前，周某应缴纳的个人所得税为：

应纳所得税额＝60000×（1－20%）×30%－2000＝12400（元）

实际净收入＝60000－12400－10000＝37600（元）

筹划后，假如周某与该企业协商，由对方负担其路费、住宿餐饮等费用 10 000 元，并相应的将劳务报酬所得调整为 50 000 元，则其应缴纳的个人所得税为：

应纳税所得额＝50 000×（1-20%）×30%－2 000＝10 000（元）

实际净收入＝50 000－10 000＝40 000（元）

通过上述计算，虽然从表面上看其收入减少了 10 000 元，但实际的净收入却增加了 2 400 元。

（四）通过合理利用附加费用扣除进行筹划

按照税法规定，纳税人出租财产取得财产租赁收入，在计征个人所得税时，除了可依法减去税法规定费用和有关税费外，还准予扣除能够提供有效、准确凭证的修缮费用。而允许扣除的修缮费用，以每次 800 元为限，如果一次扣除不完，准予其在下一次继续扣除，直至扣完为止。这项规定就为纳税人进行税务筹划降低个人所得税税负创造了条件。

［例 7-24］ 王大爷于 2013 年 8 月份将其地处市区的一套老房子租给别人，租期为 1 年，地方主管税务机关根据王大爷的房屋出租收入减去应缴纳的相关税费后，核定月应纳税所得额为 4 500 元。但是承租人入住后发现房子几处漏

水，要求王大爷进行维修。经粗略计算，如果大修需要 6 000 元的费用，10 天的工期，如果简单的小修也能补漏不影响承租人使用。试从税务筹划角度分析王大爷应该采用哪种方式进行维修？

筹划思路如下：

根据税法规定，对于个人出租房屋取得的所得暂减按 10% 的税率征收个人所得税。

如果王大爷只是进行简单补漏的话，则王大爷全年的应纳所得税额为：

应纳所得税额＝4 500×10%×12＝5 400（元）

如果王大爷在租赁期内对房屋进行大修，则在计算个人所得税时，租期的前 7 个月内每月可扣除的维修费用为 800 元，第 8 个月可以扣除维修费用 400 元，则：

前 7 个月的应纳所得税额＝（4 500-800）×10%×7＝2 590（元）

第 8 个月的应纳所得税额＝（4 500－400）×10%＝410（元）

后 4 个月的应纳所得税额＝4 500×10%×4＝1 800（元）

应纳所得税额共计＝2 590＋410＋1 800＝4 800（元）

通过上述计算，王大爷如果对房屋进行大修要比只是补漏会节省税收 600 元，因此应该选择大修。当然，纳税人在支付维修费时，一定要向维修队索取合法、有效的房屋维修发票，并及时报经主管地方税务机关核实，经税务机关确认后才能扣除。

三、税收优惠的税务筹划

个人所得税具有非常多的免税项目，企业和个人需要充分利用税收优惠政策的相关规定，增加这种类型收入的数额，以达到减少应纳税额的目的。例如，根据税法有关规定，在国家允许的缴费比例内，单位为个人缴付和个人缴付的基本养老保险费、基本医疗保险费、失业保险费等免征个人所得税；个人和单位分别在不超过职工本人上年度月平均工资 12% 的幅度内，实际缴存的住房公积金允许在税前扣除；还有独生子女补贴、托儿补助费等不缴个人所得税。因此，可以适当增加公积金比例和福利项目，增加免税项目，以达到节约税负的效果。此外，我国税法还规定，个人将其所得通过中国境内的社会团体、国家机关，向教育和其他社会公益事业及遭受严重自然灾害的地区、贫困地区的捐赠，未超过申报的应纳税所得额的 30% 的部分，可以从其应纳税所得额中扣除。利用捐赠项目，可以扣除一部分金额，减少了纳税基数，从而达到节税目的。需要注意的是税前可以扣除的捐赠必须是公益、救济性质的，非公益、救济性质的捐赠，税法是不允许扣除的。

　　[例7-25] 李某每月的工资薪金收入为25 000元，2013年7月打算通过红十字会向社会公益事业捐赠10 000元。试问，如何进行税务筹划可以使得李某对外捐赠数额不变，而降低其应纳所得税额呢？

　　筹划思路如下：

　　李某在税前可以扣除的捐赠限额为：

　　捐赠限额＝（25 000－3 500）×30%＝6 450（元）

　　如果李某7月一次性对外捐赠10 000元，则其7月应缴纳的个人所得税额为：

　　应纳所得税额＝（25 000－3 500－6 450）×25%－1 005＝2 757.5（元）

　　8月份应纳所得税额＝（25 000－3 500）×25%－1 005＝4 370（元）

　　应纳所得税额共计＝2 757.5＋4 370＝7 127.5（元）

　　如果李某通过税务筹划，将捐赠方式改为7月份捐赠6 450,8月份捐赠3 550，捐赠额仍为10 000元，则其应纳所得税额为：

　　7月份应纳所得税额＝（25 000－3 500－6 450）×25%－1 005＝2 757.5（元）

　　8月份应纳所得税额＝（25 000－3 500－3 550）×25%－1 005＝3 482.5（元）

　　应纳所得税额共计＝2 757.5＋3 482.5＝6 420（元）

　　通过上述计算，通过分析捐赠后，李某捐赠额仍为10 000元，但是税负减少887.5（元）

本章小结

　　个人所得税是对个人的各类应税所得征收的一种税，我国的个人所得税实行的是分类征收制，对纳税人的各项应税所得，分别不同来源、不同性质的所得项目，规定不同的税率征税。我国个人所得税的纳税义务人，包括中国公民、个体工商业户、个人独资企业、合伙企业投资者、在中国有所得的外籍人员（包括无国籍人员，下同）和香港、澳门、台湾地区同胞，并采用住所标准和时间标准分为居民纳税人和非居民纳税人。

　　个人所得税的征税范围是纳税人在中国境内和境外所取得的各项应税所得，具体包括工资薪金所得、个体工商户的生产经营所得、对企事业单位的承包经营承租经营的所得、劳务报酬所得、稿酬所得、特许权使用费所得、利息股息红利所得、财产租赁所得、财产转让所得、偶然所得和其他所得等11项应税所得。

　　个人所得税的税率采用比例税率和累进税率两种形式，不同的应税项目分别适用不同的税率。其中，工资薪金所得适用3%～45%的七级超额累进税率；个体工商户的生产经营所得、对企事业单位的承包经营承租经营所得适用5%～35%的五级超额累进税率；劳务报酬所得、稿酬所得、特许权使用费所得等其他所得适用20%的比例税率。此外，对于劳务报酬有加成征收的规定。个人所得税的计税依据就是纳税人的应纳税所得额，就是以该项应税项目的收入额减去税法规定的该项费用减除标准后的余额。

　　个人所得税的会计核算，如果属于代扣代缴的，则应设置"应交税费——代扣代缴个人所得税"科目；如果属于纳税人自行申报，则应设置"应交税费——应交个人所得税"科目。上述科目的贷方余额表示当期应缴未缴的个人所得税税额，借方余额则表示多缴的个人所得税税额。

　　个人所得税的税务筹划主要是从个人所得税纳税人的税务筹划、计税依据和税率的税务筹划、税收优惠政策的税务筹划等方面来进行。

篇后案例

逃税还是善举？

　　向红十字会捐了200万元的物资，个人所得税却没有得到相应扣除，捐赠人将税务部门告上了公堂。2003年6月17日，浙江温州籍人士余某到北京市红十字会捐赠了价值200多万元的服装，以支持北京市抗击非典。红十字会出具了相应金额的捐赠证书和接受捐赠物资（品）凭据。余某随即要求无锡市地方税务局涉外分局全额扣除免缴个人所得税，而地税涉外分局以接受捐赠物资凭证不符税法规定为由，继续向余某征税，并要求余某提交符合税法规定的票据。余某再度北上取票，但红十字会提出原告捐赠物资中存在霉烂等质量问题，仅有价值87万多元的物资质量合格。随后余某于2004年2月、4月分两次补齐捐赠物资，红十字会应其要求提供了票据日期为2003年6月17日的捐赠票据两张。2004年1月15日，地税涉外分局在扣除余某捐赠的87万余元后，对余额部分进行了征税。2004年4月，余某凭后两张捐赠票据要求退税未果，遂提起行政诉讼，要求税务部门退还其已缴纳的个人所得税。

　　法庭上，原告认为，其分三次向红十字会捐赠物资系同一捐赠行为。被告辩称，余某2004年1月15日前仅提交了一张票据，税务机关已予以全额扣除，符合法律规定。法庭审理认为，余某在2003年内并未完成200余万元的捐赠行为，实际完成仅87万余元，涉外分局在2004年1月15日完成的征税行为符合法定程序，对余某的诉讼请求予以驳回。余某在2004年2月和 4 月取得的捐赠票据，应根据税收法律、法规的有关规定另行处理。

这起官司引起了广泛关注，一位法律界人士认为，我国以减免税款的方式鼓励社会力量向公益部门捐赠，产生了良好的社会效应。他同时指出，热心公益事业本是好事，但捐赠人应正确理解和把握税收优惠政策。

通过所学知识，谈谈你的看法。

资料来源：搜狐新闻
2004-09-01

核心概念

个人所得税（consumption tax）
居民纳税人（resident taxpayer）
非居民纳税人（nonresident taxpayer）
超额累进税率（progressive tax rates）
工资薪金（wages and salaries）
劳务报酬（labor remuneration）
代扣代缴（withhold and remit tax）

思考题

1. 简述个人所得税的纳税人。如何判定居民纳税人和非居民纳税人？
2. 个人所得税的征税范围是怎样规定的？
3. 个人所得税的税率是怎样规定的？
4. 简述个人所得税收入额的确定方法。
5. 简述个人所得税的费用减除标准。
6. 简述个人所得税会计核算账户设置。
7. 简述个人所得税的税务筹划方法。

练习题

一、单项选择题

1. 下列选项当中，不属于工资薪金所得的项目有（   ）。
   A. 奖金   B. 劳动分红
   C. 年终加薪   D. 托儿补助费

2. 下列选项当中，不属于特许权使用费所得的项目是（　　）。

    A. 转让技术诀窍   B. 转让商标权

    C. 转让专利权   D. 转让土地使用权

3. 按稿酬所得计算应纳个人所得税时可享受应纳税额减征（　　）的税收优惠政策。

    A. 20%   B. 24%

    C. 27%   D. 30%

4. 下列选项当中，免征个人所得税的是（　　）。

    A. 保险赔款

    B. 因严重自然灾害造成的重大损失

    C. 残疾、孤老人员和烈属的所得

    D. 从投资管理公司取得的派息分红

5. 个人为单位或他人提供担保所获得的报酬，以下说法正确的是（　　）。

    A. 不属于个人所得税的征税范围

    B. 应按照"劳务报酬所得"项目缴纳个人所得

    C. 应按照"其他所得"项目缴纳个人所得

    D. 应按照"对企事业单位承包承租所得"项目缴纳个人所得

6. 下列选项当中，关于"次"的说法，正确的是（　　）。

    A. 属于只有一次性收入的劳务报酬，以每次提供劳务取得该项收入为一次

    B. 属于同一事项连续取得收入的劳务报酬，以所有收入合并为一次

    C. 同一作品再版取得的所得，应视作同一次稿酬

    D. 同一作品在报刊上连载取得收入的，以 1 个月内所得为一次

7. 在计算个人财产转让所得的个人所得税时，下列选项当中关于扣除项目的说法正确的是（　　）。

    A. 定额 800 元或定率 20%   B. 财产净值

    C. 3500 元   D. 财产原值和合理费用

8. 某人 2013 年 5 月份取得工资收入 4 500 元，稿酬收入 3 000 元，他当即表示将稿酬收入中的 1 000 元捐给受灾地区，则其当月应纳个人所得税为（　　）。

    A. 75 元   B. 198 元

    C. 254 元   D. 569 元

9. 某职员 2013 年 10 月取得工资薪金 6 000 元，其中包含单位向社保基金

管理中心为其扣缴的基本养老保险 280 元，基本医疗保险 150 元，失业保险 50 元，同时代扣其欠缴的供暖费 600 元。单位当月承担的该职工的"五险一金"共计 1 500 元，则其当月个人所得税为（　　）。

  A. 0 元   B. 15.6 元

  C. 42.6 元   D. 97 元

  10．某居民纳税人王某受雇于某国一公司，2013 年从该国取得工资薪金收入 66 000 元（5 500 元/月），已经在该国缴纳个人所得税 180 元。经核查，其境外完税凭证准确无误，则王某境外工资薪金所得在我国应补缴的个人所得税为（　　）。

  A. 0 元   B. 36 元

  C. 72 元   D. 252 元

二、多项选择题

1．下列各项当中，属于个人所得税的居民纳税人是（　　）。

  A. 在中国境内无住所，但在中国境内一个纳税年度中居住满 1 年的个人

  B. 在中国境内无住所，在中国境内一个纳税年度内居住超 6 个月但不满 1 年的个人

  C. 在中国境内无住所且不居住的个人

  D. 在中国境内有住所的个人

2．下列选项当中，属于劳务报酬的有（　　）。

  A. 某教师在某企业取得的翻译收入

  B. 某设计师为某公司设计 LOGO 取得的设计费收入

  C. 某公民转让自有住房取得的所得

  D. 某高校教师在出版社取得的审稿收入

3．下列选项当中，适用累进税率的应税所得有（　　）。

  A. 工资、薪金

  B. 对企事业单位承包、承租经营所得

  C. 财产转让所得

  D. 个体工商户的生产经营所得

4．下列应计算征收个人所得税的收入有（　　）。

  A. 有奖发票中奖 1 000 元

  B. 学生勤工俭学收入 1 000 元

  C. 邮政储蓄存款利息 200 元

  D. 个人取得保险赔款 2 000 元

5．下列选项当中，属于自行申报纳税的有（　　）。

A．所得 12 万元以上的

B．从中国境内两处或者两处以上取得工资、薪金所得的

C．从中国境外取得所得的

D．取得应税所得，没有扣缴义务人的

6．下列选项在计征个人所得税时，允许从总收入中减除费用 800 元的有（　　）。

A．稿费 3 500 元

B．在有奖销售中一次性获奖 2 000 元

C．转让房屋收入 100 000 元

D．提供咨询服务一次取得收入 3 000 元

7．按《个人所得税》规定，下列可以享受附加减除费用的个人有（　　）。

A．华侨和港、澳、台同胞

B．临时在国外打工取得工资收入的中国居民

C．在我国工作的外籍专家

D．在我国境内的外国企业中工作的中方人员

8．下列关于个体工商户生产经营所得计算个人所得税的表述正确的有（　　）。

A．个体工商户业主的费用扣除标准统一确定为 42 000 元/年，即 3 500 元/月。

B．个体工商户向其从业人员实际支付的合理的工资、薪金支出，允许在税前据实扣除

C．个体工商户将其所得通过境内的社会团体向公益事业捐赠，捐赠额不超过其利润总额的 12%的部分允许税前扣除

D．个体工商户每一纳税年度发生的广告费和业务宣传费用不超过当年销售（营业）收入 15%的部分，可据实扣除；超过部分，准予在以后纳税年度结转扣除。

9．财产租赁所得在计算个人所得税时，下列表述正确的有（　　）。

A．如果每次收入不超过 4 000 元，则定额减除费用 800 元

B．每次收入在 4 000 元以上，定率减除 20%的费用

C．纳税人在财产租赁过程中缴纳的税金和教育费附加

D．纳税人负担的其出租财产实际开支的修缮费用

10．李某承包经营某国有企业，根据合同规定李某拥有企业的经营成果所

有权，李某每年需上缴承包费用 6 万元，则该承包费用（　　）。

  A. 在计算企业所得税时允许税前扣除

  B. 在计算企业所得税时不允许税前扣除

  C. 在计算个人所得税时允许税前扣除

  D. 在计算个人所得税时不允许税前扣除

三、判断题

1. 根据规定，不扣减在华居住的临时离境包括一次离境不超过 30 天和多次累计离境不超过 90 天。（　　）

2. 在中国境内无住所个人均属于非居民纳税人。（　　）

3. 个人因任职受雇取得的所有的工资、薪金、年终加薪、劳动分红、津贴、补贴等均属于工资、薪金所得项目。（　　）

4. 转让专利权取得的所得应按照财产转让所得计算个人所得税。（　　）

5. 某大学教授为一培训学校进行讲授所得收入应属于劳务报酬所得。（　　）

6. 对于取得的劳务报酬属于同一事项连续取得收入的，应将取得的收入合并作为一次计算征收个人所得税。（　　）

7. 李某承包经营一国有企业，拥有企业经营成果所有权，每年上缴承包费用 6 万元，则该承包费用在计算个人所得税和企业所得税时均允许税前扣除。（　　）

8. 中国居民在国外工作取得的工资收入，费用扣除标准为 4800 元/月。（　　）

9. 纳税人在财产租赁期间，负担的实际开支的修缮费用，如果能够提供有效、准确的凭证，允许当期一次性全额扣除。（　　）

10. 纳税义务人从中国境外取得的所得，准予其在应纳税额中扣除已在境外缴纳的个人所得税税额。但扣除额不得超过该纳税义务人境外所得依照我国税法规定计算的应纳税额。（　　）

四、计算题

1. 张某为某企业高级技术人员，其 2013 年取得收入如下：

（1）每月工资薪金收入 7 500 元，2013 年 12 月取得年终一次性奖金 100 000 元；

（2）2013 年 5 月转让其 2009 年购进的一套三居室，售价 150 万元，转让过程中支付相关税费 10 万元，该房屋的购进价为 80 万元，所有相关税费均取得合法凭证；

（3）2013 年 8 月将其自有的一项非专利技术提供给某企业使用，并取得特许权使用费 50 000 元；

（4）因其持有某上市公司的股票，取得股息收入 50 000 元；

（5）2013 年 10 月参加某商场的有奖销售活动，中奖 30 000 元，张某将其中的 10 000 元通过市教育局捐赠用于农村义务教育。

要求：计算张某 2013 年的上述所得应缴纳的个人所得税。

2．王某为某高校的教授，其 2013 年除工资薪金外取得收入如下：

（1）编写一本教材并出版，获得稿酬 6 000 元，后因追加印数取得稿酬 500 元；发表学术论文一篇并取得稿酬 3 500 元；

（2）受邀为某企业做学术演讲，企业支付其报酬 5 000 元；

（3）与某培训机构签订 6 个月的协议，每月讲学 1 次，每次收入均为 2 000 元；

（4）2013 年 1 月起将其自有的一套公寓按市场价格出租，租期 1 年，每月取得租金收入 2 500 元，5 月份因下水道堵塞进行修理，发生修理费用 1 200 元，并取得维修部门正式的收据。

要求：计算王教授 2013 年的上述所得应缴纳的个人所得税。

3．张某为一个体工商户，主要经营药材。某纳税年度全年营业收入总额 200 000 元，与经营有关可在税前扣除的成本 50 000 元、费用 20 000 元、营业外支出 5 000 元。本年度已预缴个人所得税 10 000 元。计算张某 2010 年应补缴的个人所得税。

4．某娱乐城为个人独资企业，主营项目有保龄球、游艺场和餐厅。依照国家有关规定应当设置但未设置账簿，成本费用无法确定。某纳税年度取得的各项营业项目收入为：保龄球场 126 000 元、游艺场 300 000 元、餐厅 470 000 元。当地应税所得税率规定为：娱乐业 25%、饮食服务业 15%。计算该娱乐城应缴纳的个人所得税。

五、核算题

1．某公司 A 职员 2013 年度 10 月取得工资薪金收入 6 000 元。试计算其应缴纳的个人所得税，并做出该公司代扣代缴该职员个人所得税的会计处理。

2．某企业某月邀请 A 专家对产品进行设计，支付设计费 45 000 元；从 B 专家手中获得一项专利使用权，支付专利使用费 50 000 元。试做出该企业有关个人所得税的会计处理。

六、筹划题

1．某公司李某 2013 年每月从公司获取工资、薪金所得 5 000 元，由于租住一套两居室，每月付房租 2 000 元，除去房租，李某可用的收入为 3 000 元。如果公司为李某提供免费住房，每月工资下调为 3 000 元。比较这两种情况下李某应缴纳的个人所得税。（暂不考虑社会保险及住房公积金）

2. 纳税人刘某系一高级化学工程师，2013 年 2 月获得某公司的工资类收入 20 000 元。请比较：

（1）刘某和该公司存在稳定的雇佣与被雇佣关系；

（2）刘某和该公司不存在稳定的雇佣和被雇佣关系。

计算这两种情况下刘某应缴纳的个人所得税，并比较哪种情况下税负较轻。

第八章　其他税会计及筹划

在学习了本书前七章有关增值税、消费税、企业所得税等税种之后，本章将介绍一些其他税种的会计及筹划，主要包括三大税类：资源税、财产税、行为税。其中资源税类包括资源税、土地增值税、城镇土地使用税、耕地占用税等四个税种；财产税类包括房产税、车船税、契税等三个税种；行为税类包括印花税、车辆购置税、城市维护建设税等三个税种。通过本章的学习，需要了解各税种的概念及特点，熟悉相关税制要素的基本内容，理解并掌握税额的计算原理和方法，掌握会计科目的设置以及核算方法，熟悉各税种税务筹划的基本方法。

篇前案例

其他税税种初认识

某房地产开发企业建造一栋教师住宅楼出售，取得货币收入 2 200 万元，水泥两车皮（市价折合 100 万元）（城建税率 7%，教育费附加 3%）。建此住宅支付地价款和相关过户手续费 800 万元，开发成本 700 万元，其利息支出 50 万元可以准确计算分摊，该省政府规定的费用扣除比例为 5%。该业务涉及的税种有哪些，并应如何分别计算缴纳？

第一节　资源税类会计及筹划

资源是指一切为人类所开发和利用的各种客观存在，为合理开发、有效利用、保护有限的自然资源，调节因资源禀赋差异而形成的级差收入，世界各国普遍开征了资源类的税种。总体上看，我国现行资源税类是狭义的资源税，即仅对有限的资源征收，而森林、草原、海洋、河流等众多自然资源尚未纳入资源类税的征收范围。本节主要研究资源税、土地增值税、城镇土地使用税、耕地占用税的税制要素、税额计算、会计处理及其税务筹划。

一、资源税会计及筹划

（一）资源税概念及特点

资源税是对在我国境内开采或生产应税矿产品、盐的单位和个人，就其应税产品的销售量和使用量征收的一种税。其基本法律依据是国家税务总局发布的修订后的《资源税若干问题的规定》和中华人民共和国财政部及国家税务总局共同颁布的《中华人民共和国资源税暂行条例实施细则》，二者均由 2011 年 11 月 1 日开始实施。资源税具有如下特点：

1. 征税范围较窄

自然资源是生产资料或生活资料的天然来源，它包括的范围很广，如矿产资源、土地资源、水资源、动植物资源等。目前我国的资源税征税范围较窄，仅选择了部分级差收入差异较大，资源较为普遍，易于征收管理的矿产品和盐为征税范围。

2. 实行源泉课征

按规定，资源税在采掘或生产地源泉控制征收，这样既照顾了采掘地的利益，又避免了税款的流失。

3. 纳税环节的一次性

资源税以开采者取得的原料产品级差收入为征税对象，不包括经过加工的产品，具有一次课征的特点。

（二）资源税税制要素

1. 纳税人

资源税的纳税人为在我国境内开采或生产应税产品的单位和个人。其中独立矿山、联合企业和其他收购未税矿产品的单位为资源税的扣缴义务人；中外合作开采石油、天然气的单位，目前按照规定征收矿区使用费，暂不征收资源税。

2. 征税对象

我国目前资源税的征收对象仅涉及矿产品和盐两大类，具体包括：

（1）原油。开采的天然原油征税；人造石油不征税。

（2）天然气。专门开采的天然气或与原油同时开采的天然气征税；煤矿伴生的天然气暂不征税。

（3）煤炭。原煤征税；洗煤、选煤和其他煤炭制品不征税。

（4）其他非金属矿原矿。即指除原油、天然气、煤炭和井矿盐以外的非金属矿原矿，如宝石、大理石、石膏和石棉等。

（5）黑色金属矿原矿。即指纳税人开采后自用、销售的，用于直接入炉冶炼或作为主产品先入选精矿、制造人工矿、再最终入炉冶炼的金属矿石原矿，如铁矿石和锰矿石等。

（6）有色金属矿原矿。主要包括铜矿石、铅锌矿石、铝土矿石、钨矿石、锡矿石、锑矿石、钼矿石、镍矿石和黄金矿石等。

（7）盐。固体盐，包括海盐原盐、湖盐原盐和井矿盐；液体盐（卤水），是指氯化钠含量达到一定浓度的溶液，是用于生产碱和其他产品的原料。

3. 税目及税率

资源税实行从价定率或从量定额的办法计征。对税法未列举名称的纳税人适用的税率，由省、自治区、直辖市人民政府根据纳税人资源状况，参照邻近矿山税率标准，在浮动30%幅度内核定。其税目、税率见表8-1。

表 8-1 资源税税目、税率表

税目	税率
一、原油	销售额的 5%-10%
二、天然气	销售额的 5%-10%
三、煤炭 　　1. 焦煤 　　2. 其他煤炭	 8-20 元/吨 0.3-5 元/吨
四、其他非金属矿原矿	0.5-20 元/吨、立方米或克拉
五、黑色金属矿原矿	2-30 元/吨
六、有色金属矿原矿 　　1. 稀土矿 　　2. 其他有色金属矿原矿	 0.4-60 元/吨 0.4-30 元/吨
七、盐 　　1. 固体盐 　　2. 液体盐	 10-60 元/吨 2-10 元/吨

4. 税收优惠

根据规定，减免资源税的情况如下：

（1）开采原油过程中，用于加热、修井的原油，免征资源税。

（2）纳税人因意外事故、自然灾害等原因，遭受重大损失的，由所在省级人民政府酌情免征或减征资源税。

（3）对进口的矿产品和盐不征资源税，对出口的应税产品也不免征或退还已纳资源税。

（4）国务院规定的其他减免税项目。

5. 申报与缴纳

（1）纳税义务发生时间

纳税人销售应税产品，其纳税义务发生时间为收讫销售款或者取得销售款凭据的当天；自产自用应税产品，其纳税义务发生时间为移送使用的当天。对以下情况还做了具体规定：

第一，纳税人销售应税产品，其纳税义务发生时间分为三种情况：①纳税人采取分期收款结算方式的，其纳税义务发生时间，为销售合同规定的收款日期的当天；②纳税人采取预收货款结算方式的，其纳税义务发生时间，为发出应税产品的当天；③纳税人采取其他结算方式的，其纳税义务发生时间，为收讫销售款或者取得销售款凭据的当天。

第二，纳税人自采自用应税产品的纳税义务发生时间，为移送使用应税产品的当天。

第三，扣缴义务人代扣代缴税款的纳税义务发生时间，为支付货款的当天。

（2）纳税期限

现行资源税的纳税期限，由主管税务机关根据纳税人应纳税额的大小等实际情况分别核定为 1 日、3 日、5 日、10 日、15 日或者 1 个月。以 1 个月为一期纳税的，自期满之日起 10 日内申报纳税；以 1 日、3 日、5 日、10 日、15 日为一期纳税的，自期满之日起 5 日内预缴税款，于次月 1 日起 10 日内申报纳税并结清上月税款。

（3）纳税地点

根据现行税法规定，纳税人应当向应税产品的开采或者生产所在地主管税务机关缴纳资源税。纳税人在本省、自治区、直辖市范围内开采或者生产应税产品，其纳税地点需要调整的，由省、自治区、直辖市税务机关决定。在具体实施时，跨省开采资源税应税产品的单位，其下属生产单位与核算单位不在同一省、自治区、直辖市的，对其开采的矿产品，一律在开采地纳税，其应纳税款，由独立核算、自负盈亏的单位按照开采地的实际销售量（或自用量）及适用的单位税额计算划拨。扣缴义务人代扣代缴的资源税，应当向收购地主管税务机关缴纳。

（4）纳税申报

资源税的纳税人，应按规定的纳税期限进行纳税申报，并如实填写《资源税纳税申报表》。

（三）资源税税额计算

1. 计税依据

（1）从量计征的计税依据

从量计征以课税数量为计税依据。纳税人开采或者生产应税产品销售的，以销售数量为课税数量；纳税人开采或者生产应税产品自用的，以自用数量为课税数量。纳税人不能准确提供应税产品销售数量的，以应税产品的产量或者主管税务机关确定的折算比换算成的数量作为课税数量；对于连续加工前无法正确计算原煤移送使用量的煤炭，可按加工产品的综合回收率将加工产品实际销量和自用量折算成原煤数量，以此作为课税数量；金属和非金属矿产品原矿，因无法准确掌握纳税人移送使用原矿数量的，可将其精矿按选矿比折算成原矿数量作为课税数量，其公式为：选矿比=精矿数量÷耗用原矿数量。

（2）从价计征的计税依据

从价计征以销售额为计税依据。销售额是指为纳税人销售应税产品向购买方收取的全部价款和价外费用，但不包括收取的增值税销项税额。

2. 应纳税额的计算

（1）实行从量计征的，资源税根据应税产品的课税数量和规定的单位税额计算应纳税额。公式如下：

应纳税额=课税数量×单位税额

代扣代缴应纳资源税税额=购进未税矿产品数量×单位税额

（2）实行从价计征的，资源税根据应税产品的销售额从价定率计征，即按销售额和适用税率计算缴纳。其计算公式为：应纳税额=销售额×适用税率

[例8-1]某油田当月销售原油的销售额为50万元，其适用的税率为10%，则：

该油田当月应纳资源税税额=500 000×10%=50 000（元）

（四）资源税会计处理

1. 会计账户的设置

企业缴纳的资源税，通过"应交税费——应交资源税"科目核算。借方发生额，反映企业已缴的或按规定允许抵扣的资源税；贷方发生额，反映应缴的资源税；期末借方余额，反映多缴或尚未抵扣的资源税，期末贷方余额，反映尚未缴纳的资源税。

2. 直接销售应税产品的账务处理

企业计提销售的应税产品应缴纳的资源税时，借记"营业税金及附加"科目，贷记"应交税费——应交资源税"科目；上缴资源税时，借记"应交税费

——应交资源税"科目，贷记"银行存款"等科目。

[例 8-2]某油田 2013 年 5 月开采原油 7 000 桶、附加开采天然气 3 500 立方米。对外销售原油 6 500 桶，不含税售价 500 元/桶，销售天然气 3 000 立方米，不含税售价 2 元/平方米。适用税率均为 5%，有关税款已上缴入库。则该油田应纳资源税 6 500×500×5%+3 000×2×5%=162 800 元。其会计处理为：

计提应纳资源税时：

借：营业税金及附加　　　162 800

　　贷：应交税费——应交资源税　　162 800

实际上缴资源税时：

借：应交税费——应交资源税　　162 800

　　贷：银行存款　　　　　　　162 800

3. 自产自用应税产品的账务处理

企业自产自用应税产品的，以移送使用数量为课税数量。计提时借记"生产成本"、"制造费用"等科目，贷记"应交税费——应交资源税"科目。

[例 8-3]某煤矿当月将自产原煤全部用于生产洗煤，自用原煤数量无法确定，但知本月销售洗煤 20 万吨，综合回收率 80%，该矿原煤适用的单位税额为 2 元/吨。

该矿当月应纳资源税税额=200 000÷80%×2=500 000 元

（1）计提资源税时：

借：生产成本　　　500 000

　　贷：应交税费——应交资源税　　500 000

（2）上缴资源税时：

借：应交税费——应交资源税　　500 000

　　贷：银行存款　　　　　　　500 000

4. 收购未税矿产品的账务处理

企业收购未税矿产品，借记"在途物资"、"原材料"、"材料采购"等科目，贷记"银行存款"，按代扣代缴的资源税，贷记"应交税费——应交资源税"科目。

[例 8-4]某煤矿 2013 年 2 月收购未税矿产品 250 吨，共支付收购价款 10 000 元，代扣代缴的资源税为 500 元。其会计处理为：

（1）收购未税矿产品时：

借：材料采购　　　10 500

　　贷：银行存款　　　10 000

应交税费——应交资源税　500

（2）上缴资源税时：

借：应交税费——应交资源税　500

　　贷：银行存款　　　　　　　　　500

5. 外购液体盐加工固体盐的账务处理

企业在购入液体盐时，按所允许抵扣的资源税，借记"应交税费——应交资源税"科目，按外购价款扣除允许抵扣资源税后的数额，借记"在途物资"、"原材料"、"材料采购"等科目，按应支付的全部价款，贷记"银行存款"、"应付账款"等科目；企业加工成固体盐后，在销售时，按计算出的销售固体盐应缴的资源税，借记"营业税金及附加"科目，贷记"应交税费——应交资源税"科目；将销售固体盐应纳的资源税扣抵液体盐已纳资源税后的差额上缴时，借记"应交税费——应交资源税"科目，贷记"银行存款"等科目。

[例 8-5]某盐场 2013 年 10 月收购 500 吨液体盐，已纳资源税 2 500 元，每吨收购价款 150 元，将其全部加工成固体盐，共加工固体盐 400 吨，将其以每吨 600 元的价格全部出售。每吨液体盐税额为 5 元，每吨固体盐税额为 30 元。则该盐场固体盐应纳的资源税为 12 000（400×30）元，清缴应补缴的资源税为 9 500（12 000-2 500）元。其会计处理为：

（1）购进液体盐时：

借：材料采购　　　　　　　72 500

　　应交税费——应交资源税　2 500

　　贷：银行存款　　　　　　　　　75 000

（2）销售固体盐时：

借：银行存款　　　240 000

　　贷：主营业务收入　　　240 000

（3）计提固体盐应纳资源税时：

借：营业税金及附加　12 000

　　贷：应交税费——应交资源税　12 000

（4）月末清缴资源税时：

借：应交税费——应交资源税　9 500

　　贷：银行存款　　　　　　　　　9 500

（五）资源税税务筹划

根据《资源税暂行条例规定》，纳税人的减免税项目，应当单独核算课税数量；未单独核算或者不能准确提供减免税产品课税数量的，不予减免税；纳税人开采或者生产不同税目应税产品的，应当分别核算不同税目应税产品的课税数量，否则从高适用税额。具体有如下方式：利用折算比进行税务筹划，将企业自身估计的实际综合回收率或选矿比与税务机关规定的综合回收率或选矿比进行比较，选择两者中较高的，可使计算出的资源税税额较低；不同应税产品分开核算的筹划，纳税人可将所经营的不同应税产品或减免税产品分开核算，以减少纳税额度；利用税收优惠政策进行税务筹划，纳税人应充分了解并运用税法中的优惠政策，以减轻税收负担。

[例8-6]西北某矿产开采企业2012年9月开采销售原油8 000桶，不含税售价500元/桶，生产销售原煤3 000吨，开采天然气1万立方米，不含税售价2元/立方米。其中5千立方米为开采原油时伴生，另5千立方米为开采煤炭时伴生，该企业未分开核算，原油、天然气资源税税率为5%，原煤为2元/吨。

未进行筹划的情况下，计算应纳资源税额=8 000×500×5%+3 000×2+10 000×2×5%=207 000元

根据税法规定，煤炭开采生产的天然气免税。如果将煤炭伴生的天然气分开核算，则可以减少资源税5 000×2×5%=500元。

二、土地增值税会计及筹划

（一）土地增值税概念及特点

土地增值税是对在我国境内有偿转让国有土地使用权、地上的建筑物及其附着物（以下简称转让房地产）并取得收入的单位和个人，就其转让房地产所取得的增值额征收的一种税。其基本法律依据是1993年12月国务院颁布的《中华人民共和国土地增值税暂行条例》和1995年1月财政部制定的《中华人民共和国土地增值税暂行条例实施细则》。土地增值税具有如下特点：

1. 以转让房地产的增值额为征税对象。我国土地增值税将土地、房屋的转让收入合并征收。作为征税对象的增值额是纳税人转让房地产收入减除税法规定的准予扣除项目金额后的余额。

2. 实行超率累进税率。土地增值税的税率是以转让房地产增值率高低为依据，按照累进原则设计的，实行分级计税。

3. 实行按次征收。土地增值税在房地产转让环节，实行按次征收，每发生一次转让行为，就应根据每次取得的增值额征一次税。

（二）土地增值税税制要素

1. 纳税人

土地增值税的纳税人为以出售或者其他方式有偿转让国有土地使用权、地

上建筑物及其附着物并取得收入的单位和个人。

2. 征税对象

土地增值税的征税对象，是指转让国有土地使用权、地上建筑物及其附着物并取得的收入。其地上建筑物及其附着物是指建于土地上的一切建筑物、地上地下的各种附属设施，以及附着于该土地上的不能移动、一经移动即遭受损坏的物品。它有三层含义：一是土地增值税仅对转让国有土地使用权征收，对转让集体土地使用权的不征税；二是只对转让房地产产权的征税，不转让产权的不征税；三是对转让房地产并取得收入的征税，对虽发生转让行为，但未取得收入的不征税，例如房地产继承的行为。

3. 税率

土地增值税采用四级超率累进税率，最低税率为 30%，最高税率为 60%，具体税率如表 8-2 所示。

表 8-2　土地增值税四级超率累进税率表

级次	增值额占扣除项目金额的比例	税率	速算扣除率
1	50%（含）以下的部分	30%	0
2	超过 50%、未超过 100%（含）的部分	40%	5%
3	超过 100%、未超过 200%（含）的部分	50%	15%
4	超过 200% 以上的部分	60%	35%

4. 税收优惠

根据规定，免征土地增值税的情况如下：

（1）对纳税人建造普通标准住宅出售，增值额未超过规定扣除项目金额之和 20% 的，免征土地增值税。普通标准住宅指按所在地一般民用住宅标准建造的居住用住宅，高级公寓、别墅、度假村等不属于普通标准住宅。

（2）因城市实施规划和国家建设的需要而搬迁，由纳税人自行转让原房地产的，免征土地增值税。

（3）因国家建设需要依法征用、收回的房地产，免征土地增值税。

5. 申报与缴纳

（1）纳税义务发生时间

土地增值税纳税义务发生时间为房地产转让合同签订之日。通过以下非正常方式转让房地产的，土地增值税纳税义务发生时间如下：

① 已签订房地产转让合同，原房产因种种原因迟迟未能过户，后因有关问题解决后再办理房产转移登记，土地增值税纳税义务发生时间以签订房地产转

让合同时间为准。

② 法院在进行民事判决、民事裁定、民事调解过程中，判决或裁定房地产所有权转移，土地增值税纳税义务发生时间以判决书、裁定书、民事调解书确定的权属转移时间为准。

③ 依法设立的仲裁机构裁决房地产权属转移，土地增值税纳税义务发生时间以仲裁书明确的权属转移时间为准。

（2）纳税期限

土地增值税按照转让房地产取得的实际收益计算征收，由于计算时要涉及房地产开发的成本和费用，有时还要进行房地产的评估等。因此纳税时间就不能像其他税种那样作出统一规定，而是根据房地产转让的不同情况，由主管税务机关具体确定。

（3）纳税地点

土地增值税由房地产所在地的税务机关负责征收。具体有以下两种情况：

① 纳税人是法人的。当纳税人转让房地产的坐落地与其机构所在地或经营所在地同在一地时，可在税务登记的原管辖税务机关申报纳税；如果转让的房地产坐落地与其机构所在地或经营所在地不在同一地时，则应在房地产坐落地的主管税务机关申报纳税；纳税人转让的房地产坐落地在两个或两个以上地区的，应按房地产所在地分别申报纳税。

② 纳税人是自然人的。当纳税人转让的房地产的坐落地与其居住所在地同在一地时，应在其住所所在地税务机关申报纳税；如果转让的房地产坐落地与其住所所在地不在同一地时，则在办理过户手续所在地的税务机关申报纳税。

（4）纳税申报

纳税人应在转让房地产合同签订后的七日内，到房地产所在地主管税务机关办理纳税申报，并向税务机关提交房屋及建筑物产权、土地使用权证书、土地转让、房产买卖合同、房地产评估报告及其他与转让房地产有关的资料，并如实填写《土地增值税纳税申报表》。

（三）土地增值税税额计算

1. 计税依据

土地增值税的计税依据，是纳税人转让房地产所取得的增值额。

土地增值额=应税收入-扣除项目金额

应税收入即房地产的收入，是指房产的产权所有人、土地使用人将房屋的产权、土地使用权转移给他人而取得的货币收入、实物收入、其他收入等到全部价款及有关的经济收益。确定扣除项目金额包括转让新、旧房地产扣除项目金额两种情形：

（1）转让新开发房地产的扣除项目金额。内容如下：

① 取得土地使用权时所支付的金额。纳税人为取得土地使用权所支付的地价款和按国家统一规定交纳的有关费用，包括取得土地使用权过程中缴纳的登记、过户手续费等。

② 房地产开发成本。主要包括：土地的征用及拆迁补偿、前期工程费用、建筑安装工程费、基础设施费、公共配套设施费、开发间接费用等。

③ 房地产开发费用。它是与房地产开发项目有关的销售费用、管理费用和财务费用。财务费用中的利息支出，纳税人能够按转让房地产项目计算分摊利息支出，并能提供金融机构证明的，允许据实扣除，但最高不能超过按商业银行同类同期贷款利率计算的金额；其他房地产开发费用，按取得土地使用权支付的金额和房地产开发成本之和的 5%以内计算扣除；凡不能按转让房地产项目计算分摊利息支出或提供金融机构证明的，房地产开发费用按取得土地使用权支付的金额和房地产开发成本之和的10%以内计算扣除。

④ 与转让房地产有关的税金。是指纳税人在转让房地产时缴纳的营业税、城市维护建设税和印花税、教育费附加等，可在扣除项目中扣除。但房地产企业不得扣除印花税，其他纳税人可按产权转移书所记载金额的 0.5‰扣除印花税。

⑤ 财政部规定的其他扣除项目。是指对从事房地产开发的纳税人可按取得土地使用权所支付的金额和房地产开发成本计算的金额之和加计 20%的扣除。其计算公式为：

加计扣除=（取得土地使用权所支付的金额+房地产开发成本）×20%

（2）转让旧房地产的扣除项目金额。内容包括：旧房及建筑物的评估价格；取得土地使用权所支付的地价款和按国家统一规定的有关费用；转让环节缴纳的税金，包括营业税、城市维护建设税和印花税、教育费附加等。

2. 应纳税额的计算

确定了土地增值额和扣除项目金额后，计算应纳的土地增值税公式为：

应纳土地增值税=土地增值额×适用税率-扣除项目金额×速算扣除率

[例 8-7]某房地产开发公司，转让房地产取得 3 000 万元；转让房地产取得土地使用权时支付 200 万元，房地产开发成本 1 000 万元，开发费用 100 万元，转让房地产其他税金 150 万元。则应缴纳的土地增值税税额计算如下：

（1）转让房地产收入=3 000（万元）

（2）扣除项目金额：

加计扣除项目金额=（200+1 000）×20%=240（万元）

扣除项目金额=200+1 000+100+150+240=1 690（万元）

（3）土地增值额=3 000-1 690=1 310（万元）

（4）土地增值额与扣除项目金额之比：1 310÷1 690×100%=77.51%

（5）增值额超过扣除项目金额 50%，未超过 100%，适用税率为 40%，速算扣除系数为 5%

（6）应纳税额=1 310×40%-1 690×5%=524-84.5=439.5（万元）

（四）土地增值税会计处理

1. 会计账户的设置

缴纳土地增值税的企业应在"应交税费"总账户下增设"应交土地增值税"明细账户，以具体核算土地增值税的形成、计算和缴纳情况。其贷方登记计提的土地增值税；借方登记上缴的土地增值税；余额在贷方表示应缴未缴的土地增值税，在借方表示多缴的土地增值税。

2. 会计账务的处理

（1）主营房地产业务的企业会计账务的处理

主营房地产业务的企业，如房地产开发企业，应根据计算的应纳土地增值税额，借记"营业税金及附加"科目，贷记"应交税费——应交土地增值税"科目；实际缴纳土地增值税时借记"应交税费——应交土地增值税"科目；贷记"银行存款"科目。

[例 8-8] 某房地产开发企业转让房地产，取得收入 2 000 万元，该公司原支付地价款 200 万元，房地产开发成本 400 万元。该公司发生的开发费用中利息支出不能按项目分摊，当地房地产开发费用扣除率 10%。城建税 7%、教育费附加 3%。则账务处理如下：

① 转让房地产收入=2 000（万元）

② 扣除项目金额

开发费用扣除金额=（200+400）×10%=60（万元）

加计扣除金额=（200+400）×20%=120（万元）

营业税=2 000×5%=100（万元）城建税=100×7%=7（万元）教育费附加=100×3%=3（万元）税费合计=100+7+3=110（万元）

扣除项目金额=200+400+60+120+110=890（万元）

③ 增值额=2 000-890=1 110（万元）

④ 增值额与扣除项目金额的比例：1 110÷890×100%=124.72%

⑤ 增值额超过扣除项目 100%，未超过 200%，适用税率 50%，速算扣除

系数 15%。

⑥ 应纳税额=1 110×50%-890×15%=555-133.5=421.5（万元）

计提时：

借：营业税金及附加   4 215 000

  贷：应交税费——应交土地增值税   4 215 000

缴纳时：

借：应交税费——应交土地增值税   4 215 000

  贷：银行存款   4 215 000

（2）兼营房地产业务的企业会计账务的处理

企业应根据计算的应纳土地增值税额，借记"其他业务成本"科目，贷记"应交税费——应交土地增值税"科目。

[例 8-9]若例题 8-8 中的企业是兼营房地产企业，则会计处理为：

计提时：

借：其他业务成本   4 215 000

  贷：应交税费——应交土地增值税   4 215 000

缴纳时：

借：应交税费——应交土地增值税   4 215 000

  贷：银行存款   4 215 000

（3）非房地产企业会计账务的处理

企业转让国有土地使用权连同地上已完工交付使用的建筑物及附着物时，借记"固定资产清理"和"累计折旧"等科目，贷记"固定资产"科目，取得转让收入时，借记"银行存款"，贷记"固定资产清理"，计算土地增值税时，借记"固定资产清理"，贷记"应交税费——应交土地增值税"；企业转让国有土地使用权连同地上未竣工的建筑物及附着物时，借记"在建工程"、"专项工程支出"、"固定资产构建支出"、"固定资产"等科目，贷记"应交税费——应交土地增值税"科目；企业转让以行政划拨方式取得的土地使用权连同地上建筑物及附着物时，借记"其他业务成本"、"固定资产清理"科目，贷记"应交税费——应交土地增值税"科目。

[例 8-10]某企业转让一处房产的土地使用权及地上房产，企业为取得该房产支付成本费用 4 500 万元，转让房产取得收入 6 000 万元，支付营业税金及附加 300 万元，房产累计折旧 500 万元。则该企业计算的固定资产账面价值 4 000（4 500-500）万元，土地增值额为 1 700 万元[6 000-（4 500-500+300）]，土地增长率 39.53%[1 700÷（4 500-500+300）×100%]，故应纳的土地增值税 510 万

元[1 700×30%-（4 500-500+300）×0%]，结转固定资产清理损益 1 190 万元（6 000-4 000-300-510）。其会计处理为：

① 转让房产时

借：固定资产清理　　　　　40 000 000

　　累计折旧　　　　　　　 5 000 000

　　贷：固定资产　　　　　　　　　45 000 000

② 收到转让收入时

借：银行存款　　　　　　　60 000 000

　　贷：固定资产清理　　　 60 000 000

③ 计提营业税时

借：固定资产清理　　　　　 3 000 000

　　贷：应交税费——应交营业税　　 3 000 000

④ 计提土地增值税时

借：固定资产清理　　　　　 5 100 000

　　贷：应交税费——应交土地增值税　 5 100 000

⑤ 上交营业税、土地增值税时

借：应交税费——应交营业税　 3 000 000

　　应交税费——应交土地增值税　5 100 000

　　贷：银行存款　　　　　　　　　　 8 100 000

⑥ 结转固定资产清理时

借：固定资产清理　　　　　11 900 000

　　贷：营业外收入　　　　　　　　 11 900 000

（五）土地增值税税务筹划

1. 分散有关经营收入进行税务筹划

[例 8-11]某房地产公司出售一栋房屋，房屋总售价为 1 000 万元，该房屋进行了简单装修并安装了简单必备设施。根据相关税法的规定，该房地产开发业务允许扣除的费用为 400 万元，增值额为 600 万元。该房地产公司应该缴纳土地增值税、营业税、城市维护建设税、教育费附加以及企业所得税。土地增值率为：600÷400×100%=150%。根据《土地增值税暂行条例实施细则》的规定，增值额超过扣除项目金额 100%未超过 200%的土地增值税税率为 50%，速算扣除率为 15%。因此，应当缴纳土地增值税：600×50%－400×15%=240（万元）。

如果进行税收筹划，将该房屋的出售分为两个合同，即：第一个合同为房屋出售合同，不包括装修费用，房屋出售价格为 700 万元，允许扣除的成本为

300 万元；第二个合同为房屋装修合同，装修费用 300 万元，允许扣除的成本为 100 万元。则土地增值率为：400÷300×100%=133%。应该缴纳土地增值税：400×50%－300×15%=155（万元）。根据计算结果可以看出经过税收筹划的税收负担明显减少。

2. 巧用扣除项目的规定进行税务筹划

[例 8-12] 大兴房地产公司 2013 年 4 月开发一处房地产，为取得土地使用权支付 800 万元，为开发土地和新建房及配套设施花费 1 400 万元，财务费用中可以按转让房地产项目计算分摊利息的利息支出为 200 万元，不超过商业银行同类同期贷款利率。对于是否提供金融机构证明，公司财务人员通过核算发现：如果不提供金融机构证明，则该公司所能扣除费用的最高额为：（800＋1400）×10%=220（万元）；如果提供金融机构证明，该公司所能扣除费用的最高额为：200＋（800＋1400）×5%=310（万元）。可见，在这种情况下，公司提供金融机构证明是有利的选择。

3. 通过合理定价进行税务筹划

依据《土地增值税暂行条例实施细则》第十一条规定，纳税人建造普通标准住宅出售，增值额未超过本细则第七条（一）、（二）、（三）、（五）、（六）项扣除项目金额之和 20% 的免征土地增值税；增值额超过扣除项目金额之和 20% 的，应就其全部增值额按规定计税。企业可以利用 20% 这一临界点进行筹划。下面举例说明。

[例 8-13] 某房地产开发企业 2013 年建成一栋普通标准住宅，扣除项目金额为 800 万元，当地同类住宅的市场售价约 1 000 万元。现有两种定价方案：方案一，定价 1 000 万元；方案二，定价 960 万元。请做出选择。

上述案例中方案一：土地增值额 =1 000-800=200 万元，增值率 =200÷800×100%=25%，故适用税率 30%，应纳土地增值税为 200×30%=60 万元，利润为 1 000-800-60=140 万元（不考虑其他因素）；方案二：土地增值额 =960-800=160 万元，增值率 =160÷800×100%=20%，根据细则，可以免征增值税，则利润为 960-800=160 万元。显然方案二对企业更有利。可见通过选择筹划方案可在保证售价较低的情况下，少纳土地增值税，增加企业利润。

三、城镇土地使用税会计及筹划

（一）城镇土地使用税概念及特点

城镇土地使用税是以国有土地为征税对象，对拥有土地使用权的单位和个人征收的一种税。其基本法律依据是 2006 年 12 月国务院修改的《中华人民共和国城镇土地使用税暂行条例》。城镇土地使用税的特点有：对占用或使用土地的行为征税；征税对象是国有土地；征收范围比较广；实行地区差别幅度税额等等。

（二）城镇土地使用税税制要素

1. 纳税人

城镇土地使用税的纳税人为在城市、县城、建制镇、工矿区范围内使用土地的单位和个人，具体包括：

（1）拥有土地使用权的单位和个人；

（2）拥有土地使用权的单位和个人不在土地所在地的，其土地的实际使用人和代管人为纳税人；

（3）土地使用权未确定或权属纠纷未解决的，其实际使用人为纳税人；

（4）土地使用权共有的，共有各方都是纳税人，由共有各方分别纳税。

2. 征税对象

城镇土地使用税的征税对象，包括在城市、县城、建制镇和工矿区内的国家所有和集体所有的土地。

3. 税率

城镇土地使用税实行从量定额计征，采用分类幅度税额，即按大城市、中等城市、小城市和县城、建制镇、工矿区，规定不同的单位幅度税额。见下表：

表 8-3　城镇土地使用税税率表

土地所在地区	人口/人	每平方米税额/元
大城市	50 万以上	1.5-30
中等城市	20 万-50 万	1.2-24
小城市	20 万以下	0.9-18
县城、建制镇、工矿区	——	0.6-12

4. 税收优惠

根据税法规定，法定减免土地使用税的情况如下：

（1）国家机关、人民团体、军队自用的土地，免征城镇土地使用税。

（2）由国家财政部门拨付事业经费的单位自用的土地，免征城镇土地使用税。

（3）宗教寺庙、公园、名胜古迹自用的土地，免征城镇土地使用税。

（4）市政街道、广场、绿化地带等公共用地，免征城镇土地使用税。

（5）直接用于农、林、牧、渔业的生产用地，免征城镇土地使用税。

（6）经批准开山填海整治的土地和改造的废弃土地，从使用的月份起免征土地使用税 5 年至 10 年。

（7）对非营利性医疗机构、疾病控制机构和妇幼保健机构等卫生机构自用的土地，免征城镇土地使用税。

（8）企业办的学校、医院、托儿所、幼儿园，其用地能与企业其他用地明确区分的，免征城镇土地使用税。

（9）免税单位无偿使用纳税单位的土地（如公安、海关等单位使用铁路、民航等单位的土地），免征城镇土地使用税。纳税单位无偿使用免税单位的土地，纳税单位应照章缴纳城镇土地使用税。纳税单位与免税单位共同使用、共有使用权土地上的多层建筑，对纳税单位可按其占用的建筑面积占建筑总面积的比例计征城镇土地使用税。

（10）对行使国家行政管理职能的中国人民银行总行（含国家外汇管理局）所属分支机构自用的土地，免征城镇土地使用税。

（11）自 2007 年 1 月 1 日起，在城镇土地使用税征税范围内经营采摘、观光农业的单位和个人，其直接用于采摘、观光的种植、养殖、饲养的土地，免征城镇土地使用税。

（12）从 2007 年 9 月 10 日起，对核电站的核岛、常规岛、辅助厂房和通讯设施用地（不包括地下线路用地），生活、办公用地按规定征收城镇土地使用税，其他用地免征城镇土地使用税。对核电站应税土地在基建期内减半征收城镇土地使用税。

除上述规定外，省、自治区、直辖市可自行确定某些其他用地是否征收或免征土地使用税。

5. 申报与缴纳

（1）纳税义务发生时间

纳税人购置新建商品房，自房屋交付使用之次月起；纳税人购置存量房，自办理房屋权属转移、变更登记手续，房地产权属登记机关签发房屋权属证书之次月起；纳税人出租、出借房产，自交付出租、出借房产之次月起；房地产开发企业自用、出租、出借本企业建造的商品房，自房屋使用或交付之次月起；纳税人新征用的耕地，自批准征用之日起满 1 年时开始；纳税人新征用的非耕地，自批准征用次月起。

（2）纳税期限

土地使用税按年计算、分期缴纳。缴纳期限由省、自治区、直辖市人民政府确定。

（3）纳税地点及申报

城镇土地使用税在土地所在地缴纳。纳税人应按规定，及时办理纳税申报，并如实填写《城镇土地使用税纳税申报表》。

（三）城镇土地使用税税额计算

1. 计税依据

城镇土地使用税以纳税人实际占用的土地面积为计税依据。纳税人应税土地面积，以国土、测绘管理部门测定的纳税人实际占用土地面积为准；尚未开展土地测绘工作的，以县级以上国土管理部门核发的土地使用证书上确定的土地面积为准；尚未核发土地使用证书，而土地使用权属资料齐全的，以县级以上国土管理部门确定的土地面积为准；缺少土地权属、面积资料的，纳税人必须申报实际使用的土地面积，由主管地方税务机关核实确定。

2. 应纳税额的计算

城镇土地使用税采用从量定额计算应纳税额。其计算公式：

应纳税额=实际占用土地面积×适用税额

[例 8-14] 某市一购物中心实行统一核算，其土地使用证上载明，该企业实际占用土地情况为：中心店占地面积为 10 660 平方米，一分店占地 4 680 平方米，二分店占地 7 540 平方米，企业仓库占地 8 190 平方米，企业自办托儿所占地 468 平方米，经税务机关确认，该企业所占用的土地适用的税额如下：中心店每平方米年税额 7 元，一分店每平方米年税额 5 元，二分店每平方米年税额 4 元，企业仓库每平方米年税额 1 元，托儿所每平方米年税额 5 元（该市政府规定，企业自办托儿所用地免征城镇土地使用税）。请计算该购物中心年应纳城镇土地使用税税额。

（1）中心店占地应纳城镇土地使用税税额：10 660×7=74 620（元）

（2）一分店占地应纳城镇土地使用税税额：4 680×5=23 400（元）

（3）二分店占地应纳城镇土地使用税税额：7 540×4=30 160（元）

（4）仓库占地应纳城镇土地使用税税额：8 190×1=8 190（元）

（5）托儿所免税

（6）该购物中心全年应纳城镇土地使用税为：74 620+23 400+30 160+8 190=13 6370（元）

（四）城镇土地使用税会计处理

1. 会计账户的设置

企业应设置"应交税费——应交城镇土地使用税"科目，其贷方登记计提的土地使用税；借方登记上缴的土地使用税；余额在贷方表示应缴未缴的土地使用税，在借方表示多缴的土地使用税。

2. 会计账务的处理

企业计算提取应缴纳的城镇土地使用税时，借记"管理费用"科目，贷记"应交税费——应交城镇土地使用税"科目；实际缴纳时，借记"应交税费——应交城镇土地使用税"，贷记"银行存款"科目。企业因故未缴纳税额时应及时补缴，并相应支付滞纳金和罚款。上交滞纳金和罚款时，借记"营业外支出——滞纳金（税务罚款）"，贷记"银行存款"科目。

[例 8-15]承例 8-14，列示该购物中心关于土地使用税的会计处理。

计提时：

借：管理费用　　13 6370

　　贷：应交税费——应交城镇土地使用税　　13 6370

上缴时：

借：应交税费——应交城镇土地使用税　　13 6370

　　贷：银行存款　　　　　　　　　　　　　　13 6370

（五）城镇土地使用税税务筹划

城镇土地使用税的税务筹划可从合理选择用地地点和准确核算用地两方面进行。

1. 合理选择用地地点

合理选择用地所在地即纳税地点是进行税务筹划的重要方面。因为土地使用税实行土地级别幅度税额，大城市、中等城市、小城市和县城、建制镇、工矿区的税额各不相同。即使在同一地区，由于不同地段的市政建设情况和经济繁荣程度有较大区别，土地使用税税额规定也各不相同。纳税人在投资建厂时就可以进行筹划，选择不同级别的土地。

2. 准确核算用地

如果纳税人能准确核算用地，就可以充分享受土地使用税的优惠政策，如将农、林、牧、渔的生产用地与农副产品加工场地和生活办公用地相分离，就可享受生产用地的免税条款。

[例 8-16]大华公司想要扩大生产基地。由于总部在上海，董事会初步决定将生产基地建在上海郊区，面积 10 000 平方米，选用的土地为四级土地，每平方米土地每年需缴纳城镇土地使用税 11 元，因此每年需缴纳税额 11 万元。之后，经过多方考虑，最终决定将生产基地建在浙江省某城市，这样不但能享受其他税种如企业所得税的优惠，而且由于该城市土地使用税每平方米仅 1 元，所以每年只需缴纳税额 1 万元。

四、耕地占用税会计及筹划

（一）耕地占用税概念及特点

耕地占用税是对占用耕地建房或者从事其他非农业建设的单位和个人，按其占用耕地面积一次性征收的一种税。其基本法律依据是 2007 年 12 月国务院发布的《中华人民共和国耕地占用税暂行条例》以及 2008 年 2 月经财政部、国家税务总局审议通过的《中华人民共和国耕地占用税暂行条例实施细则》。耕地占用税作为一个出于特定目的、对特定的土地资源课征的税种，与其他税种相比，具有比较鲜明的特点，主要表现在：

1. 兼具资源税与行为税的性质；

2. 采用地区差别税率；

3. 在占用耕地环节一次性课征；

4. 税收收入专用于耕地开发与改良。

（二）耕地占用税税制要素

1. 纳税人

占用耕地建房或者从事非农业建设的单位和个人，为耕地占用税的纳税人。

2. 征税对象

建房或从事其他非农业建设所占用的耕地为耕地占用税的征税对象。耕地是指种植农业作物的土地，包括菜地、园地；占用的鱼塘也视为耕地；占用已经开发从事种植、养殖的滩涂、草场、水面和林地等，由地方政府结合情况确定是否征收耕地占用税。占用之前三年内属于上述范围的耕地或农用土地也视为耕地。

3. 税率

耕地占用税实行定额税率，各地区的适用税率由省、自治区、直辖市人民政府在规定税额范围内，根据本地区情况具体核定。以下幅度定额税率以县为单位。

（1）人均耕地不超过 1 亩（含）的地区，每平方米为 10 元至 50 元；

（2）人均耕地超过 1 亩但不超过 2 亩（含）的地区，每平方米为 8 元至 40 元；

（3）人均耕地超过 2 亩但不超过 3 亩（含）的地区，每平方米为 6 元至 30 元；

（4）人均耕地超过 3 亩的地区，每平方米为 5 元至 25 元。

经济特区、经济技术开发区和经济发达、人均耕地特别少的地区，适用税额可以适当提高，但最高不得超过上述规定税额的 50%。

4. 税收优惠

根据税法规定，耕地占用税减免税规定如下：

（1）军事设施、学校、幼儿园、养老院、医院占用耕地免税；

（2）铁路线路、公路线路、飞机场跑道、停机坪、港口、航道占用耕地，减按每平方米 2 元的税额征收耕地占用税，但职工宿舍、餐饮、俱乐部等用地不减免税；

（3）农村居民占用耕地新建住宅，按照当地适用税额减半征收耕地占用税；

（4）农村烈士家属、残疾军人、鳏寡孤独以及革命老根据地、少数民族聚居区和边远贫困山区生活困难的农村居民，在规定用地标准以内新建住宅缴纳耕地占用税确有困难的，经所在地乡（镇）人民政府审核，报经县级人民政府批准后，可以免征或者减征耕地占用税。

免征或者减征耕地占用税后，纳税人改变原占地用途，不再属于免征或者减征耕地占用税情形的，应当按照当地适用税额补缴耕地占用税。

5. 申报与缴纳

（1）纳税义务发生时间

耕地占用税纳税义务发生时间为纳税人收到土地管理部门办理占用农用地手续通知的当天。未经批准占用耕地的，耕地占用税纳税义务发生时间为纳税人实际占用耕地的当天。

（2）纳税期限

获准占用耕地的单位或者个人应当在收到土地管理部门的通知之日起 30 日内，持县级以上土地管理部门批准文件向财政机关申报缴纳耕地占用税。纳税人应按规定，如实填写《耕地占用税纳税申报表》。

（3）纳税地点

纳税人占用耕地或其他农用地，应当在耕地或其他农用地所在地申报纳税。

（三）耕地占用税税额计算

耕地占用税的计税依据是纳税人实际占用的耕地面积。应纳税额的计算公式如下：

应纳税额=纳税人实际占用的耕地面积×适用单位税额

[例 8-17]2012 年某新建企业占用耕地 10 000 平方米，该地区适用单位税额为每平方米 5 元，计算应纳的耕地占用税。

应纳税额=纳税人实际占用的耕地面积×适用单位税额=10 000×5=50 000（元）

（四）耕地占用税会计处理

1. 会计账户的设置

企业按规定缴纳的耕地占用税是一次性缴纳的，一般不存在计提及清算税金问题，故不通过"应交税费"账户核算，而应通过"在建工程"、"固定资产"账户核算。

2. 会计账务的处理

企业缴纳的耕地占用税应计入固定资产的实际成本，计算缴纳时借记"在建工程"，贷记"银行存款"科目，工程完工交付使用时，借记"固定资产"，贷记"在建工程"科目。

[例 8-18]承例 8-17，该企业计算缴纳耕地占用税时会计处理为：

借：在建工程　50 000

　　贷：银行存款　　　50 000

工程完工后

借：固定资产　50 000

　　贷：在建工程　　　50 000

（五）耕地占用税税务筹划

耕地占用税采用幅度定额税率，故可以根据所占用耕地的地点来进行税务筹划。根据上述税率，人均耕地面积越多，单位税额相对越低。故企业可以根据情况将建厂开发等用地选在人均耕地面积多的地方，以减少耕地占用税额，减轻企业纳税负担。

【课堂测试 8-1】

1. 下列不属于资源税征税对象的是（　　　）。

　　A. 玉石　　　　　　B. 铜矿石　　　　　C. 水　　　　　　D. 大理石

2. 对从事房地产开发的土地增值税纳税人在确定扣除项目金额时，可按取得土地使用权所支付的金额和房地产开发成本之和的（　　　）加计扣除。

　　A. 10%　　　　　　B. 15%　　　　　　C. 20%　　　　　　D. 25%

3. 城镇土地使用税是以国有土地为征税对象，对拥有土地（　　　）的单位和个人征收的一种税。

　　A. 使用权　　　　　B. 经营权　　　　　C. 所有权　　　　　D. 占有权

4. 判断该表述是否正确：核算缴纳耕地占用税的企业应设置"应交税费——应交耕地占用税"科目。

第二节 财产税类会计及筹划

财产是衡量社会成员财富水平和纳税能力的重要尺度，征收财产税有利于调节财产收入水平和组织税收收入。财产税是指对财产所有人按其财产价值或数量征税的统称，其实质是对涉及财产相关权利的征税，以体现能力纳税和公平负担的原则，一般作为主体税的补充，成为国家财政收入的组成部分。本节主要研究房产税、车船税、契税的税制要素、税额计算、会计处理及其税务筹划。

一、房产税会计及筹划

（一）房产税概念及特点

房产税是以城市、县城、建制镇和工矿区范围内的房产为征税对象，按照房产的余值或租金收入征收的一种税。其基本法律依据是 1986 年 9 月国务院发布的《中华人民共和国房产税暂行条例》。房产税具有以下特点：

1. 房产税属于财产税中的个别财产税

房产税的征税对象只是房屋，属于个别财产税。

2. 征税范围限于城镇的经营性房屋

房产税在城市、县城、建制镇和工矿区范围内征收，不涉及农村。另外，对某些拥有房屋，但自身没有纳税能力的单位，如国家拨付行政经费、事业经费和国防经费的单位自用的房产，税法也通过免税的方式将这类房屋排除在征税范围之外。

3. 区别房屋的经营使用方式规定征税办法

拥有房屋的单位和个人，既可以将房屋用于经营自用，又可以把房屋用于出租、出典。房产税根据纳税人经营形式不同，对前一类房屋按房产计税余值征收，对后一类房屋按租金收入计税，使征税办法符合纳税人的经营特点，便于平衡税收负担和征收管理。

（二）房产税税制要素

1. 纳税人

房产税的纳税人是房屋的产权所有人。具体如下：

（1）产权属国家所有的，由经营管理单位纳税；产权属集体和个人所有的，由集体单位和个人纳税。

（2）产权出典的，由承典人纳税。所谓的产权出典指产权所有人将房屋、生产资料等的产权，在一定期限内典当给其他人使用，而取得资金的一种融资业务。

（3）产权所有人、承典人不在房屋所在地的，由房产代管人或者使用人纳税。

（4）产权未确定及租典纠纷未解决的，亦由房产代管人或者使用人纳税。

（5）纳税单位和个人无租使用房产管理部门、免税单位和纳税单位的房产，应由使用人代为缴纳房产税。

篇中案例 8-1

房产税与土地出让金

某公司购买一处营业用房产，购房时缴纳 70 年的土地出让金。税务部门在税务检查时，要求该公司缴纳房产税。对此，该公司不理解，公司在购房时既然缴纳了 70 年的土地出让金，为什么还要缴纳房产税？

按照我国法律规定，城市土地是国家的，公司购买房产严格来说是"租户"。已经缴纳了 70 年"租金"，再让"租户"交税是否合适？对于该困惑，全国政协委员、财政部财政科学研究所所长贾康解释说：土地出让金的性质是土地使用权的价格，即凭借所有者身份对使用权持有人收取的地租；而房产税的性质是不动产保有环节上使用权持有人所必须缴纳的法定税负。一个是"租"，一个是"税"，租与税是可以合理匹配、并行不悖的。

---

2. 征税对象

房产税以城市、县城、建制镇和工矿区内的房产为征税对象，不包括农村房产。房产是指有屋面和围护结构（有墙或两边有柱），能够遮风避雨，可供人们在其中生产、工作、学习、娱乐、居住或储藏物资的场所。独立于房屋之外的建筑物，如围墙、烟囱、水塔、变电塔、油池油柜、酒窖菜窖、酒精池、糖蜜池、室外游泳池、玻璃暖房、砖瓦石灰窑以及各种油气罐等，则不属于房产。

3. 税率

我国现行房产税税率采用比例税率，从价计税的，税率 1.2%；从租计税的，税率 12%（对个人居住用房出租仍用于居住的，房产税暂减按 4%的税率征收）。

4. 税收优惠

根据规定，房产税准予免税的情况如下：

（1）国家机关、人民团体、军队自用的房产免税。

（2）国家财政部门拨付事业经费的单位自用的房产免税。

（3）宗教寺庙、公园、名胜古迹自用的房产免税。

（4）个人拥有的非营业用的房产（是指居民住房）免税。

（5）对行使国家行政管理职能的中国人民银行总行（含国家外汇管理局）所属分支机构自用的房产，免征房产税。

（6）经财政部批准免税的其他房产。

5. 申报与缴纳

（1）纳税义务发生时间

纳税人将原有房产用于生产经营，从生产经营之月起，缴纳房产税。

纳税人自行新建房屋用于生产经营，从建成之次月起，缴纳房产税。

纳税人委托施工企业建设的房屋，从办理验收手续之次月起，缴纳房产税。

纳税人购置新建商品房，自房屋交付使用之次月起，缴纳房产税。

纳税人购置存量房，自办理房屋权属转移、变更登记手续，房地产权属登记机关签发房屋权属证书之次月起，缴纳房产税。

纳税人出租、出借房产，自交付出租、出借房产之次月起，缴纳房产税。

房地产开发企业自用、出租、出借本企业建造的商品房，自房屋使用或交付之次月起，缴纳房产税。

（2）纳税期限、地点及申报

房产税实行按年计算，分期缴纳。纳税期限由各省、自治区、直辖市人民政府确定。房产税在房产所在地缴纳。房产不在同一地方的纳税人，应按房产的坐落地点分别向房产所在地的税务机关纳税。另外，纳税人应如实填写《房产税纳税申报表》，及时办理纳税申报。

（三）房产税税额计算

1. 计税依据

房产税以房产的余值或房产的租金收入为计税依据。即按房产余值从价计征或按房产租金收入从租计征。

（1）从价计征

按照房产的余值征税的，以房产原值一次减除 10%～30%后的余值为计税依据。

（2）从租计征

从租计征是以房产的租金收入为房产税的计税依据。

2. 应纳税额的计算

（1）以房产余值为计税依据的应纳税额的计算公式：

应纳税额=房产余值×适用税率=房产原值×（1-原值扣除率）×1.2%

（2）以房产租金为计税依据的应纳税额的计算公式：

应纳税额=房产租金收入×适用税率

[例8-19]某企业的经营用房原值为3 000万元，该地规定允许按原值一次扣除20%后的余值计税。同时，出租的房屋年租金收入2万元。当地税务机构核定房产税每年征收一次。计算该企业当年应纳的房产税。

应纳房产税=3 000×（1-20%）×1.2%+2×12%=29.04（万元）

（四）房产税会计处理

1. 会计账户的设置

企业缴纳房产税，应设置"应交税费——应交房产税"科目。借方发生额表示实际上缴的房产税，贷方发生额表示计提应缴的房产税，期末借方余额表示多缴的房产税，贷方余额表示应缴未缴的房产税。

2. 会计账务的处理

当企业计提房产税时，借记"管理费用"，贷记"应交税费——应交房产税"科目；实际上缴税款时，借记"应交税费——应交房产税"，贷记"银行存款"科目。

[例8-20]云图房地产公司自有办公楼一幢，原值1 000万元。2013年1月1日，将其中一间办公室租给A公司作为办公用，面积占整体面积的10%，年租金5万元，该地规定允许按房产原值一次扣除20%后的余值缴纳房产税，则计算该公司2013年1月应缴纳的房产税，并作出会计处理。

（1）按房产原值应该计缴的房产税。

房产原值=1 000×（1-10%）=900（万元）

应纳房产税=900×（1-20%）×1.2%=8.64（万元）

按租金计缴的房产税。

应纳房产税=5×12%=0.6（万元）

合计应纳房产税=8.64+0.6=9.24（万元）

（2）计提房产税时：

借：管理费用　　　92 400

　　　贷：应交税费——应交房产税　　92 400

实际缴纳时：

借：应交税费——应交房产税　　92 400

　　　贷：银行存款　　　　　　　　　　92 400

（五）房产税税务筹划

房产税的税务筹划分为两种，一种是通过合理确定房产原值进行税务筹划，另一种是利用税收优惠政策进行税务筹划。

1. 通过合理确定房产原值进行税务筹划

房产税以房产余值或房产租金收入作为计税依据。采用比例税率，依照房产原值一次扣除 10%～30% 后的余值按 1.2% 从价计征房产税；从租计征，按房产租金收入的 12%，计算房产税。因此在进行房产税筹划时，可以通过合理确定房产原值或房产租金收入来进行。

[例 8-21]某企业欲兴建一座花园式工厂，除厂房、办公用房外，还包括停车场、游泳池、露天凉亭、喷泉设施等建筑物，总造价 1 亿元，若该 1 亿元都作为房产原值，扣除比例为 30%，则企业应纳的房产税额=10 000×（1-30%）×1.2%=84（万元）

若该企业把停车场和游泳池都建成露天的，并且把这些独立建筑物的造价与厂房、办公用房的造价分开，在会计账簿中单独记载，则这部分建筑物的造价不计入房产原值，不缴纳房产税。假如经估算，这些独立的建筑物的造价为800 万元。

则少缴纳的房产税为 800×（1-30%）×1.2%=6.72（万元）

2. 利用税收优惠政策进行税务筹划

企业应充分了解并运用税法中规定的优惠项目（如前文所述），合理进行税务筹划，减轻税收负担。

二、车船税会计及筹划

（一）车船税概念及特点

车船税是对在中华人民共和国境内拥有和管理车辆、船舶（以下简称车船）的单位和个人按照规定的税额计算征收的一种税。2011 年 2 月 25 日，第十一届全国人民代表大会常务委员会第十九次会议通过了《中华人民共和国车船税法》（以下简称《车船税法》），同年 11 月 23 日国务院第 182 次常务会议通过《中华人民共和国车船税法实施条例》，均自 2012 年 1 月 1 日起施行。车船税兼有财产税和行为税的性质且有个别财产税的特点，实行分类、分级（项）定额税率。

（二）车船税税制要素

1. 纳税人

凡在中华人民共和国境内，车船的所有人或者管理人为车船税的纳税人。

车船的所有人或者管理人未缴纳车船税的，使用人应当代为缴纳车船税。

从事机动车交通事故责任强制保险业务的保险机构为机动车车船税的扣缴义务人，应当依法代收代缴车船税。

2. 征税对象

车船税的征税对象是应税车船，即行驶于我国境内公共道路的车辆和航行于中国境内河流、湖泊或领海的船舶。车辆为机动车，包括载客汽车、载货汽车、三轮汽车、低速货车、摩托车、专项作业车和轮式专用机械车；船舶为机动船、非机动驳船和拖船。

3. 税目及税率

车船税实行定额税率，如下表所示：

表 8-4　车船税税目、税率表

税　目	计税单位	子税目	每年税额/元	备　注
乘用车（按发动机排气量）	每辆	1.0 升（含）以下 1.0-1.6 升（含） 1.6-2.0 升（含） 2.0-2.5 升（含） 2.5-3.0 升（含） 3.0-4.0 升（含） 4.0 升以上	60-360 360-660 660-960 960-1 620 1 620-2 460 2 460-3 600 3 600-5 400	核定载客人数 9 人（含）以下
载客汽车	每辆	依照大型客车（大于等于 20 人）；中型客车（大于 9 人小于 20 人）	480-1 440	核定载客人数 9 人以上，包括电车
货车	整备质量每吨		16-120	包括半挂牵引车、三轮汽车、低速货车
挂车	整备质量每吨		按货车税额 50% 计算征收	
摩托车	每辆		36-180	
专项作业车和轮式专用机械车	整备质量每吨		16-120	不包括拖拉机
机动船舶	净吨位每吨	200 吨以下 201～2 000 吨 2 001～10 000 吨 10 001 吨以上	每吨 3 元 每吨 4 元 每吨 5 元 每吨 6 元	拖船和非机动驳船按船舶税额的 50% 计算
游艇	艇身长度每米		600-2 000	

4. 税收优惠

根据税法规定，法定免税项目如下：

（1）捕捞、养殖渔船。

（2）军队、武装警察部队专用的车船。

（3）警用车船。

（4）依照我国有关法律规定应当予以免税的外国驻华使馆、领事馆和国际组织驻华机构及其有关人员的车船。

（5）对节约能源、使用新能源的车船可以减征或免征车船税。对受严重自然灾害影响、纳税困难以及有其他特殊原因确需减免税的，可以减征或免征车船税。

（6）省、自治区、直辖市人民政府根据当地实际情况，可以对公共交通车船，农村居民拥有并主要在农村地区使用的摩托车、三轮汽车和低速载货汽车定期减征或免征车船税。

篇中案例 8-2

关于车船因质量问题发生退货时的退税

某公司于 2014 年 1 月新购置了 1 辆小汽车，后因质量原因于 3 月份退回厂商，并收到了退货发票。公司在购置小汽车时已缴纳了该纳税年度的车船税，那么公司是否可将已缴纳的税款退回呢？

根据国家税务总局《关于车船税征管若干问题的公告》（国家税务总局公告 2013 年第 42 号）规定：已经缴纳车船税的车船，因质量原因，车船被退回生产企业或者经销商的，纳税人可以向纳税所在地的主管税务机关申请退还自退货月份起至该纳税年度终了期间的税款，退货月份以退货发票所载日期的当月为准。所以该公司可以向主管税务机关申请退还自 2014 年 3 月份至 12 月份的税款。

---

5. 申报与缴纳

（1）纳税义务发生时间

① 车船税的纳税义务发生时间，为车船管理部门核发的车船登记证书或者行驶证书所注日期的当月。

② 纳税人未按照规定到车船管理部门办理应税车船登记手续的，以车船购置发票所注开具时间的当月作为车船税的纳税义务发生时间。

③ 对未办理车船登记手续且无法提供车船购置发票的，由主管地方税务机关核定纳税义务发生时间。

（2）纳税期限、地点及申报

车船税按年申报，分月计算，一次性缴纳，具体申报纳税期限由省、自治区、直辖市人民政府确定。其纳税地点为车船的登记地或者车船税扣缴义务人所在地；依法不需要办理登记的车船，纳税地点为车船的所有人或管理人所在地。另外，纳税人应按规定及时办理纳税申报，并如实填写《车船税纳税申报表》。

（三）车船税税额计算

1. 计税依据

（1）乘用车、载客汽车和摩托车以"辆"数为计税依据。

（2）货车、挂车、专项作业车和轮式专用机械车以"整备质量吨"数为计税依据。

（3）机动船舶以"净吨位"数为计税依据。

（4）游艇以"艇身长度米"数为计税依据。

（5）拖船按照发动机功率每 2 马力折合净吨位 1 吨计算征收车船税。

2. 应纳税额的计算

车船税应纳税额的计算公式为：

乘用车、载客汽车和摩托车应纳税额=车辆数×适用单位税额

货车、挂车、专项作业车和轮式专用机械车应纳税额=整备质量吨数×适用单位税额

机动船舶应纳税额=净吨位数×适用单位税额

游艇应纳税额=艇身长度米数×适用单位税额

[例 8-22]2012 年某公司拥有 3 辆载客汽车；4 辆载货汽车；其整备质量吨位分别为 3 吨、4 吨、2.5 吨、2 吨；机动船 4 艘，每艘净吨位 500 吨。当地车船税的年税额为：载客汽车每辆 100 元，载货汽车每吨 50 元，机动船每吨 5元。2012 年该公司应纳车船税为：

3×100+（3+4+2.5+2）×50+4×500×5=10 875（元）

（四）车船税会计处理

1. 会计账户的设置

企业缴纳车船税应设置"应交税费——应交车船税"科目，借方发生额表示实际上缴的税额，贷方发生额表示计提应缴的税额，期末借方余额表示多缴的税额，贷方余额表示尚未缴纳的税额。

2. 会计账务的处理

企业在计提车船税时借记"管理费用"，贷记"应交税费——应交车船税"科目；实际缴纳时，借记"应交税费——应交车船税"，贷记"银行存款"科目。

[例 8-23] 以例题 8-22 为例，若当地政府规定按年缴纳车船税，其会计处理为：

每月末计提时：

借：管理费用　　　906.25

　　贷：应交税费——应交车船税　　906.25

年末上缴时：

借：应交税费——应交车船税　　10 875

　　贷：银行存款　　　　　　　　　　　　10 875

（五）车船税税务筹划

车船税的税务筹划主要通过税收优惠政策进行。如按 9 人以下乘用车的排气量大小、9 人以上载客汽车大、中型分档征收，对节约能源、使用新能源的车船减征或免征等，企业可结合自身需求购买合适的车辆来减少税负进行税务筹划。

三、契税会计及筹划

（一）契税概念及特点

契税是对中国境内的土地、房屋权属转移时，依据当事人双方订立的契约，向承受人一次性征收的一种财产税。其中土地、房屋权属是指土地使用权和房屋所有权。其基本法律依据是 1997 年 7 月国务院发布的《中华人民共和国契税暂行条例》和 10 月财政部制定的《中华人民共和国契税暂行条例实施细则》。契税与其他税相比具有如下特点：首先，契税属于财产转移税；其次，契税由财产承受人缴纳。

（二）契税税制要素

1. 纳税人

契税的纳税人是中国境内转移土地、房屋权属，承受的单位和个人。单位包括内外资企业、事业单位、国家机关、军事单位和社会团体。个人包括中国公民和外籍人员。

2. 征税对象

契税以在我国境内转移的土地、房屋权属为征税对象，具体包括以下内容：

（1）国有土地使用权出让。

（2）土地使用权的转让。即以出售、赠与、交换等方式转让，不包括农村集体土地承包经营权的转移。

（3）房屋买卖。

（4）房屋赠与。

（5）房屋交换。

（6）其他特殊行为。以土地、房屋权属作价投资、入股、抵债；以获奖方式承受土地、房屋权属；以预购方式或预付集资建房方式承受土地、房屋权属等。

3. 税率

契税实行 3%～5%的幅度税率。契税的具体适用税率则由省、自治区、直辖市人民政府在规定的幅度内按照本地区的实际情况确定。

4. 税收优惠

根据规定，契税的减免税情况如下：

（1）国家机关、事业单位、社会团体、军事单位承受土地、房屋用于办公、教学、医疗、科研和军事设施的，免征契税。

（2）城镇职工按规定第一次购买公有住房的，免征契税。对个人购买 90 平方米及以下普通住房且属于家庭唯一住房的，减按 1%征税；对个人购买普通住房且属于家庭唯一住房的，减半征税。

（3）因不可抗力丧失住房而重新购买住房的，酌情准予减免契税。

（4）土地、房屋被县级以上人民政府征用、占用后，重新承受土地、房屋权属的，由省级人民政府确定是否减免。

（5）承受荒山、荒沟、荒丘、荒滩土地使用权，并用于农、林、牧、渔业生产的，免征契税。

（6）依照我国有关法律规定以及我国缔结或参加的双边和多边条约或协定，应当予以免税的外国驻华使馆、领事馆、联合国驻华机构及其外交代表、领事官员和其他外交人员承受土地、房屋权属。

5. 申报与缴纳

（1）纳税义务发生时间

契税的纳税义务发生时间为纳税人签订土地、房屋权属转移合同的当天，或者纳税人取得其他具有土地、房屋权属转移合同性质凭证的当天。

（2）纳税期限

纳税人应当自纳税义务发生之日起的 10 日内，向土地、房屋所在地的契税征收机关办理纳税申报，如实填写《契税纳税申报表》，并在契税征收机关核定的期限内缴纳税款。

（3）纳税地点

根据相关规定，契税应在土地、房屋所在地的征收机关缴纳。

（三）契税税额计算

1. 计税依据

契税的计税依据是不动产的价格。具体如下：

（1）国有土地使用权出让、土地使用权出售、房屋买卖，以成交价格为计税依据。

（2）土地使用权赠与、房屋赠与，由征收机关参照土地使用权出售、房屋买卖的市场价格核定。

（3）土地使用权交换、房屋交换，以所交换的土地使用权、房屋的价格差额为计税依据。即交换价格相等时免征契税，不等时由多交付货币、实物、无形资产的一方纳税。

（4）以划拨方式取得土地使用权，经批准转让房地产时，由房地产转让者补缴契税，计税依据为补缴的土地使用权出让费用或者土地收益。

（5）房屋附属设施征收契税的情况如下：

① 采取分期付款方式购买房屋附属设施土地使用权、房屋所有权的，应按合同规定的总价款计征契税。

② 承受的房屋附属设施权属如为单独计价的，按照当地确定的适用税率征收契税；如与房屋统一计价的，适用与房屋相同的契税税率。

2. 应纳税额的计算

契税采用幅度比例税率从价计征。其计算公式：

应纳税额=计税依据×税率

[例 8-24]某市一居民从某房地产公司购买商品住宅一套，成交价格为 1 000 000 元，双方签订了购房合同，当地契税税率为 3%，计算该居民应纳的契税。

1 000 000×3%=30 000 （元）

（四）契税会计处理

1. 会计账户的设置

企业发生承受土地使用权、房屋所有权业务时，通过"应交税费——应交契税"科目核算。借方发生额，反映企业已缴的契税；贷方发生额，反映应缴的契税；期末借方余额，反映多缴的契税，期末贷方余额，反映尚未缴纳的契税。

2. 会计账务的处理

企业取得土地使用权、房屋所有权时，按取得土地使用权、房屋所有权实际支付或应支付的价款及契税的合计，借记"无形资产"、"固定资产"、"在建工程"等科目，按实际支付的价款贷记"银行存款"，按计提的契税贷记"应交税费——应交契税"科目。实际缴纳契税时，借记"应交税费——应交契税"科目，贷记"银行存款"科目。

[例 8-25]某公司接受捐赠房屋一栋，其账面价值为 300 万元，现值为 305 万元，使用税率 4%，计算该公司应纳的契税并作出会计处理。

应纳契税=305×4%=12.2 万元，会计处理如下：

借：固定资产　　3 172 000

　　贷：应交税费——应交契税 122 000

　　　　营业外收入　　　　　　3 050 000

借：应交税费——应交契税 122 000

　　贷：银行存款　　　　　　122 000

（五）契税税务筹划

契税的税务筹划可通过以下方式进行：

1. 签订等价交换合同，享受免征契税政策

[例 8-26]大华公司有一块土地价值 3 000 万元，拟出售给南方公司，然后从南方公司购买其另外一块价值 3 000 万元的土地。假定该契税税率为 4%。双方签订土地销售与购买合同后，大华公司应缴纳契税=3 000×4%=120（万元），南方公司应缴纳契税=3 000×4%=120（万元）。

税务筹划思路：根据《中华人民共和国契税暂行条例》及其《实施细则》规定：土地使用权、房屋交换，契税的计税依据为所交换的土地使用权、房屋的价格差额，由多交付货币、实物、无形资产或其他经济利益的一方缴纳税款，交换价格相等的，免征契税。

根据上述文件对于免征契税的规定，提出税务筹划方案如下：大华公司与南方公司改变合同定立方式，签订土地使用权交换合同，约定以 3 000 万元的价格等价交换双方土地。根据契税的规定，大华公司和南方公司各自免征契税 120 万元。

2. 签订分立合同，降低契税支出

[例 8-27]雄业实业公司有一化肥生产车间拟出售给德润化工公司，该化肥生产车间有一幢生产厂房及其他生产厂房附属物，附属物主要为围墙、烟囱、水塔、变电塔、油池油柜、若干油气罐、挡土墙、蓄水池等，化肥生产车间总占地面积 3 000 平方米，整体评估价为 600 万元（其中生产厂房评估价为 160

万元，3 000 平方米土地评估价为 240 万元，其他生产厂房附属物评估价为 200 万元），德润化工公司按整体评估价 600 万元购买，应缴纳契税＝600×4%＝24（万元）。（假定该契税税率为 4%）

税务筹划思路：根据《财政部 国家税务总局关于房屋附属设施有关契税政策的批复》（财税[2004]126 号）规定：对于承受与房屋相关的附属设施（包括停车位、汽车库、自行车库、顶层阁楼以及储藏室，下同）所有权或土地使用权的行为，按照契税法律、法规的规定征收契税；对于不涉及土地使用权和房屋所有权转移变动的，不征收契税。根据上述文件对于免征契税的规定，在支付独立于房屋之外的建筑物、构筑物以及地面附着物价款时不征收契税，由此提出税务筹划方案如下：雄业实业公司与德润化工公司签订两份销售合同，第一份合同为销售生产厂房及占地 3 000 平方米土地使用权的合同，销售合同价款为 400 万元，第二份合同为销售独立于房屋之外的建筑物、构筑物以及地面附着物（主要包括围墙、烟囱、水塔、变电塔、油池油柜、若干油气罐、挡土墙、蓄水池等），销售合同价款为 200 万元。经上述筹划，德润化工公司只就第一份销售合同缴纳契税，应缴纳契税＝400×4%＝16（万元），节约契税支出 8 万元。

3. 改变投资方式，享受免征契税政策

[例 8-28]张亮有一幢商品房价值 500 万元，李群有货币资金 300 万元，两人共同投资开办新华有限责任公司，新华公司注册资本为 800 万元。新华公司接受房产投资后应缴纳契税=500×4%=20（万元）。（假定该契税税率为 4%）

税务筹划思路：根据财税[2003]184 号文件的规定：非公司制企业，按照《中华人民共和国公司法》的规定，整体改建为有限责任公司（含国有独资公司）或股份有限公司，或者有限责任公司整体改建为股份有限公司的，对改建后的公司承受原企业土地、房屋权属，免征契税。

根据上述文件对于免征契税的规定，提出税务筹划方案如下：

第一步，张亮到工商局注册登记成立张亮个人独资公司，将自有房产投入张亮个人独资公司，由于房屋产权所有人和使用人未发生变化，故无需办理房产变更手续，不需缴纳契税。

第二步，张亮对其个人独资公司进行公司制改造，改建为有限责任公司，吸收李群投资，改建为新华有限责任公司，改建后的新华有限责任公司承受张亮个人独资公司的房屋，免征契税，新华公司减少契税支出 20 万元。

【课堂测试 8-2】

1. 对个人按市场价格出租的居民住房仍用于居住的，可暂减按（   ）的税率征税。

  A. 12%   B. 8%   C. 5%   D. 4%

  2. 若一机动船舶的净吨位为 860 吨，那么其适用年单位税额为（ ）元每吨。

  A. 3   B. 4   C. 5   D. 6

  3. 契税纳税人应当自纳税义务发生之日起的（ ）内，向土地、房屋所在地的契税征收机关办理纳税申报。

  A. 60 日   B. 45 日   C. 30 日   D. 10 日

第三节　行为税类会计及筹划

  行为税是国家为实现特定的社会经济政策目的进行征收的税类，具有征税对象单一、税源分散和收入零星的特点。世界各国对该税类不同税种的征收目的不尽相同，有的是限制某些行为，有的在于开辟财源等等。本节主要研究印花税、城市维护建设税、车辆购置税的税制要素、税额计算、会计处理及其税务筹划。

一、印花税会计及筹划

（一）印花税概念及特点

  印花税是对经济活动和经济交往中书立、使用、领受的具有法律效力的凭证征收的一种税。其基本法律依据是 1988 年 8 月国务院发布的《中华人民共和国印花税暂行条例》和同年 9 月财政部制定的《中华人民共和国印花税暂行条例实施细则》。印花税的特点主要有：

  1. 征税范围广泛

  印花税的征税对象包括了经济活动和经济交往中的各种应税凭证，凡书立和领受这些凭证的单位和个人都要缴纳印花税，其征税范围是极其广泛的。

  2. 税率低、负税轻

  印花税与其他税种相比较，税率要低得多，其税负较轻，具有广集资金、积少成多的财政效应。

  3. 由纳税人自行完成纳税义务

  纳税人通过自行计算、购买并粘贴印花税票的方法完成纳税义务，并在印花税票和凭证的骑缝处自行盖戳注销或画销。

（二）印花税税制要素

1. 纳税人

在中华人民共和国境内书立、使用、领受印花税应税凭证的单位和个人为印花税的纳税人。具体指：

（1）立合同人：即合同的当事人。所谓当事人，是指对凭证有直接权利义务关系的单位和个人，不包括担保人、证人、鉴定人。

（2）立账簿人：营业账簿的纳税人是立账簿人。

（3）立据人：产权转移书据的纳税人是立据人。

（4）领受人：权利许可证照的纳税人是领受人。

（5）使用人：在国外书立或领受，在国内使用凭证的单位和个人。

（6）各类电子应税凭证的签订人也是纳税人。

对于同一凭证，如果由两方或者两方以上当事人签订并各执一份的，各方均为纳税人，应当由各方就所持凭证的金额各自贴花。

2. 征税对象

凡在中国境内书立、领受和使用的合同、书据、账簿等应税凭证，均为印花税的征税对象。

（1）经济合同：包括购销合同、加工承揽合同、建设工程勘察设计合同、建筑安装工程承包合同、财产租赁合同、货物运输合同、仓储保管合同、借款合同、财产保险合同、技术合同 10 大类合同。

（2）产权转移书据：包括财产所有权、版权、商标专用权、专利权、专有技术使用权等转移书据和土地使用权出让合同、土地使用权转让合同、商品房销售合同等权利转移合同。

（3）营业账簿：分为记载资金账簿和其他营业账簿两类。资金账簿是反映生产经营单位"实收资本"和"资本公积"金额增减变化的账簿。其他营业账簿是反映除资金资产以外的其他生产经营活动内容的账簿。

（4）权利许可证照：包括政府部门发给的房屋产权证、工商营业执照、商标注册证、专利证、土地使用证等。

3. 税目及税率

印花税的税率有两种形式，即比例税率和定额税率。对权利许可证照和营业账簿中的其他营业账簿按定额税率，按件贴花，税额为 5 元，其他税目按比例税率。

表 8-5　印花税税目、税率表

税目	范围	税率	纳税人
购销合同	供应、预购、采购、购销结合及协作、调剂、补偿、易货等	按购销金额 0.3‰贴花	立合同人
加工承揽合同	加工、定做、修缮、修理、印刷广告、测绘、测试等合同	按加工承揽收入 0.5‰贴花	立合同人
建设工程勘察设计合同	勘察、设计合同	按收取费用 0.5‰贴花	立合同人
建筑安装工程承包合同	建筑、安装工程承包合同	按承包金额 0.3‰贴花	立合同人
财产租赁合同	租赁房屋、船舶、飞机、机动车辆、机械、器具、设备合同	按租赁金额 1‰贴花；税额不足 1 元的按 1 元贴花	立合同人
货物运输合同	民用航空、铁路、海上、内河、公路运输和联运合同	按收取费用 0.5‰贴花	立合同人
仓储保管合同	仓储、保管合同	按仓储收取的保管费用 1‰贴花	立合同人
借款合同	银行及其他金融组织和借款人（不包括银行同业拆借）所签订的借款合同	按借款金额 0.05‰贴花	立合同人
财产保险合同	财产、责任、保证、信用合同	按保险费收入 1‰贴花	立合同人
技术合同	技术开发、转让、咨询、服务等合同	按所载金额 0.3‰贴花	立合同人
产权转移书据	财产所有权和版权、商标专用权、专利权、专有技术使用权、土地使用权出让合同、土地使用权转让合同、商品房销售合同等	按所载金额 0.5‰贴花	立据人
营业账簿	生产、经营用账册	记载资金的账簿，按实收资本和资本公积的合计金额 0.5‰贴花；其他账簿按件贴花 5 元	立账簿人
权利、许可证照	政府部门发给的房屋产权证、工商营业执照、商标注册证、专利证、土地使用证	按件贴花 5 元	领受人

4. 税收优惠

根据规定，下列项目享受免税优惠：

（1）已缴纳印花税的凭证的副本或者抄本。

（2）财产所有人将财产赠给政府、社会福利单位、学校所立的书据。

（3）国家指定的收购部门与村民委员会、农民个人书立的农副产品收购合同。

（4）无息、贴息贷款合同。

（5）外国政府或国际金融组织向我国政府及国家金融机构提供优惠贷款所书立的合同。

（6）房地产管理部门与个人签订用于生活居住的租赁合同。

（7）农牧业保险合同。

（8）特殊货运凭证。

篇中案例 8-3

展期借款合同可暂不缴纳印花税

某公司向银行借了一笔长期借款，到期应还本付息时，由于现金流量不足，经与银行协商，公司与银行签了一份展期借款合同。并就该借款合同是否应缴纳印花税事宜向主管税务机关咨询。根据税法规定，对办理借款展期业务使用展期借款合同或其他凭证，仅载明延期还款事项的，可暂不贴花。因此，该公司与银行签订展期合同，如果只载明还款事项，就不需要缴纳印花税，否则应缴纳印花税。

---

5. 申报与缴纳

（1）纳税义务发生时间

印花税应在书立或领受时贴花。具体指在合同签订时、账簿启用时和证照领受时贴花。

（2）纳税地点

一般实行就地纳税。对全国性商品物资订货会、展销会上签订合同应纳的印花税，由纳税人回其所在地后及时办理贴花完税手续；对地方主办不涉及省际关系的订货会、展销会上签订合同的印花税，由地方自行确定纳税地点。

（3）纳税申报

纳税人应按照相关规定，及时办理纳税申报，并如实填写《印花税纳税申报表》。

（4）纳税方法

① 自行贴花方法

印花税通常由纳税人根据规定自行计算应纳税额，购买并一次贴足印花税票，完纳税款。

② 汇贴或汇缴方法

这种方法一般适用于应纳税额较大或者贴花次数频繁的纳税人。

③ 委托代征方法

这一方法主要是通过税务机关的委托，经由发放或办理应纳税凭证的单位代为征收印花税。

（三）印花税税额计算

1. 计税依据

印花税的计税依据是应税凭证所载金额或应税凭证件数。即从价计征的，按应税凭证所载金额为计税依据；从量计征的，按应税凭证件数为计税依据。

2. 应纳税额的计算

（1）按比例税率计算的

应纳税额＝计税金额×适用税率

（2）按定额税率计算的

应纳税额＝凭证数量×单位税额

[例 8-29] 某企业 2013 年 2 月开业，领受房产权证、工商营业执照、土地使用证各一份，与其他企业订立转移专用技术使用权书据一份，所载金额 80 万元；订立产品购销合同两件，所载金额共 150 万元；订立借款合同一份，所载金额 40 万元。此外，企业的营业账簿中，"实收资本"载有资金 600 万元，其他营业账簿 20 本。2013 年 12 月该企业"实收资本"所载资金增加为 800 万元。计算该企业 2013 年 2 月份应纳的印花税和 12 月应补缴的印花税。

企业领受权利许可证照应纳税额＝3×5＝15（元）

企业订立产权转移书据应纳税额＝800 000×0.5‰＝400（元）

企业订立购销合同应纳税额＝1 500 000×0.3‰＝450（元）

企业订立借款合同应纳税额＝400 000×0.05‰＝20（元）

企业营业账簿中"实收资本"所载资金应纳税额＝6 000 000×0.5‰＝3 000（元）

企业其他营业账簿应纳税额＝20×5＝100（元）

2 月份应纳印花税＝15＋400＋450＋20＋3 000＋100＝3 985（元）

12 月资金账簿应补印花税＝（8 000 000－6 000 000）×0.5‰＝1 000（元）

（四）印花税会计处理

1. 会计账户的设置

企业核算印花税时，不需要通过"应交税费"科目进行核算，而应通过"管理费用"科目进行核算。

2. 会计账务的处理

企业核算缴纳印花税时，借记"管理费用"，贷记"银行存款"；若一次购买印花税票或缴纳印花税税额较大时，可通过"待摊费用"科目，实际购买印花税票时，借记"待摊费用"，贷记"银行存款"，每次摊销时，借记"管理费用"，贷记"待摊费用"科目。

[例 8-30]某企业 2012 年 1 月开业，领受工商营业执照、土地使用证各一份，签订借款合同一份，计 500 000 元，签订产品销售合同两份，共计 100 000 元。该企业有营业账册六本，其中一本记载"实收资本"1 200 000 元。计算该企业1 月份应纳的印花税，并做相应的会计处理。

（1）应纳的印花税=2×5+500 000×0.05‰+100 000×0.3‰+（6-1）×5+

$$1\ 200\ 000×0.5‰=690\ 元$$

（2）会计处理：

借：管理费用　　　　690

　　贷：银行存款　　　　　　690

（五）印花税税务筹划

印花税税务筹划可通过如下方式进行：

1. 通过清楚划分应税项目进行税务筹划

根据印花税实施细则第十七条规定[（1988）财税字第 255 号]，同一凭证，载有两个或两个以上经济事项而适用不同税目税率分别记载金额的，按各自的税率分别计算印花税，未分别记载金额的，按税率高的计税。这个规定要求企业在签订合同时应尽量分别记载不同税率的经济事项，以免蒙受不必要的损失。

[例 8-31]2012 年 6 月三泰公司因与省外一家公司发生业务，需送一批产品到广东，有与铁道部门签订运输合同，合同中所载运输费及保管费共计 350 万元。由于该合同中涉及货物运输合同和仓储保管合同两个印花税税目，而且两者税率不相同，前者为 0.5‰，后者为 1‰。根据上述规定，未分别记载金额的，按税率高的计税贴花，即按 1‰税率计算应贴印花，其应纳税额为：350×1‰=0.35（万元）。

筹划思路：假定这份运输保管合同包含货物运输费 300 万元，仓储保管费50 万元，如果纳税人能在合同上详细地注明各项费用及具体数额，按照上述第17 条规定，便可以分别适用税率，其印花税应纳税额：300×0.5‰+50×1‰=0.2（万元）。

2. 通过减少交易金额进行税务筹划

[例 8-32]企业 A 有一项加工产品配件的业务需要由企业 B 承担，于是双方签订一份加工承揽合同，合同金额为 400 万元，其中包括由受托方 B 企业提供的辅助材料费用 200 万元。就此双方各自应对其签订的合同按照加工承揽合同缴纳印花税：400×0.5‰=0.2（万元）。两家企业希望能有办法减少该项业务的印花税支出。

分析：由于加工承揽合同的计税依据是加工承揽收入，而且这里的加工承揽收入是指合同中规定的受托方的加工费收入和提供的辅助材料金额之和。因此，如果双方当事人能想办法将辅助材料金额压缩，问题便解决了。具体的做法就是由委托方自己提供辅助材料。如果委托方自己无法提供或是无法完全自己提供，也可以由受托方提供，这时的筹划就要分两步进行。第一步，双方签订一份购销合同，由于购销合同的适用税率为 0.3‰，比加工承揽合同适用税率0.5‰要低，因此只要双方将辅助材料先行转移所有权，加工承揽合同和购销合同要缴纳的印花税之和便会下降。第二步，双方签订加工承揽合同，其合同金额仅包括加工承揽收入，而不包括辅助材料金额。按照这种思路，该项业务可以如下操作：

第一步，企业 B 将辅助材料卖给企业 A，双方就此签订购销合同，就此各自缴纳印花税：200×0.3‰=0.06（万元）

第二步，双方企业再签订加工合同，合同金额 200 万元。这时各自应缴纳的印花税为：200×0.5‰=0.1（万元），共缴纳 0.06+0.1=0.16（万元）

可见，通过这种筹划，双方各自能节省印花税支出 0.04 万元。

二、城市维护建设税会计及筹划

（一）城市维护建设税概念及特点

城市维护建设税（简称城建税）是国家对缴纳增值税、消费税、营业税的单位和个人，就其实际缴纳的"三税"税额为计税依据而征收的一种税。其基本法律依据是 1985 年 2 月国务院发布的《中华人民共和国城市维护建设税暂行条例》。城建税具有以下特点：

1. 征税范围较广。因为以"三税"税额为税基，征税范围比其他任何各种的征税范围要广。

2. 属于一种附加税，附加于三个主要的流转税（增值税、消费税、营业税），它本身没有特定的、独立的纳税人、征税对象。随"三税"同征同减免。

3. 属于一种特定目的的税费，所筹集资金专项用于城市的公用事业、公共设施的维护建设。

4. 根据城镇规模设计税率。它不是根据纳税人的利润水平、经营特点来设计，而是根据纳税人所在城镇的规模及资金需要设计的。城镇规模大的，税率高一些；反之，就低一些。

5. 属于地方税，所筹集收入归地方管理和使用。

（二）城市维护建设税税制要素

1. 纳税人

城建税纳税人，为缴纳增值税、消费税、营业税的各种单位和个人。

2. 征税对象

城市维护建设税的征税对象即为增值税、消费税、营业税的征税对象，它本身没有特定的征税对象。

3. 税率

适用税率按照纳税人所在地的不同，设置了三档地区差别比例税率，即：

（1）纳税人所在地为市区的，税率为7%；

（2）纳税人所在地为县城、建制镇的，税率为5%；

（3）纳税人所在地不在市区、县城或者建制镇的，税率为1%。

4. 税收优惠

（1）城建税按减免后实际缴纳的"三税"税额计征，即随"三税"的减免而减免。

（2）对于因减免税而需进行"三税"退库的，城建税也可同时退库。

（3）对"三税"实行先征后返、先征后退、即征即退办法的，除另有规定外，对随"三税"附征的城市维护建设税，一律不予退（返）还。

（4）海关对进口产品代征的增值税、消费税，不征收城建税。对出口产品退还"三税"的，不退还已纳的城建税。（即：进口不征，出口不退）。

（5）经国务院批准，为支持国家重大水利工程建设，对国家重大水利工程建设基金免征城市维护建设税。

5. 申报与缴纳

（1）纳税义务发生时间

一般认为，城建税的纳税义务发生时间与"三税"的纳税义务发生时间一致。

（2）纳税期限

城建税纳税期限分别与"三税"的纳税期限一致。城建税的具体纳税期限，由主管税务机关根据纳税人应纳税额的大小分别核定。不能按照固定期限按期纳税的，可以按次纳税。

（3）纳税地点

一般认为纳税人缴纳"三税"的地点，就是该纳税人缴纳城建税的地点。但是也有如下特殊情况：

① 代征代扣三税的，代征代扣城市维护建设税按照代征代扣方所在地适用税率，在代征代扣所在地缴纳城市维护建设税。

② 对流动经营等无固定纳税地点的单位和个人，应随同"三税"在经营地按适用税率缴纳。

（4）纳税申报

纳税人应按相关规定，及时办理纳税申报，并如实填写 《城市维护建设税纳税申报表》。

（三）城市维护建设税税额计算

城建税纳税人的应纳税额大小是由纳税人实际缴纳的"三税"税额决定的，违反规定而加收的滞纳金和罚款，不作为城建税的计税依据，但纳税人在被查补"三税"和被处以罚款时，应同时对其偷漏的城建税进行补税、征收滞纳金和罚款。其计算公式如下：

应纳税额＝纳税人实际缴纳的增值税、消费税、营业税税额×适用税率

[例 8-33]某市区一家企业 5 月份实际缴纳增值税 20 万元，缴纳消费税 30 万元，缴纳营业税 10 万元。计算该企业应缴纳的城建税。

（20+30+10）×7%=4.2（万元）

（四）城市维护建设税会计处理

1. 会计账户的设置

企业应该设置"应交税费——应交城市维护建设税"，该账户的贷方反映企业按税法规定计算出的应当缴纳的城建税，借方反映企业实际向税务机关缴纳的城建税，余额在贷方反映企业应缴而未缴的城建税。

2. 会计账务的处理

按企业会计准则规定，企业按规定计算应该缴纳的城建税，借记"营业税金及附加"，贷记"应交税费——应交城市维护建设税"科目；实际缴纳时，借记"应交税费——应交城市维护建设税"，贷记"银行存款"科目。

[例 8-34]某汽车厂所在地为省会城市，当月实际已纳的增值税 550 万元，消费税 800 万元，营业税 50 万元。请作该企业有关城建税的会计处理。

城建税=（550+800+50）×7%=98（万元）

计提时：

借：营业税金及附加　　　980 000
　　　贷：应交税费——应交城市维护建设税　　980 000
实际缴纳时：
借：应交税费——应交城市维护建设税　　980 000
　　　贷：银行存款　　　　　　　　　　980 000

（五）城市维护建设税税务筹划

城市维护建设税的税务筹划可通过以下方式进行：

1. 城建税税率的筹划

受托方代征代扣三税的，代征代扣城市维护建设税按照代征代扣方所在地适用税率计算。纳税人委托加工时，可以选择适用较低城建税税率的非市区、县、镇等的受托单位。

2. 利用货物进口进行筹划

海关对进口产品代征的增值税、消费税，不征收城建税。纳税人在购买货物时，可以权衡各项成本，考虑通过进口方式取得货物。

[例 8-35]美华公司 2013 年拟委托加工一批化妆品，受托加工单位位于某市区，其代扣代缴消费税 200 万元，同时代征代缴城建税 14 万元（200×7%）。

筹划思路：美华公司若委托某县城的加工企业加工化妆品，则只需缴纳城建税 200×5%=10 万元；若委托某村级企业加工，则只需缴纳城建税 200×1%=2 万元。

（六）教育费附加的有关规定及核算

1. 教育费附加的有关规定

教育费附加是对缴纳增值税、消费税、营业税的单位和个人，就其实际缴纳的税额为计税依据征收的一种附加费。征收比率为 3%，但对生产卷烟和烟叶的单位减半征收。其计算公式：

应纳税额＝纳税人实际缴纳的增值税、消费税、营业税税额×适用税率

2. 教育费附加的核算

企业应该设置"应交税费——应交教育费附加"，该账户的贷方反映企业按税法规定计算出的应当缴纳的教育费附加，借方反映企业实际向税务机关缴纳的教育费附加，余额在贷方反映企业应交而未交的教育费附加。按企业会计准则规定，企业按规定计算应该缴纳的教育费附加，借记"营业税金及附加"，贷记"应交税费——应交教育费附加"科目；实际缴纳时，借记"应交税费——应交教育费附加"，贷记"银行存款"科目。

三、车辆购置税会计及筹划

（一）车辆购置税概念及特点

车辆购置税是以在中国境内购置规定的车辆为课税对象、在特定的环节向车辆购置者征收的一种税。就其性质而言属于直接税的范畴。其基本法律依据是 2000 年 10 月国务院发布的《中华人民共和国车辆购置税暂行条例》。其特点如下：

1. 征收范围单一，征税对象是特定车辆。

2. 征收环节单一，在消费领域中的特定环节一次征收。

3. 征税具有特定目的，其征税具有专门用途。

4. 价外征收，不转嫁税负。

（二）车辆购置税税制要素

1. 纳税人

车辆购置税的纳税人是指在我国境内购置应税车辆的单位和个人。具体应税行为如下：

（1）购买使用行为（包括购买自用的国产应税车辆和购买自用的进口应税车辆）。

（2）进口使用行为。

（3）受赠使用行为。

（4）自产自用行为。

（5）获奖使用行为。

（6）拍卖、抵债、走私、罚没等方式取得并使用的行为。

2. 征税对象

车辆购置税以列举的车辆为征税对象，未列举的车辆不征税。其征税对象包括汽车、摩托车、电车、挂车、农用运输车。

3. 税率

车辆购置税实行统一比例税率，即均按 10%征收。

4. 税收优惠

根据规定，车辆购置税实行减免税的具体情况如下：

（1）外国驻华使馆、领事馆和国际组织驻华机构及其外交人员自用车辆免税；

（2）中国人民解放军和中国人民警察部队列入军队武器装备订货计划的车辆免税；

（3）设有固定装置的非运输车辆免税；

（4）防汛部门和森林消防部门用于指挥、检查、调度、报汛（警）、联络的设有固定装置的指定型号的车辆予以免税或减税；

（5）回国服务的留学人员用现汇购买的 1 辆自用国产小汽车予以免税或减税；

（6）长期来华定居专家的 1 辆自用小汽车予以免税或减税。

5. 申报与缴纳

（1）纳税义务发生时间

纳税人购买自用应税车辆的，以购买之日为纳税义务发生时间；进口自用应税车辆的，以进口报关之日为纳税义务发生时间；自产、受赠、获奖或者以其他方式取得并自用应税车辆的，以取得之日为纳税义务发生时间。

（2）纳税期限

纳税人购买自用的应税车辆，自购买之日起 60 日内申报纳税；进口自用的应税车辆，应当自进口之日起 60 日内申报纳税；自产、受赠、获奖和以其他方式取得并自用应税车辆的，应当自取得之日起 60 日内申报纳税。

（3）纳税地点

纳税人购置应税车辆，应当向车辆登记注册地的主管税务机关申报纳税；购置不需办理车辆登记注册手续的应税车辆，应当向纳税人所在地主管税务机关申报纳税。车辆登记注册地是指车辆的上牌落籍地或落户地。

（4）纳税申报

车辆购置税实行一车一申报制度，申报资料包括车主身份证明、车辆价格证明、车辆合格证明。纳税人办理纳税申报时，填写《车辆购置税纳税申报表》。经税务机关实地验车审批后，核发"车辆购置税完税证明"，并在完税证明相应栏中加盖征税专用章。

（5）退税

纳税人已经缴纳车辆购置税的车辆，发生下列情形之一的，可申请退税：

① 公安机关车辆管理机构不予办理车辆登记注册手续的，凭公安机关车辆管理机构出具的证明办理退税手续。

② 因质量等原因发生退回所购车辆的，凭经销商的退货证明办理退税手续。

（三）车辆购置税税额计算

1. 计税依据

（1）纳税人购买自用应税车辆，以支付给销售者的全部价款和价外费用（不包括增值税税款）为计税依据。

（2）纳税人进口自用应税车辆以组成计税价格为计税依据。

组成计税价格＝关税完税价格＋关税＋消费税

或＝（关税完税价格＋关税）÷（1-消费税税率）

（3）纳税人自产、受赠、获奖和以其他方式取得并自用的应税车辆的计税依据，凡不能或不能准确提供车辆价格的，由主管税务机关参照国家税务总局规定的相同类型应税车辆的最低计税价格核定。最低计税价格由国家税务总局依据全国市场的平均销售价格制定。以下几种特殊情形应税车辆的最低计税价格规定如下：

① 对已缴纳并办理了登记注册手续的车辆，其底盘和发动机同时发生更换的，最低计税价格按同类型新车最低计税价格的70%计算。

② 减免条件消失的车辆，最低计税价格＝同类型新车最低计税价格×[1-（已使用年限÷规定使用年限）×100%]，规定使用年限为国产车辆10年，进口车辆15年。超过使用年限的车辆，不再征收车辆购置税。

③ 非贸易渠道进口车辆的最低计税价格，为同类型新车最低计税价格。

2. 应纳税额的计算

车辆购置税按照应税车辆的计税价格，实行从价定率计算应纳税额。

车辆购置税应纳税额的计算公式：应纳税额＝应税车辆计税价格×税率

[例 8-36]某部队在更新武器装备过程中，将一辆雷达车进行更换，并将其改制为后勤用车。该车使用年限为10年，已使用4年，属列入军队武器装备计划的免税车辆，经核定的最低计税价格为56 000元。计算车辆购置税额。

应纳税额＝同类型新车最低计税价格×［1-（已使用年限÷规定使用年限×100%）］×税率=56 000×［1-（4÷10×100%）］×10%=3 360（元）

（四）车辆购置税会计处理

1. 会计账户的设置

企业购置应税车辆缴纳车辆购置税时，不需通过"应交税费"科目核算，而应通过"固定资产"科目核算。

2. 会计账务的处理

企业购置应税车辆，按规定应缴纳的车辆购置税，借记"固定资产"等科目，贷记"银行存款"科目。企业购置的减税、免税车辆改制后用途发生变化的，按规定应补缴的车辆购置税，借记"固定资产"科目，贷记"银行存款"科目。

[例 8-37]承例题 8-36，免税车辆改制后用途发生变化，按规定应补缴车辆

购置税。

借：固定资产　　　3 360

　　贷：银行存款　　　　3 360

（五）车辆购置税税务筹划

根据上述对优惠政策的介绍，企业可由此进行税务筹划。

【课堂测试 8-3】

1.下列哪项不是印花税的适用税率（　　　）。

　　A. 0.05‰　　　　　B. 0.3‰　　　　　　C. 0.5‰　　　　　　D. 0.1‰

2.教育费附加的征收比率统一为（　　　）。

　　A. 5%　　　　　　B. 7%　　　　　　　C. 3%　　　　　　　D. 1%

3.车辆购置税的征收比率统一为（　　　）。

　　A. 5%　　　　　　B. 7%　　　　　　　C. 3%　　　　　　　D. 10%

本章小结

　　本章主要介绍了属于资源税、财产税和行为税税类的十个小税种。总体上看，我国现行资源税类是狭义的资源税，即仅对有限的资源征收，而森林、草原、海洋、河流等众多自然资源尚未纳入资源类税的征收范围。财产税是指对财产所有人按其财产价值或数量征税的统称，其实质是对涉及财产相关权利的征税，有别于对货物等征税的其他税种，以体现能力纳税和公平负担的原则，一般作为主体税的补充，成为国家财政收入的组成部分。行为税是国家为实现特定的社会经济政策目的进行征收的税类，具有征税对象单一、税源分散和收入零星的特点。我国现行的资源税可分为资源税、土地增值税、城镇土地使用税和耕地占用税。我国现行的财产税包括房产税、车船税、契税等。我国现行行为税有印花税、城市维护建设税、车辆购置税等。本章重点掌握各税种的税制要素、计税依据、计算方法、相关的会计处理，并熟悉了解各税种的税务筹划。

篇后案例

房产税、资源税等税种的改革

　　随着 2013 年 11 月中共十八届三中全会的召开，有关十大政策的改革牵动着全国人民的心。其中关于房地产税及其他税种的改革更是引起了社会各界的极大关注。有关房地产税制，提出了"加快房地产税立法，并适时推进改革"的要求；而对于日益引起关注的环境问题，提出了"加快资源税改革，推动环境保护费改税"的要求。

首先，对于房地产税税制改革尽管只有短短 15 字，但在包括增值税、消费税、个人所得税、房产税、资源税和环境税等在内的一揽子税制改革方案中，却是最引人关注的。这不但是因为房产税与民生息息相关，人们对房产税在房地产调控中的作用寄予厚望，而且从房产税转向房地产税、房产税先立法后推进意味深远，说明我国未来房地产税改思路正在发生三方面重要变化。第一，从控制需求转向保障供给。三中全会报告以及习总书记在政治局学习讲话提出了与以往不同的房地产改革思路，即由控制需求转向扩大供给，寄希望通过增加土地供给，建立为中低收入者提供保障房和为中高收入者提供商品房的多元住房体系，保障房地产供给来平抑房地产供求。然而，由需求管理转向供给管理不可能一蹴而就，需要有一个过渡缓冲期。在过渡期内还是要采取包括限购、限贷、增税的需求管理，以及扩大土地供给，降低开发成本，减轻开发税收的供给管理，即税收结构性调整的二元管理方式。第二，用房产税替代土地增值税。三中全会提出的加快房地产税立法，与现行房产税比较虽然只有一字之差，但含义却大相径庭，性质完全不同。如果说房产税改革仅仅指房产税这一税种改革，而房地产税改革则是指包括房产税在内的整个房地产税制改革。既包括开发环节税改，也包括转让环节税改，还包括持有环节税改。由于未来税制改革的基本原则是不增加新税，如果要增税必须先减税，因此未来适应供给管理的主要改革思路是降低开发、转让环节税收，提高持有环节税收。具体来讲就是提高持有环节房产税，降低开发转让环节土地增值税。第三，由先行先试转为先行立法。在我国，虽然房产税改革已为大多数人所认可和接受，房产税试点扩围也已不可逆转，但由于缺少统一规范的法律制度，使改革困难重重。上海、重庆试点已近 2 年，还未有其他城市跟进。这次三中全会明确提出落实税收法定原则，并要求加快房产税立法，从而使房产税立法有理由成为落实税收法定原则的突破口，并使房产税改革路径由先行先试转为先税收立法、再扩围改革。然而，立法同样面临艰难的制度抉择。

其次，对于现今日益引起关注的环境问题，财政部部长楼继伟在 2014 年中国发展高层论坛年会上表示：环境税前提是严格执法与测度，中国政府有改革资源税的计划也有开征环境税和污染税的考虑，日后会加大对排污的处罚，可能会先增加对二氧化硫和氮氧化物排污的处罚。亚洲开发银行行长中尾武彦表示：中国除了推进资源税的改革外还应扩大消费税的征收范围，将石化产品等影响环境的产品纳入征收范围，这将为未来对温室气体排放征税建立基础。

此外，根据财政部和国家税务总局 2014 年 1 月 20 日联合发布的最新通知，"企业范围内未经利用的荒山、林地、湖泊可暂免征收土地使用税"这一优惠政策于 2014 年 1 月 1 日起废止。自 2014 年 1 月 1 日至 2015 年 12 月 31 日，对已按规定免征城镇土地使用税的企业范围内荒山、林地、湖泊等占地，按应纳税额减半征收城镇土地使用税；自 2016 年 1 月 1 日起，全额征收城镇土地使用税。

核心概念

资源税（resources tax）

土地增值税（land appreciation tax）

城镇土地使用税（urban land use tax）

耕地占用税（cultivated land usage tax）

房产税（house duty）

车船税（vehicle and vessel tax）

契税（deed tax）

印花税（stamp tax）

城市维护建设税（urban maintenance and construction tax）

车辆购置税（vehicle purchase tax）

思考题

1. 简述资源税的应纳税额计算及其会计处理。

2. 如何计征与核算土地增值税和城镇土地使用税？

3. 简述耕地占用税的会计处理。

4. 如何理解房产税和契税的现实意义？

5. 如何加强房产税和车船税的征收管理？

6. 简述契税有哪些税务筹划方法。

7. 如何计算缴纳印花税、车辆购置税、城建税？

8. 简述印花税、车辆购置税、城建税的核算原理。

练习题

（一）单项选择题

1. 纳税人开采或者生产应税产品自用的，以（　　）为课税数量计征资源税。

　　A. 自用数量　　　B. 销售数量　　　C. 开采数量　　　D. 消费数量

2. 土地增值税采用四级超率累进税率，下列哪项不属于其适用税率（　　）。

　　A. 40%　　　　　B. 50%　　　　　C. 60%　　　　　D. 70%

3. 耕地占用税的纳税期限为（　　）。

　　A. 60 日　　　　B. 45 日　　　　C. 30 日　　　　D. 半年

4. 下列房产税的纳税人是（　　）。

　　A. 房屋的出典人

　　B. 拥有农村房产的农村农民

　　C. 允许他人无租使用房产的房管部门

　　D. 产权不明的房屋使用人

5. 下列情况应纳车船税的有（　　）。

　　A. 用于农业生产的拖拉机　　　　B. 押送犯人的警用车辆

　　C. 企业接送职工上下班的班车　　D. 人力三轮车

6. A、B 两人因需要互换房地产权，经评估部门确认，A 的房地产价值为 400 万元，B 的房地产价值为 500 万元，该地方契税适用率为 3%，则应纳契税（　　）万元。

　　A. 4.2　　　　　B. 3.6　　　　　C. 3　　　　　　D. 10.4

7. 某人与某租赁公司签订机动车租赁合同，租用小轿车一辆，租期一周，租金 800 元，该合同各方应按（　　）元贴花。

　　A. 0.8　　　　　B. 1　　　　　　C. 1.6　　　　　D. 5

8. 下列项目中，不作为城建税计税依据的是（　　）。

　　A. 纳税人被认定为偷税少缴的增值税款

　　B. 纳税人被认定为抗税少缴的消费税款

　　C. 纳税人欠缴的营业税

　　D. 对欠缴增值税加收的滞纳金

9. 车辆购置税的纳税义务人不包括（　　）。

　　A. 购买者　　　　B. 获奖者　　　　C. 馈赠人　　　　D. 受赠人

10. 车辆购置税的纳税期限为（　　　）。

    A. 60 日　　　　　B. 45 日　　　　　C. 30 日　　　　　D. 半年

（二）多项选择题

1. 下列货物中，应征资源税的有（　　　）。

    A. 井矿盐　　　　B. 煤炭制品　　　　C. 进口铁矿石　　　D. 自产铁矿石

2. 下列各项中，不属于土地增值税征税范围的有（　　　）。

    A. 房地产企业建成后用于出租的房地产

    B. 以房地产抵押贷款而房地产尚在抵押期间的

    C. 国有企业清产核资时房地产的评估增值

    D. 以出地、出资双方合作建房，建成后又转让给其中一方的

3. 房地产开发企业在计算土地增值税时，允许从收入中直接扣减的税金有（　　　）。

    A. 营业税　　　　B. 印花税　　　　C. 契税　　　　　D. 城建税

4. 下列属于城镇土地使用税的纳税人的有（　　　）。

    A. 拥有土地使用权的外资企业

    B. 用自有房产经营小卖部的个体工商户

    C. 拥有农村承包责任田的农民

    D. 拥有国拨土地自身经营的国有商业企业

5. 下列税收优惠规定中税法条例明确规定城镇土地使用税减免的优惠政策有（　　　）。

    A. 广场、绿化等用地

    B. 市政街道公共用地

    C. 纳税单位无偿使用免税单位的土地

    D. 个人所有的居住房屋和院落用地

6. 下列情况中应征房产税的有（　　　）。

    A. 高等院校教学用房　　　　　　　B. 中小学出租房屋

    C. 军队办的对外营业的招待所　　　D. 区政府办公用房

7. 契税的征税对象具体包括（　　　）。

    A. 土地使用权的转让　　　　　　　B. 房屋买卖

    C. 房屋交换　　　　　　　　　　　D. 国有土地使用权的出让

8. 下列各项中，应征收印花税的是（　　　）。

    A. 分包或转包合同　　　　　　　　B. 会计咨询合同

    C. 财政贴息贷款合同　　　　　　　D. 未列明金额的购销合同

9. 某纳税人按税法规定，增值税先征后返。其城建税的处理办法是（　　　）。

　　A. 缴纳增值税同时缴纳城建税

　　B. 返增值税同时返城建税

　　C. 缴纳增值税时，按比例返还已缴城建税

　　D. 返还增值税时不返还城建税

10. 某县城一家食品加工企业，为增值税小规模纳税人，2013 年 8 月购进货物取得普通发票的销售额合计 50 000 元，销售货物开具普通发票销售额合计 70 000 元，出租设备取得收入 10 000 元。本月应纳城建税和教育费附加分别为（　　　）。

　　A. 城建税 223.46 元　　　　　　　　B. 城建税 223.11 元

　　C. 教育费附加 95.77 元　　　　　　D. 教育费附加 133.87 元

（三）判断题

1. 目前我国征收资源税的范围包括水资源。（　　　）

2. 土地增值税采用四级超率累进税率，最低税率为 20%，最高税率为 60%。（　　　）

3. 城镇土地使用税的征收对象是城市、县城、建制镇、工矿区范围内的国家所有的土地。（　　　）

4. 某飞机场占用耕地建设员工宿舍，则该占地需减按每平方米 2 元的税额征收耕地占用税。（　　　）

5. 纳税单位无租使用免税单位的房产不缴纳房产税。（　　　）

6. 在对家用小轿车征收车船税时，应按其发动机排气量大小核定征收。（　　　）

7. 承受与房屋相关的车库所有权的，应征收契税。（　　　）

8. 营业账簿中记载资金的账簿应按件贴花，每件 5 元。（　　　）

9. 某企业分别与他人签订了经营租赁合同和融资租赁合同各一项，该人按照两项租赁合同金额的 1‰ 缴纳印花税。（　　　）

10. 车辆购置税实行统一比例税率，即均按 7% 征收。（　　　）

（四）计算题

1. 某铜矿石 2013 年 12 月销售铜矿石原矿 2 万吨，移送入选精矿 5 千吨，选矿比为 20%，该矿山铜矿石适用 1.5 元/吨单位税额。该矿山应纳的资源税是多少？

2. 某房地产开发公司 2012 年 10 月签订转让某楼房合同，取得收入 5 000 万元，公司按规定缴纳了有关税金；为取得土地使用权而支付的地价款和有关

费用 510 万元，投入房地产开发成本 1 550 万元；房地产开发费用中的利息支出 120 万元（能按房地产项目分摊并提供金融机构证明），比按某商业银行同类同期贷款利率计算的利息多支出 20 万元。公司所在地政府规定的其他房地产开发费用的计算扣除比例为 5%，营业税税率 5%，城建税税率 7%，教育费附加税率 3%，印花税税率 0.5‰。计算该公司应纳的土地增值税。

3. 某市一购物中心实行统一核算。该企业土地使用证上载明实际占用土地情况为：中心店占地面积为 8 000 平方米，一分店占地 3 000 平方米，二分店占地 5 000 平方米，仓库占地 6 000 平方米，自办托儿所占地 200 平方米。经税务机关确认，该企业所占用土地分别适用市政府确定的以下税额：中心店位于一等土地地段，每平方米年税额 14 元；一、二分店位于三等土地地段，每平方米年税额 5 元；仓库位于五等土地地段，每平方米年税额 3 元。计算该中心应纳的土地使用税。

4. 某公司拥有运货卡车 10 辆，每辆整备质量 4 吨；轿车 3 辆，每辆整备质量 1.3 吨；客车 5 辆，每辆整备质量 7 吨。机动船 4 艘，每艘净吨位 500 吨；拖船 2 条，每条净吨位 10 吨；观光非机动船 10 条，每条净吨位 0.1 吨。卡车年税额 100 元/吨，轿车年税额 360 元/辆，客车年税额 500 元/辆。计算该公司应纳的车船税。

5. 德普公司 2013 年 3 月出售一处位于郊区的仓库，取得收入 150 万元；10 月购入一处位于市区繁华地段的门市房，买卖双方成交价格为 800 万元；12 月与另一单位互换经营用房产，德普公司的房产价格为 500 万元，另一单位房产价格为 600 万元，故需补差价。当地契税税率为 3%，计算该公司应纳的契税。

6. 玉华贸易公司于 2014 年 3 月 21 日开业，领受工商营业执照、房产证、商标注册证各一件；注册资本 480 万元，实收资本 300 万元，除记载资金的账簿外，还建有 7 本营业账簿；开业当月签订财产保险合同一份，投保金额 123 万元，收取保险费 2.5 万元；向银行借款签订合同一份，借款金额 50 万元（利率 8%）；签订购销合同两份：一份为外销合同所载金额 185 万元，另一份为内销合同所载金额 150 万元。计算该公司本月应纳的印花税。

（五）核算题

1. 某煤矿 2012 年 8 月对外销售煤炭 5 600 吨，生产自用煤炭 2 500 吨。经核定，煤炭适用单位税额每吨 3 元。列示出有关资源税的会计处理。

2. 某房地产公司 2013 年 2 月有偿转让一栋写字楼取得收入 3 400 万元，开发房地产可扣除的实际成本费用及加计扣除共计 1 800 万元，缴纳营业税金及附加 204 万元。列示有关土地增值税的会计处理。

3. 天津市某公司占有土地面积 30 000 平方米，经税务机关核定该土地为应税土地，每平方米应纳税额为 5 元，列出有关城镇土地使用税的会计处理。

4. 某航空公司征用耕地 2 000 万平方米建造机场，其中飞机跑道、停机场设施用地 1 900 万平方米，修建职工公寓楼用地 3 万平方米，修建健身俱乐部用地 80 万平方米，修建餐饮服务部用地 17 万平方米。当地适用耕地占用税税率每平方米 10 元。列示有关耕地占用税的会计处理。

5. 大冶公司 2013 年底拥有经营性房产 45 000 平方米，房产原值 2 500 万元，其中用于对外出租的房屋 7 000 平方米，房产原值为 380 万元，每月收取租金 100 万元。税务机关核定的房产原值扣除比例为 30%。列示该公司 2013 年有关房产税的会计处理。

6. 以上计算题中的第 4 题为例，当地政府规定车船税按季缴纳。列示会计处理。

7. 甲公司购进一栋房产，支付金额 600 万元，已办完各种相关手续。契税税率为 5%，列示有关契税的会计处理。

8. 甲公司 2013 年 7 月一次购买印花税票 2 000 元，其中 200 元用于当月签订的购销合同，另有 100 元贴于本企业营业账簿。列示会计处理。

9. 某市区一企业 2013 年 3 月缴纳增值税 24.5 万元、消费税 8.3 万元、营业税 10 万元。列出有关城建税和教育费附加的会计处理。

10. 某企业为增值税一般纳税人，2012 年 4 月进口轿车一辆，海关到岸价格为 40 000 美元，当日美元兑换人民币汇率为 1:6.5，进口关税税率为 40%，消费税税率为 8%。列示有关车辆购置税的会计处理。

（六）筹划题

1. 甲有一幢商品房价值 400 万元，乙有货币资金 500 万元，两人共同投资开办丙有限责任公司，丙公司注册资本为 900 万元。丙公司接受商品房需缴纳契税，问丙公司应如何进行筹划？

2. 向阳金属材料加工厂与建安公司签订了一份加工承揽合同，合同规定：向阳厂受建安公司委托加工一批价值 50 万元的铝合金门窗，加工所需原材料由向阳厂提供，向阳厂共收取加工费及原料费 30 万元，其中加工费 10 万元，原料费 20 万元，向阳加工厂提供 5 万元的零配件。该份合同向阳加工厂交印花税（300 000+50 000）×0.5‰=175 元，试问该厂能否通过税务筹划降低税额，如何筹划？

参考文献

［1］王素荣．税务会计与税务筹划［M］．北京：机械工业出版社，2012．

［2］王曙光，蔡德发．企业税务会计［M］．大连：东北财经大学出版社，2011．

［3］中国注册会计师协会．税法［M］．北京：经济科学出版社，2013．

［4］全国注册税务师执业资格考试教材编写组．税法（Ⅰ）［M］．北京：中国税务出版社，2014．

［5］全国注册税务师执业资格考试教材编写组．税法（Ⅱ）［M］．北京：中国税务出版社，2014．

［6］全国注册税务师执业资格考试教材编写组．税收相关法律［M］．北京：中国税务出版社，2014．

［7］全国注册税务师执业资格考试教材编写组．财务与会计［M］．北京：中国税务出版社，2014．

［8］全国注册税务师执业资格考试教材编写组．税务代理实务［M］．北京：中国税务出版社，2014．

［9］王红云．纳税会计［M］．成都：西南财经大学出版社，2009．

［10］熊云儿，胡蓉，陈晶．税法与税务会计［M］．北京：北京理工大学出版社，2010．

［11］程腊梅，高雁．税务会计［M］．上海：格致出版社，上海人民出版社，2010．

［12］成凤艳，李岩．税务会计与税收筹划［M］．北京：北京理工大学出版社，2011．

［13］吕孝侠．税务会计实用案例分析［M］．北京：化学工业出版社，2012．

［14］盖地．税务会计［M］．上海：立信会计出版社，2013．

［15］盖地．税务筹划［M］．北京：高等教育出版社，2008．

［16］胡爱荣，刘超宇．税收筹划［M］．哈尔滨：哈尔滨工程大学出版社，2012．

［17］陈燕，王允平．税务会计实训［M］．北京：首都经济贸易大学出版社，2011.

［18］王忖，张雅彬．税务会计与纳税筹划［M］．北京：北京理工大学出版社，2012.

［19］http://www.chinatax.gov.cn 国家税务总局网站．

南开大学出版社网址：http://www.nkup.com.cn

投稿电话及邮箱： 022-23504636　　QQ：1760493289
　　　　　　　　　　　　　　　　　QQ：2046170045(对外合作)
邮购部：　　　　022-23507092
发行部：　　　　022-23508339　　Fax：022-23508542

南开教育云：http://www.nkcloud.org

App：南开书店 app

　　南开教育云由南开大学出版社、国家数字出版基地、天津市多媒体教育技术研究会共同开发，主要包括数字出版、数字书店、数字图书馆、数字课堂及数字虚拟校园等内容平台。数字书店提供图书、电子音像产品的在线销售；虚拟校园提供 360 校园实景；数字课堂提供网络多媒体课程及课件、远程双向互动教室和网络会议系统。在线购书可免费使用学习平台，视频教室等扩展功能。